赚钱为王

管理会计
（第二版）

汪一凡 著

立信会计出版社

图书在版编目(CIP)数据

赚钱为王管理会计 / 汪一凡著. —2版. —上海：立信会计出版社，2016.4
ISBN 978-7-5429-5019-2

Ⅰ.①赚… Ⅱ.①汪… Ⅲ.①管理会计 Ⅳ.①F234.3

中国版本图书馆CIP数据核字(2016)第097376号

策划编辑	黄成艮
责任编辑	黄成艮
封面设计	南房间

赚钱为王管理会计(第二版)

出版发行	立信会计出版社			
地　　址	上海市中山西路2230号	邮政编码	200235	
电　　话	(021)64411389	传　　真	(021)64411325	
网　　址	www.lixinaph.com	电子邮箱	lxaph@sh163.net	
网上书店	www.shlx.net	电　　话	(021)64411071	
经　　销	各地新华书店			
印　　刷	上海天地海设计印刷有限公司			
开　　本	710毫米×960毫米	1/16		
印　　张	17	插　　页	1	
字　　数	230千字			
版　　次	2016年4月第2版			
印　　次	2016年4月第1次			
印　　数	1—3100			
书　　号	ISBN 978-7-5429-5019-2/F			
定　　价	34.00元			

如有印订差错，请与本社联系调换

更完美,更实用,更有趣
(第二版前言)

《赚钱为王管理会计》2014年6月出版后,很快脱销。同时,我继续推进这一课题的研究,颇有斩获,因此萌生了修订后出第二版的想法。

有道是"能往过去看多远,就能往未来看多远",新版书坦率地评点百年来近现代会计的演变史实,第1讲《会计造假百年回眸》揭示现代财务会计已走上造假的不归路,第5讲《中土会计蒙冤百年论》则论证中华本土会计的文化底蕴深厚,其原创性不容忽视。可惜的是,由于过分推崇"西天取经",更由于近百年来滋生的弱国心态,我们注重"取经"甚于"造经",盲目崇洋,妄自菲薄,反把自家的"学霸"当成"学渣",中国本土会计也蒙受了"愚昧落后"的不白之冤,到了为其彻底昭雪,并将其优势发扬光大,对世界有所贡献的时候了。目前,西方会计的文化思想来源已经被"过度发掘",呈现资源枯竭之态,而富于原创性的近现代中国会计,是值得重视的新源头。应当更加自觉地吸取中土会计的文化元素,自己"造经",引领会计变革。

本书第二版最重要的学术推进,是从"现金池存该表"揭示了管理会计的核心指标——"造血性货币增量",简称"造血量",在"总赚钱"的构成中,只有它才是目标,存货、投资项目等非货币资产都是手段。据此很顺畅地加强了各种专题管理的可操作性,如存货、投资项目、结算性项目、责任中心、现金流调度、预算决算一体化和公司集团核算等,也使大管理会计体系呈现出首尾一致的理论美。

为了尽可能利用现有财务会计数据，提出对拟投资公司的现金流诊断、每股赚钱综合值、上市公司赚钱排行榜、市赚率排行榜、每股造血量、每股输血量等内容，对股市和债市的发展有所贡献，集中表现在第二版新增加的财务报告粗略诊断篇中。

　　综上所述，本书第二版与第一版相比，可以说更完美，更实用，更有趣。读者范围也因此扩大了，根据"赚钱为王是潜在信息需求"的前瞻性理念，本书的读者大致可分为"信息需求方"和"信息供应方"两类。举凡上市公司投资者、非上市公司投资者、商业银行等债权人、公司管理层、商学院师生和证券市场分析师等，都是信息需求方，而管理会计账务处理、现金流诊断顾问、培训讲师和相关软件工程师等则是信息供应方，各类读者都可以从中找到自己所需要的内容，有所受益。任何批评、建议与要求，敬请与作者联系，不胜感谢！

汪一凡

2016 年 5 月

邮编 361005　厦门大学管理学院会计系
电子邮箱：xmwangyf@sina.com

董事长/总经理的大局观
（第一版前言）

1980年代的美国有一种值得关注的现象，就是大公司的首席执行官中，有相当大比例是财务人员出身。这个趋势在20世纪90年代后不太明显了，也许是由于出现了越来越多的高科技公司，需要比尔·盖茨这样的高技术专家来掌舵，才能在市场中崭露头角。但是，在还没有多少真正"高科技公司"，正在加速发展经济的中国，已经有迹象表明，二三十年前在美国出现过的这种趋势却是很可能重演的。出于加强公司竞争力和个人竞争力的考虑，这一现象的形成原因很值得探讨，那就是：有大局观者，最适合当老总。

好消息是：现在非财会背景出身的也不必有所遗憾了，本书作者原创的"现金流诊断"能助您清晰地透视公司的管理全貌。

我们先来想象一个常见的电影桥段：两部轿车相向而行，靠近时都停下来，车门大开，各钻出一个扎着马尾辫、戴着墨镜、穿着黑西装的彪形大汉来。两人分别打开手中的密码箱，让对方看清箱子里的东西，一个装"白粉"，另一个装美元。然后交换手中的密码箱，各自钻回车里。说时迟，那时快，两部车无声无息地离开了……

这是最典型的"钱货两清"交易场面，接下来，花开两朵，各表一枝，就看镜头要跟踪的是"得钱一方"，还是"得货一方"的动静了。企业对外交换活动也是如此，现金与实物的运动是互为逆向的，首先是"付款/收料"，最后是"收款/交货"，从不同的运动方向来观察，当然会有不同的感受和结论。本书所要介绍的"现金流诊断",正是以现金流为主线索的财务分析。

有两个明显的原因,使"现金流思维"特别有助于形成看问题的"大局观"。

一个原因是现金流数据的可比性。假设公司老总听汇报,本月卖出了冰箱 10 000 台,彩电 10 000 台,这种说法无异于"苹果和香蕉各卖出了 1 斤,总共 2 斤",老总完全不得要领,他是不可能有多深印象的。而换一种说法,本月的销售金额是冰箱 2 000 万元,彩电 2 000 万元,老总就可以知道,从销售额看,两种产品各占了半壁江山,甚至可以借此推算自家产品在市场上所占的份额。如果更进一步,本月从冰箱上赚到了 800 万元,从彩电上赚到 250 万元,哪种产品对于公司更有贡献,更应加强管理,就不言自明了……也就是说,现金流数据因其独具的可比性,是最能让公司老总产生"感觉",并作为管理调控的数据的。

另一个原因是现金流数据的综合性。现金是生产经营的出发点,通过采购转换为实物形态,投入生产后,经过不断加工,实物形态不断地变换,直到通过产成品销售,转换为更多的现金为止,现金又是最终的回归点。出发点与回归点之间,不断变换、令人眼花缭乱的生产加工过程,也是难以看懂的,只有以货币形式表现才能统一把握。中式现金收付思想,是用现金出现了"虚收虚付"来解释和理解的。例如,把成本为 1 000 元的原料投入生产,相当于把原料卖了 1 000 元,又将这 1 000 元支付在生产成本上,结果原料少了,生产成本增加了;产成品交库也类似,是生产成本少了,库存商品增加了……中间都有"现金"在流动着。打个比方,血液是人体最重要的循环系统,其组成部分各有不同的功能,如红细胞反映供氧状况,白细胞反映免疫状况,血小板反映人体的应急机制和自我修复能力,等等,血液检验也就成为医学上最重要的诊断手段。与血液类似,现金流同样是企业最重要的循环系统,各种现金流类别及其构成,也能反映企业的总体状况和各个侧面,因而理当发挥"现金流诊断"在企业管理中的核心作用。

现金流诊断该怎么用?如果把企业看作是一个接受了现金投入,并有现金流出的"现金池",自上而下地始终贯彻"现金池"的概念,那么,股东将现金投资于某公司,该公司就是股东的"现金池";母公司将现金投资于子公司,子公司就是母公司的"现金池";子公司将现金投资于孙公司,孙公司就是子公司的"现金池"……最后,孙公司将现金投资于某项存货上,该项存货也还是孙公司的"现金池"。尽管这时只有"现金沉积物"了,但存货具有可逆性,加工销售后又能回归为现金。这种把企业视为"现金池",着重于从外部观察其现金流入与流出的方式,从本质上说,属于"黑箱方法论",也就是不必打开"黑箱",只要观察输入和输出,就可以有效推断其结构与效能,特别适合于董事会和高层管理。而对各种生产经营流程、各种投资项目、各种责任中心等,像"俄罗斯套娃"一样,从上到下,由外而内地一层层剖析之后,您的大局观念已经自然而然地形成了,该怎么做也胸有成竹了。举例来说,出现了产品库存积压现象,"头痛医头、脚痛医脚"地直接促销只能治标,因为很可能是营销渠道不畅、产品不适销对路、生产对市场反应不灵敏等原因的综合结果,只有全面诊断后,才能"标本兼治"地对症下药。与传统财务分析只能"雾里看花"般就事论事不同,这里提供的是"3D高清图像"!

厦门大学毛付根教授曾经指出:"公司老总只有财权和人事权是不够的,还需要有知情权,否则无从调控企业。"现在,企业界都普遍认同"现金为王"了,但这只是公司生存的前提。公司现金有三大来源,即属于输血行为的"业主投入的"和"向人借来的",以及属于造血行为的——"自己赚来的",后者才是公司发展的源泉,所以更精辟的提法应是"赚钱为王"。通过如何计算赚钱,现金流诊断为您提供了"知情权"。"艺多不压身",能够熟练运用现金流诊断的思维来调控公司,也是当老总必备的技能!

按照传统的划分,会计有两个分支,对外提供通用财务报告的分支,叫财务会计;对内提供管理报告的分支,叫管理会计。财务会计以利润为王,管理会计以现金为王,但在传统上,管理会计自身不设账,更没有统一的报表体系,只能依附于财务会计,对财务会计数据作吃力不讨好的各种琐碎调整,这是它在文献和教科书里"蓬勃发展",实践中却只见零敲碎打应用的原因。

现在,按财务会计准则规定的全套传统核算,可以俗称为"外账",管理会计自定的账表与核算规程,则可以俗称为"内账",以示两者之区别。因为会随心所欲地做"假账",财务会计人员大抵都有点"小得意",可是在人人都会做假账的背后,是世界上没有人会做"真账"的残酷现实。赚钱为王的"内账",在现阶段可以补强管理会计,使之在短期内快速崛起,成为公司内部持续运行的强势管控系统,真正提高企业管理水平。由于赚钱为王管理会计革除了财务会计的百年积弊,从长远来看,还要承担引导会计整体向科学化转型的历史使命,在造假成风的"外账"被社会彻底抛弃时,等着"收编"和替代现代财务会计,这是笔者称之为"大管理会计"的原因,或者提"赚钱为王管理会计",都足以正名。让"利润"回归为"赚钱",是改变商业世界游戏规则的大事,虽对会计领域颇具颠覆性,却是常人的思维方式,完全符合当前国人之所好,其快速扩散,大行于世,当可期矣。

在大管理会计系统中,会计人员要依托其专业基础知识,按照管理会计核算规程处理业务,担负起数据输入和数据处理工作。他们工作的成果——数据输出,则由公司高管借助移动互联等手段,在线直接调用和分析,管理层据此作出决策,调控生产经营。调控结果又在线反映为现金流变化,形成良性循环的联动系统。所以,这是面向公司高管的"御用工具",是"赚钱神器"。关上办公室的门,拉开遮盖墙壁的幕帘,大屏幕上不断闪烁的数据和图表,以静态和动态的各种方式,告诉您公司正在发生的真实变化,就像前线指挥部的作战地图一样。这样的动态监控系统,超越了传统管理会计的范围,不仅是会计人员的,更是公司高管的,这也是"大管理会计"的另一种解读。

本书主要的读者对象,首先是公司董事会和高、中级管理层,他们希望用最少的时间了解什么是赚钱为王,公司赚到了多少钱,如何更赚钱,以便自如地运用现金流诊断工具来赚更多的钱;还有与公司利益相关的各界人士,如商业银行信贷员、项目投资分析师、证券市场监管者,等等,他们真心希望能看清当事人公司的真相,不会上当受骗。这是偏向"管理应用"的读者群。

其次是关注会计未来趋势,致力于管理会计发展的人士,本书提出了全新构造的会计知识体系,需要有同行们的批评和改进,更需要有信念的同行们来共同推动;还有希望学习大管理会计实际操作的人士,本书不同于"外账外行"的财务会计,需要专门学习才能达到"内账内行"的水平,提升自己在公司的作用和地位,而是偏向"会计处理"的读者群。

有鉴于此,在内容编排上尽可能"接地气",注重科学实用,对各类业务处理有客观依据,有具体的指南。并采用了"中国流复式簿记"(俗称"左右记账法")的高效学习方法,力图使"零会计基础"的人士,同样可以很快入门。本书可作为企业内部培训教材,也可作为高校企管、信贷、投资和会计等方向研究生选修课的教材。

汪一凡

2010年6月

目　录
Contents

财务报告粗略诊断篇
第 1 讲　会计造假百年回眸 / 003
第 2 讲　对拟投资公司的现金流诊断 / 018
第 3 讲　上市公司赚钱排行榜应用 / 025
第 4 讲　对偿债能力的现金流诊断 / 030

赚钱为王理念篇
第 5 讲　中土会计百年蒙冤论 / 041
第 6 讲　赚钱与分配总表 / 065
第 7 讲　现金流平衡表 / 078
第 8 讲　精确计算现金流诊断三大指标 / 082
第 9 讲　全局性诊断比率 / 089

专题性诊断篇

第 10 讲　设计"现金池存该表"揭示了什么 / 097
第 11 讲　造血量与存货管理 / 104
第 12 讲　造血量与投资项目 / 111
第 13 讲　造血量与结算性项目 / 117
第 14 讲　造血量与责任中心 / 124
第 15 讲　造血量与现金流调度 / 137

账务处理篇

第 16 讲　现金流诊断新兴职业 / 145
第 17 讲　会计账户与数据采集 / 148
第 18 讲　左右平衡与会计分录 / 161
第 19 讲　常见业务处理指南 / 169
第 20 讲　直接成本核算要义 / 185
第 21 讲　模拟案例的账务处理 / 204

战略管理篇

第 22 讲　预算决算一体化研究 / 221
第 23 讲　组织公司集团核算 / 232
第 24 讲　未变现权益的估值 / 244

附录一 / 248

附录二 / 252

附录三 / 253

附录四 / 257

财务报告
粗略诊断篇

　　会计在传统上形成"财务会计"和"管理会计"两大分支，财务会计向外部使用者(主要是税务机关、投资者和债权人)提供通用财务报告，内容有限，透明度也较低。管理会计直接为内部管理层(主要是董事会和高管)服务，提供有助于经营决策的各类报告，由于可以接触到大量内部信息，所提供的内容更丰富多彩，也更为准确详细。

　　不过，当公司作为潜在的投资者或潜在的债权人，需要进行决策分析时，管理会计实际上也要作为财务报告外部使用者，只能得到目标公司的公开数据。这种财务分析虽然也是管理会计的工作内容，并且极为实用，却有些美中不足。正如本篇第一讲将揭示的，现代财务会计已经造假成风，数据来源不甚可靠，分析所得的结论也就难免较为粗略。这是本篇称为"财务报告粗略诊断篇"，在数据精密度上也稍逊于之后其余各篇的原因。

第1讲　会计造假百年回眸

20世纪上半叶"西学东渐"的大环境中,国人忙于向西方"取经"时,不料西方会计界正在孕育着一个后来叫做"应计制"的变革思潮。

1.1　说来话长"应计制"

当时的史料告诉我们,在此之前,海上贸易盛行,用现金买了船和货物后向彼岸进发,到了目的地,把货卖掉,回程前又买进新货。这样完成一个来回后,连货物带船一起卖掉,从最后所得的现金减去出发前所用的现金,就可以知道此行"真金白银"地赚到了多少钱。

这大约就是传说中的"现金收付实现制"了。这样的算法,结果固然不容置疑,但要在正常生产经营周期(例如,航程)完成时来算账,且要求往来款项均已结清。对于连续进行的生产经营来说,这样的算法可能并不适用,如果能改成按日历周期来定期地结算和报告,应当会更为恰当。

"应计制"就代表了这样的一种思考过程:如果能认定"收入"是某一时期赚到的,"费用"也是该时期应承担的,从"收入"中减去"费用",差额就是该时期的"收益",或者叫"净利润"。这样就可以回避正常营业周期,定期地报告损益了。

根据笔者的看法,应计制是在1906年之后才进入会计实务的,在1925年前后占据主流地位,1940年美国会计学会(AAA)发表的《公司会计准则导论》则标志着其理论总结的基本完成(虽然当时还称"销售基础",而不叫"应计基础")。

这是会计原创性成果集中出现的时期,会计前辈们贡献聪明才智,针对各种疑难问题,相继提出解决方案,如固定资产折旧计算、成本核算与会计核算一体化等,在无形资产问题上,留美的中国学者杨汝梅(众先)也作出了领先于世人的贡献,他的《商誉及其他无形资产》(*Good Will and other Intangibles*)1924年出版于美国,连美国会计学会会长也一再引用:

"会计名家派登（W. A. Paton）氏于其所主编之《会计大全》第七九五页到八三三页（Accountants' Handbook P. 795～833）史屈莱托夫（Frank. H. Streightoff）于其所著之《高级会计学》第一一五页至一二二页（Advanced Accounting P. 115～122）中均一再引用，奉为佳臬，于此足征该书之价值，实占有会计学国际之重要地位也。"（李鸿寿文，《会计季刊》1937年1月1日）

所有的这些努力，最终使财务会计形成至少在表面上逻辑自洽的体系，其后的七八十年来，这样的体系也包容或顺应了会计实务的不断发展和变化。

只是，会计前辈们当时或许没有意识到，从世人所共知的"赚了多少钱"，变为应计制下的"有多少会计收益"，实际上是犯了"偷换概念"的逻辑错误，这一来就把真的变成假的了。原来的"赚多少钱"是真金白银，这钱用在哪里了也很直观。而所谓"收益"或"利润"甚至不能定义，只能说是"收入"减去"费用"后的差额，取决于什么是收入，什么是费用，纯属会计上的"人造概念"，在现实世界中没有对应物，什么也不是，却被用来充当了"赚钱"的山寨版。

会计是通过复式簿记来对业务作双重登记的，为了实现这个由真变假的"偷换概念"过程，就需要提出一些名词概念，这些概念的外延和内涵必然要有意无意地含糊其辞，才有可能"忽悠"成功。例如，虚构了一笔并不存在的收入，还必须同时捏造出对应的虚假资产。有位叫埃尔登·S·亨德里克森的会计学家对收入和费用的描述就很逗，本来还不太觉得晕，看了他的文字之后反而更晕，堪称应计制理论的经典样板：

"收入（revenue）的概念是很难予以明确解释的，因为它一般都与特定的会计程序、一定类型的价值变动以及确定收入应于何时呈报的规则（明文的或暗含的）有关。收入的计量和呈报时机是会计理论中令人最感兴趣的一个问题，但应当对它们采取虚心的态度来研究，而不应把它们局限于狭隘的收入定义。"（pp. 119）

"像收入这个词一样，费用（expenses）这个词也是一个流转概念，表示企业资产的不利变动。但并非所有的不利变动都是费用。更确切地解释，费用是获取收入过程中所使用或所耗用的货品或劳务。"（pp. 131）（埃尔登·S·亨德里克森著《会计理论》，王澹如等编译，立信会计图书用品社 1989 年 5 月）

虽然说得不清不楚，但给人的印象"是会计的确很有学问"。也许是由于"忽悠"的功力深厚，这位大侠的名著《会计理论》1965 年在美国出版，到 1980 年代出中译本时，已经修订重印了几十次。下文在提及会计准则时，读者还会观察到类似的现象，此处先按下不表。

此外，实务中面对具体的疑难问题时，当然需要提出解决方案，其中有些做法是正确的，有些则是站不住脚，不堪一驳的，会计实务是由这两者拼凑而成，也就难免给人真真假假的印象，以至于"假作真时真亦假"。人们常说"利润造假"，其实并不准确，世界上并不存在"真实的利润"，因为利润本身就是假的，应当说"会计造假"，会计以利润为幌子，随心所欲地造假。更可悲的是，由于"净利润是个筐，什么都可以往里装"，无从验证是对是错，云遮雾罩之下，人们无从看清公司的真面目，也就难免上当受骗。所谓"兵熊熊一个，将熊熊一窝"，为社会提供的主流指标一旦是假的，现代财务会计也就难免整体沦为"造假行业"。

有个在会计圈子流传的故事：一家公司招聘会计，面试的老板只问一个问题："1+1 等于几？"凡是回答"2"的都落选了。只有一位应聘者表现独特，在听了老板提问后，起身关上门，拉上窗帘，然后凑近老板身边，小声地问"您想让它等于多少？"，毫无疑问，此君由于深得会计造假的"真谛"，以及出色的表演天才，接到了公司的聘书。

凡是会计人员，大抵都有点"小得意"，只因为自己能够随心所欲地做假账。事实是，同一家公司的同一些业务，如果让 100 位会计人员完全独立地处理，结果会得到 101 套财务报表，多出来的 1 套是注册会计师调整的。

不但能弄假成真，还能玩到如此优雅、如此有学问的地步，财务会计成了一个令人崇拜的"高大上"行业，它是怎么做到的？

反过来想得到的另一个问题是，在"人人都会做假账"的氛围中，还有人会做真账吗？真实的账是什么样的？

1.2 会计核算中真实不虚的部分

会计上在记录一家刚开业公司的情况时，肯定要反映两个互相关联的问题。

第一个问题是：办公司所需要的资源属于谁的？

刚开办时，就是公司所有者自己投入的资本，称为"实收资本"。在公司成立后，可能向银行等债权人借款，称为"负债"。

第二个问题是：这些资源用在哪里了？

刚开办时，当然是存在银行户头里。但随后就会转化为其他形式。例如，用银行存款买回原材料，将原材料投放到生产过程中，等等。会计上记录这种转换，是靠业务之间的金额传递来完成的。例如：用1 000元购100千克原料，就把银行存款减少1 000元，同时将原材料登记为1 000元；其中有80千克原料投入生产，就根据单价计算出，对应于80千克原料的金额是800元，就把原材料登记为减少800元，同时生产成本登记为增加800元；

生产过程中雇工花了800元，就把银行存款减少800元，同时生产成本登记为增加800元；生产完工后产品交库，这时在生产成本上已经登记了1 600元（原料800元＋工资800元），就把生产成本减少1 600元，同时库存商品登记为增加1 600元……

这种以实际交易价格为基准的处理规则，叫"历史成本原则"，不管公司资源形式如何转换变化，金额如何传递，总金额肯定是不变的，而且容易从发票、银行票据、进仓单和领料单等原始单据来验证其真实性。

综合以上的两个方面，因为实收资本代表业主的权益，就可以确立反映任意一个时点状态的会计恒等式：

$$资产 = 负债 + 业主权益 \qquad (1)$$

不过，公司是在不断地运作中，经过某些生产经营业务，货币资金会比原来更多。假设生产成本为1 600元的库存商品卖出，收到了2 000元。结果是，属于"资产"的银行存款增加 2 000 元，而同属于"资产"的库存商品只减少了 1 600 元，两者相抵后，"资产"一方多出了 400 元，会计恒等式两边就不再相等，平衡被破坏了。

可以设想在等式右边，"业主权益"下有个"未分配利润"账户，对它也增记 400 元，这样既在左方表现货币资金 400 元的增加额，同时也在右方解释了这 400 元的性质，"未分配利润"是已经赚到手的钱，属于业主的权益，只是股东还没有以现金股利形式拿走而已。这样理解的结果，会计恒等式又达到左右平衡了。

$$\text{银行存款 2 000}-\text{库存商品 1 600}=\text{未分配利润 400} \quad (2)$$

但这还不够，会计还要满足更详细的数据需求，要回答"这些钱是如何赚到的？"这一类的问题。这从资产的本期增加额上是看不出来的，因为货币资金有三大来源，除了自己赚到的以外，可能还有股东新增投资和银行新发放贷款混杂在内；如果只看"未分配利润"的本期增加额，也看不出这钱从哪里赚到的，因为它只是最后的总结果。

考察会计恒等式，等号右边表现公司的资金是由谁提供的，如股东、银行等，可称为"资金来源"；左边表现公司的资金占用在何种项目上，如银行存款、库存商品等，可称为"资金占用"，那么，会计恒等式可以改写为：

$$\text{资金占用}=\text{资金来源} \quad (3)$$

会计的习惯做法是，当需要得到某种数据时，就为此专门开设一个账户进行统计归集，简捷地得到该数据以后，再让这个账户回归到零的状态。不妨设想用新设的"收入"来核算从生产经营所收到的钱，在还没有结清为零时，先视同为"资金来源"类；也用新设的"费用"来核算生产经营所要开支的钱，在还没有结清为零时，先视同为"资金占用"类，那么在金额上就有：

$$\text{本期收入}-\text{本期费用}=\text{本期未分配利润} \quad (4)$$

其中，"收入"和"费用"是可以细分为各种明细账户的。例如，收入可以划分为"主营业务收入"和"其他业务收入"等，费用也可以划分为"主营业务成本"和"其他业务成本"等。有了这些专门开设的账户，就可以很方便地回答"钱是从哪里赚来的"这一类问题了。例如,主营业务赚到的钱就是"主营业务收入"高于"主营业务成本"的部分。

根据以上分析,把"实收资本"和"未分配利润"都归于"业主权益"中,(3)式的具体内容可以扩展为:

$$资产＋费用＝负债＋业主权益＋收入 \tag{5}$$

其中,"收入"类和"费用"类账户是过渡性的,在每月月末完成归集任务后,都要把当前余额结转到属于"业主权益"类的"未分配利润"中,根据"本期收入－本期费用"算出"本期未分配利润",自己则还原到"清零"后的状态。尽管此时又从(5)式回归为(1)式的纯粹状态了,重要的是借助于这一过程,我们已经能够回答"钱从哪里赚到"之类的问题了。大致地说,(1)式是编制资产负债表的依据,(4)式是编制利润表的依据,(5)式则是全部会计账务处理的依据。

上文描述的财务会计核算基本原理,可以说是无懈可击、不证自明的,那为什么还会发生会计造假,并达到当今"无法无天"的地步呢?

1.3 偏离现金与历史成本的其他业务处理

以上所列举的,其实只有对外的现金收付业务和内部实物运动变化的业务,记录对外业务时,以现金的实际收付为依据,记录实物在公司内部的变化时,则以对外交换形成的历史成本为转换依据,所以能描述得一清二楚,令人信服。

一旦涉及这两类以外的其他业务,为了"以假当真"的游戏能玩下去,往往必须偏离现金与历史成本原则,就无法只靠常识来处理了,"资产""费用""负债""业主权益"和"收入"等名词概念,也不再是和上文一样不言自明可以一笔带过的,必须说明它们是怎么定义或理解的?或者说,它们包含了哪些具体的项目?在会计处理时该怎么记录?所以要有专门的会计理论或会计准则来说明。这些处理规则,应当说鱼龙混杂,其中既有正确的,也有错误的,正是后者败坏了会计的名声。

限于篇幅,下文只挑出有问题的业务处理规则来举例分析,概括地说,这些规则暴露出财务会计的整体思维逻辑相当混乱,有时候明明没有钱,硬要说成有钱;反过来,有时候明明有钱,硬要说成没钱。

一、"明明没有钱,硬要说成有钱"的例子是赊账销售。库存商品发出去了,但还没有收到现金,会计上应该怎么处理?

本来,销售是经过了"发货/收款"的全过程才算完成的,此时只要增记"发出商品",同时减记"库存商品",描述货物已经发出的状态,等以后收到钱了再作记录。但是,根据 1940 年美国会计学会(AAA)《公司会计准则导论》的"销售基础",还没收钱时已经确认为收入了。

为了这个蛮不讲理的判断,会计恒等式的右边既然增记了"收入",左边就该增记"应收款项"了,但应收款项看不见摸不着,该属于哪一类?《公司会计准则导论》也为应收款项可以作为"资产"网开一面,用到了"准现金"的说法,照录于下:

而且,收入应该由可靠的新资产——尤其是现金或准现金——来作为支持证据。

(Revenue, moreover, should be evidenced and supported by new and dependable assets, preferably cash or near-cash.)

这种把应收款项视为"准现金",全额作为"资产"的做法是大可质疑的。如果真能很快收到,当然可以算"准现金",关键是这钱还在别人手中,不是我们所能控制的,如果过后成了收不回的坏账,还要为此白交税款,这样的会计处理就比"烂尾楼"充当"准现房"更加不靠谱。

作为交出货物以后"应回收现金"的法律权利,对应收账款完整的理解应该是"应收而尚未收到,甚至未必收得到的金额"。严格地说,在收到现金以前,属于售出方的"资产"还是其"发出商品"(无论此时购货方是否已经收到)。只有收到购货方支付的现金以后,这现金才算是售出方自己的"资产",在发出商品上的风险也同时转移到购货方手中,成为真正属于对方的"资产"。应收账款算不得"资产"的理由是,如果在赊销的 A 公司看来,应收账款是自己的"资产";那么在赊购的 B 公司看来,它为此该付而未付的现金,此时也还是自己的"资产"。从全社会角度看,这个"资产"已经不合逻辑地倍增了。可见,这是会计处理上长期存在的重大误区。与应收账款属于同一类型的还有应收票据、应收利息、应收股利等,也都不应是资产。

应当指出,当时所倡导的"无须收到现金就算有收入,从而有利润"处理方式,已经成为现代财务会计造假的经典手段之一,只要设法无限期推迟现金交付。例如,找一家当"托儿"的公司,虚构两家公司的交易,每一次均增记应收账款,同时增记业务收入,就可以要多少利润便有多少。在这里,"托儿"公司起到了"作伪证"的作用,在会计师事务所查证时打掩护,证明确有此交易,实际上却是"千年不赖账,万年不还钱"的。大公司集团更好办,一票货物可以接力似地不断加价卖给自己人,大家都在账面上"共同致富"了,却发现那货物还原地未动。

二、"明明有钱,硬要说成没钱"的例子,可以举固定资产作为例子。固定资产和存货不一样,它能跨越很多会计周期不断发挥作用。

本来,只要购置时记录原始购置金额,就可以等到它退出使用并处置时,把收到的钱和原值对比,确定是否赔钱就行了。至于它什么时候才会终结有效寿命周期,大可不必操心,拭目以待就行了。

但在应计制看来,固定资产在使用过程中是会"磨损"的,在本期中磨损掉的部分价值,应该作为"费用"由本期承担。其实固定资产可不管你怎么想,还在好好地整体发挥着作用,"杞人忧天"的会计只好两头忙记:减记"累计折旧",它代表固定资产原值中已经磨损掉的那部分价值,是"资产"的抵扣项;同时增记"折旧费用",它代表应由本期承担的部分,是"费用"的一种。这真纯属"无中生有,自讨苦吃",我们举一个最简单的实例来看其荒唐之处。

假设某人昨天用 400 元买了一口铁锅和一个炉子,准备以卖茶叶蛋为生。今天做了 100 个茶叶蛋的生意,购进价 1.00 元,卖出价 2.00 元,请问今天赚了多少钱?

按照人类的正常思维,是很简单的:收入现金 200 元,支出现金 100 元,收支相抵后,今天赚了 100 元。

按照应计制的算法,铁锅和炉子是会"折旧"的,估计可以用 100 天,所以今天磨损掉价值的 1%,要扣除 4 元,那么今天的"净利润"只有 96 元。这不仅扭曲了现金流事实，让人一头雾水，而且也于事无补，纯属"吃力不讨好"的做法。我们分两种情况来分别考察：

（1）如果每天都是收大于支，在本例中是 100 元，过了 4 天就把原来的"固定资产"投资 400 元都收回了，在已经回本的情况下，为算出"净利润"却还继续每天扣除 4 元，岂不无聊透顶？

（2）如果每天都是现金收入小于现金支出，每况愈下，或者每天都是现金收支平衡，在账上再算多少"折旧"都是无用功，因为永远等不到"固定资产"投资回收的那一天！

计提折旧还需要有个前提条件，即能够准确预估固定资产的有效寿命期（在本例中是神机妙算地知道"铁锅和炉子"正好在用了 100 天后就坏了），以便在各期分摊其历史成本，从技术上说，这又是永远也做不到的。以房屋为例，福建土楼寿命可达几百年；豆腐渣工程则未及使用便轰然倒塌。以机械设备为例，某些设备是可达"永久寿命"的，即只要更换轴承、刀具等易磨损部件，便可一直使用。20 世纪 80 年代，厦门某船厂还有清代购置的德国造机床仍在削铁如泥；某些设备又因保养不当，极易腐蚀或磨损。以电子产品为例，由于技术进步，继续使用原有设施可能相对效率低下，尽管仍可使用，也必须强制退役。

与固定资产折旧性质类似的，还有无形资产的摊销、存货等资产的减值损失等，都是还没有变卖处理，不知道最后能卖得多少钱，就急于当成"费用"处理了。

现代财务会计为什么"不但能弄假成真，还能玩到如此优雅、如此有学问的地步"的问题，现在可以初步回答了。表面上，会计准则是防止造假的规则，实际上某些会计准则的功能就是为会计造假行为预作理论铺垫，大开方便之门的，它们形成了"警匪一家"的结构，让人被骗了还觉得有道理！

1.4 美国财务会计准则委员会的有力推动

会计牵涉利益分配，在任何问题上，都会有人想通过浑水摸鱼，取得好处。由于某一会计程序或会计方法的采纳、废除或修订均可能改变财务报表数据，从而对某些利益集团产生有利的或不利的影响，它要受到支持或招致批评也就在所难免。通观美国会计思想史，感觉就是一部政治斗争史，无聊而又不解决问题的争论永无休止。

所以，早期的"公认会计原则"的制定机构"会计程序委员会"（CAP）和"会计原则委员会"（APB）均因不断地受到批评而中止工作。"财务会计准则委员会"（FASB）于1973年才成立，它之所以后来居上、略显高明，在于"懂得玩政治"和"推进理论研究"这两方面。

在"懂得玩政治"方面，它对每一份"财务会计准则公告"的制定沿用了美国的立法惯例——"正当程序"（due process），其大致的步骤是：

（1）FASB确定应予以考虑的议题；

（2）成立专题性技术研究小组，在与会计界和工商界交流联系的基础上，编写有关议题的讨论备忘录（DM）；

（3）发表讨论备忘录，给予60天时间（或更多）征求评论；

（4）举行公众听证会，邀请各界代表就讨论备忘录进行质询或争论；

（5）FASB在书面评论和听证会基础上编制财务会计准则"公布草案"即"征求意见稿"；

（6）公开发表公布草案，在30天内征询意见；

（7）举行第二次公众听证会讨论公布草案；

（8）完成上述各项步骤后，根据实践情况进行决策；

　A．正式发表"财务会计准则公告"（SFAS）；

　B．继续修改公布草案；

　C．完全放弃该项议题。

（转引自葛家澍、林志军主编：《现代西方财务会计理论》第47页，厦门大学出版社，1990年）

以上过程实质上是各种社会集团表达其支持或反对的意见，提出修正案，施加其影响，并达到相对平衡的过程。这个问题处理好了，公认会计原则就能大体上得到贯彻，否则仍难免遭到批评乃至否定。FASB于1977年发表的第19号财务准则公告因有关方面强烈反对，仅过了8个月便被证券交易委员会(SEC)宣布无效,这就是一个典型的反例。

"懂得玩政治"的表现还有"听领导的话"。1990年9月10日,时任美国证券交易委员会(SEC)主任Richard C. Breeden的证词指出:"金融机构从事金融工具的买卖,它们都有一个根据当前市场情况进行价值计量的问题。其资产应该按当前市价而不应按历史成本入账。"(汪建熙,译)随后,FASB为完成命题作文,不惜颠覆基本的会计理念,将金融衍生工具纳入财务报表,更进一步提出"公允价值收益":交易性金融资产按当前市价入账,期末市价对比期初市价若有变化,其差额就是"公允价值收益",是"净利润"的一个新成分。但是,不但没卖出去,连交易对方都不存在的东西"市价"是多少,谁能说得清楚?无良厂商从此可以随意地决定金融产品的市价,从而随意地报告净利润。

在"推进理论研究"方面,FASB启动财务会计概念结构框架的研究,扩大了现代财务会计的理论覆盖面,使之更显得"严谨"和"高大上"。举例来说,《第3号财务会计概念说明:企业财务报表的要素》对收入的定义如下:

收入是某一主体在某一期间通过销售或生产货物、提供劳务或从事构成该主体不断进行的主要经营活动的其他业务所形成的现金流入,或其他资产的增加,或负债的清偿(或两者兼而有之)。

也许可以这么理解:

"某一期间……所形成的现金流入"是当期收入的现金;

"某一期间……所形成的……其他资产的增加"一般指应收款项的增加,是以后期间才能收到的现金。当然也还留有另作解读的余地;

"某一期间……所形成的……负债的清偿"一般指应付账户的减少,代表本期以前已经流入的现金。

总而言之,收入类账户作为统一的汇总统计账户,覆盖了关于收到现金的三种情况,可以反映总成交金额,至于本期是否实际收到现金,已经无关紧要了。

再看费用,FASB对费用的定义如下:

费用是某一主体在某一期间由于销售或生产货物、提供劳务或从事构成该主体不断进行的主要经营活动的其他业务所形成的现金流出，或其他资产的耗用，或负债的承担(或两者兼而有之)。

也许可以这么理解：

"某一期间……所形成的现金流出"是当期支付的现金；

"某一期间……所形成的……其他资产的耗用"一般代表以前期间已经支付的现金，当然也还留有另作解读的余地；

"某一期间……所形成的……负债的承担"则一般是以后期间将要支付的现金。

总而言之，费用账户覆盖了关于支付现金的三种情况，可以反映费用总额，至于本期是否实际支付现金，也无关紧要了。

这样看来，应计制的特点是通过"收入/费用"账户切断与"现金流入/流出"的联系，实现更大的包容度和"前瞻性"。上文点出的资产"还留有另作解读的余地"，确实也为它后来推行的"公允价值收益"打下伏笔：在某项资产账户下直接塞进"公允价值变动"明细账户，就可以存放虚假资产，与虚假收益"同增同减"地随意造假了。

但是，假的就是假的，当泡沫破裂时，FASB 的推动工作直接导致 2008 年世界金融危机的总爆发，也让现代财务会计的造假本性暴露无遗。

1.5　国际会计准则在中国

斗转星移地到了今天，世风日下，人心不古，会计造假日益严重，会计准则也更加语无伦次，含糊不清。这回该把目标转到国际会计准则了。国际会计准则是以美国公认会计原则为蓝本的，在一国独特政治环境中产生的会计准则，本来就未必能够"放之四海而皆准"，国际会计准则委员会却鹦鹉学舌似地收纳了，正在盲目"趋同"的中国会计也因而深受其害，有些《企业会计准则》条文已经成为"天书"，没人看得懂了。以下试引几段，并顺手在括号中略加评点。

《企业会计准则第 14 号——收入》

"收入是指企业在日常活动中形成的、会导致所有者权益增加的、与所有者投入资本无关的经济利益的总流入。"

（单靠会计做账也能"导致所有者权益增加"，那能叫"收入"吗？至于"经济利益"？显然是个从一开始就没打算说清楚的概念。）

"企业已将商品所有权上的主要风险和报酬转移给购货方，构成确认销售商品收入的重要条件。"

（谁都明白，商品销售交易由"交货"和"收现"两个逆向的运动构成，交货以后，只有当企业收到购货方的货款时，"商品所有权上的主要风险和报酬"才算真正转移给购货方。所以，会计准则关于确认收入的重要条件完全不能成立，这是没法"忽悠"的。）

"相关经济利益很可能流入企业"

（什么叫"相关经济利益"？什么叫"很可能"？当然是需要"职业判断"的，不幸的是，从学术界到实务界的理解大多误入歧途，普遍认同有"应收账款"就算"很可能"有现金了，但应收账款并不是现金，其中有的部分永远不是现金，问题恰恰出在这里！）

《企业会计准则第23号——金融资产转移》：

"第九条　企业既没有转移也没有保留金融资产所有权上几乎所有的风险和报酬的（即不同于本准则第七条所指情形），应当分别下列情况处理：

（一）放弃了对该金融资产控制的，应当终止确认该金融资产。

（二）未放弃对该金融资产控制的，应当按照其继续涉入所转移金融资产的程度确认有关金融资产，并相应确认有关负债。

继续涉入所转移金融资产的程度，是指该金融资产价值变动使企业面临的风险水平。

第十条　企业在判断是否已放弃对所转移金融资产的控制时，应当注重转入方出售该金融资产的实际能力。转入方能够单独将转入的金融资产整体出售给予其不存在关联方关系的第三方，且没有额外条件对此项出售加以限制的，表明企业已放弃对该金融资产的控制。"

（"既没有转移""也没有保留"，而又"继续涉入"的，该是一种什么状态？

固态、液态和气态以外的第四态吗?

在判断转入方出售该金融资产的"实际能力"之前,转出方自己怎样才能先具有判断的"实际能力"?别人家里的事,我们管得着吗?)

阅读这类纯属"扯淡"、不说人话的会计准则条文,真有糟践中国文字、侮辱读者智商之感。可是,"以其昏昏,使人昭昭",连文字都让人看不懂的会计准则,还能在具体操作上有丝毫的指导意义吗?还不是听任会计造假者为所欲为!

国际会计准则与中国会计准则制定者不知民间疾苦,倒霉的是实务界的会计人员,被逼成和正常人没有共同语言的"外星人"。有个真实的故事是,在公司董事会上,面对老板们"公司去年总共赚了多少钱,这些钱都用到哪里去了,为什么发不出现金股利"之类常识性的提问,财务总监却是答非所问,只会拿"净利润"来搪塞,还动不动用会计准则为自己辩解,董事长觉得实在不可理解,看了半天,小心翼翼地问:"你是CFO还是UFO?"

1.6 "赚钱"与潜在的信息需求

在"总裁班"上很常见的现象是,学员们听了各种成功案例后热血沸腾,以为自己也能成为世界级的管理巨头,冷静下来后才发现连门都没有。因为即使你完整详细地知道马云的成功全过程,你也别指望能创立第二个阿里。我们不妨借牛顿的"苹果落地"来比较和理解。"苹果落地"就是一个可观察到的"案例",只有从中引申出万有引力定律,能统一地预见和解释"香蕉落地""梨子落地"等诸多类似现象,"以不变应万变"时,才是科学。反之,如果看到什么东西落地都有话可说,一直停留在"案例"上,那无论如何还是提炼得不够,总是处于理论的低层次上。

其实更有意义的是,从一些企业的成功案例,也可以抽引出与"万有引力"类似的共同规律。例如,社会上总有些人自己都还不太明白、说不清楚的需求,可以称为"潜在需求",一旦有人率先看出来,挑明了,并身体力行地去满足了,就可能得到巨大成功。之所以说马云之后的追随者不可能创立第二个阿里,主要是因为原来的潜在需求已经明朗化并大致得到满足了,再次成功的环境已不复存在。可见,关键是要能够超前地辨识这些潜在需求,并设法去满足它。

苹果手机走的是直接创造和引领需求的路子;马云解决了人们在网上交易时"信用缺失"的问题,极大地推动了电子商务的顺利发展(严格地说,这本来是国际贸易中银行信用证模式的简化版,由于当年商业银行高高在上,没有注意到此类草根生意的潜在需求,才为淘宝们留下了机会);马化腾则满足了人们的潜在社交需求,足不出户即可低成本地自由沟通,同样也成功了。

这样看来,让"利润"回归为"赚钱",虽对会计领域颇具颠覆性,却以常人的思维方式,对人们从来就不知道的问题"公司赚了多少钱,怎样才能更赚钱",给出了精确的回答,是一种潜在的信息需求,可望刷新商业世界的游戏规则。

持续百年的骗局当然不可能永远盘踞在历史舞台上,但是由于会计准则具有"准法律"的地位,会计准则与会计造假"警匪一家"的结构蒙骗性极大,也由于西方会计给人"科学先进"的错觉,更由于各种既得利益的存在,不可指望现代财务会计会幡然悔悟,自行改革。笔者的判断是,只能任其自生自灭,随着社会大众看清其造假真相,其影响也日益式微,最终为社会所彻底抛弃。

而在此之前,面对很成问题的财务会计信息现状,我们只能对数据加以调节取舍,尽可能地揭示真相。

第2讲 对拟投资公司的现金流诊断

面对打算投资的公司,投资者当然要对其"未来"作出必要的预测,如整个行业的发展趋势如何,该公司在行业中的地位如何,该公司的核心竞争力何在,等等。除此之外,还有反映公司"过去"和"现在"的一系列会计问题,也是投资者必须重点了解的,例如:

它目前是不是已经赚钱了?

如果它处于赚钱状态,自己投资后能得到多高的投资回报率?

如果它还处于亏钱状态,自己投资后,在经过后续管理扭转为赚钱状态之前,每年还需要追加投入多少资金来弥补缺口?如何筹措资金?

公司的哪些业务是赚钱的?哪些业务是亏钱的?

它对赚到的钱是怎么处理的,是原封不动地立即给股东真金白银,还是又投放到了其他增量投资上,结果手上还是没钱?

经过多年的经营后,目前它的家底是否"殷实"?是已经有了积累,还是早就把股本都亏完了?甚至连银行贷款也亏光了?

......

投资者(或其他财务报告使用者)的普遍困惑是:在自己还没有实际投资,从而还无权接触拟投资公司的内部核算时,是否有可能先从外部"透视"其真实的财务状态?

对现代管理会计而言,作长期投资决策分析时,如何借助于公开财务报表信息,正确评价已运营公司的投资价值,也就成为很重要的任务。第1讲《会计造假百年回眸》揭示了现代财务会计造假的真相是,在一些似是而非的理由的配合下,围绕"资金占用=资金来源"等式,通过在资金占用方虚构资产或费用,同时在资金来源方虚构收入,两边"同增同减"后,完全可以随意地虚构"未分配利润"。所以,消除造假的对策也很简单,只要"以其人之道,还治其人之身",让它们在等式两边适当"移项",这些"同增同减"的项目们会相互抵消,公司是不是真的赚钱,也就毫无脾气地水落石出了。

现金流诊断方法具有相当大的实用性,能对目标公司作出简明扼要的评价,提高我们"透视"的清晰度。本讲提出的"本期总赚钱""本期净赚钱"和"期初未分配总赚钱"等三大指标,有助于达到这一目的,分述于下。

2.1 本期总赚钱

"总赚钱"是最主要的现金流业绩指标,它就是净利润所要替代的"真身"。这个指标表达的是公司在特定期间内总共赚到了多少货币资金,而不关注这些赚到的钱又用到了哪里。也就是说,它表明期间的赚钱总数,但看不出赚到以后是怎么用的:是原封不动,还是本期又用到了增量投资上。在这里不区分两种方式的差别。

既然围绕"资金占用=资金来源",等式左边纯属虚构的"资产"和"费用",都会影响到等式右边的"收入",从而影响到"未分配利润"。那么算法的基本思路就是,根据"资产"和"费用"的虚假变化额,对"本期净利润"作相应的增减调整。而由于数据来源是公开的财务报表,在没有现成数据时,就需要有所变通。

"本期总赚钱算法"(表 2-1)根据企业会计准则对公司的分类,分别列出了一般企业、商业银行、保险公司和证券公司的不同算法。限于篇幅,本文只对一般企业"本期总赚钱"的算法作出简要解说。要对净利润作如下增减调整:

(1) 扣除投资收益(利润表),但同时加上取得投资收益收到的现金(现金流量表)。

(2) 扣除公允价值变动收益(利润表),因为它虚增了未分配利润。

(3) 扣除应收账款和应收票据(资产负债表)增量金额高于发出商品成本的部分。以 11 700 元的应收款项为例来测算,1 700 元是价外税,因税法的刚性,记录后已不容更改;其余的 10 000 元净销价中,按 40% 毛利算,发出商品成本是 6 000 元,虚增未分配利润 4 000 元,也即应收款项总额的 34.19% 应当去调减未分配利润。但是,考虑到这是最常见、最大量的造假手法,当公司间利用关联交易虚构业务时,不但 17% 的销项税是白交的,余下部分甚至没有发出商品成本,都是未分配利润。所以,这部分扣除额定为本期应收款项增量的 50%,算是相当谨慎的做法。

(4) 扣除应收利息(资产负债表)的本期增量,因为虚增了未分配利润。

(5) 加上本期计提的固定资产折旧费用(财务报表附注),因为不涉及现金支付,是虚构的费用。但要扣除固定资产原值本期减少数(财务报表附注)。处置这些固定资产得到的货币资金(无论多少)已经算入未分配利润中,这是其对应成本,应当扣除。

(6) 加上无形资产摊销费用(财务报表附注),因为不涉及现金支付,是虚构的费用。但要扣除无形资产原值本期减少数(财务报表附注)。理由同固定资产。

(7) 加上资产减值损失本期发生额,因为是凭空估计的损失,并没有真的卖出去体现损失了。

表 2-1　　　　　　　　　　　　本期总赚钱算法

一般企业	商业银行	保险公司	证券公司
净利润	净利润	净利润	净利润
−投资收益	−投资收益	−投资收益	−投资收益
+取得投资收益收到的现金	+取得投资收益收到的现金	+取得投资收益收到的现金	+取得投资收益收到的现金
−公允价值变动收益	−公允价值变动收益	−应收利息增量	−公允价值变动收益
−50%的应收票据增量	−贷款损失准备本期核销	−应收保费增量	−应收利息增量
−50%的应收账款增量	+贷款损失准备本期转回	−应收代位追偿款增量	+计提累计折旧
−应收利息增量	−应收利息增量	−应收分保账款增量	−固定资产原价本期减少数
+计提累计折旧	+计提累计折旧	−应收分保未到期责任准备金增量	+计提累计摊销
−固定资产原价本期减少数	−固定资产原价本期减少数	−应收分保未决赔款准备金增量	−无形资产原价本期减少数
+计提累计摊销	+计提累计摊销	−应收分保寿险责任准备金增量	+资产减值损失
−无形资产原价本期减少数	−无形资产原价本期减少数	−应收分保长期责任险准备金增量	
+资产减值损失	+资产减值损失	+计提累计折旧	
	−逾期 360 天以上贷款本期增量	−固定资产原价本期减少数	
		+计提累计摊销	
		−无形资产原价本期减少数	
		+资产减值损失	

2.2　本期净赚钱

本期净赚钱是更严格的公司业绩评价指标。不同于本期总赚钱,他只看公司是不是为股东赚到增量货币资金,对用货币资金换来的非货币资产是视而不见的。当公司除了动用自己赚到的钱，还动用了股东投资和银行借款用于增量投资时，本期净赚钱还会是负值，因此有很强的预警作用。它的算法也较为简明易懂。现金流量表主要是由四大板块构成的，即：

经营活动产生的现金流量净额
投资活动产生的现金流量净额
筹资活动产生的现金流量净额
汇率变动对现金及现金等价物的影响

如果不考虑其中的"筹资活动产生的现金流量净额"，其余三大板块可以说都是公司通过生产经营得到的货币资金增量，就是本期赚到但还未分派的全部现金。

但是，净利润是扣除了本期"财务费用"后得到的股东剩余权益。为了具有口径上的可比性，似乎也该有个付过债权人利息后，专属于股东的那部分"净赚钱"。在目前现金流量表主表设计上，"支付股利、利润和偿付利息支付的现金"是合并计列的，无法分别看到"支付给债权人的"和"支付给股东的"这两部分，只能变通一下，从利润表上"财务费用"来考虑。

就一般企业而言，"财务费用"包括利息净支出、汇兑损益、手续费、现金折扣等，上式"汇率变动对现金及现金等价物的影响"就是这里"汇兑损益"，既然已经包括在"财务费用"中，可以不重复计列；还要考虑的是，"财务费用"本期未必全部支付了，所以还需要用资产负债表上"应付利息"的本期增量（期末余额－期初余额）来调整为现金流数据。综合这样的分析，便有：

$$\text{本期净赚钱} = \text{经营活动产生的现金流量净额} + \text{投资活动产生的现金流量净额} - \left[\text{财务费用} - \text{应付利息本期增量}\right]$$

经过上述口径上的调整，得到的就是专属于股东的"净赚钱"。它说明公司是不是为股东真金白银地"赚到钱"了，也是评价上市公司业绩的核心指标。具体到各个项目，"本期净赚钱算法"（表2-2）列出了四种类型公司的净赚钱算法。

表 2-2　　　　　　　　　　　　　　本期净赚钱算法

一般企业	商业银行	保险公司	证券公司
销售商品提供劳务收到的现金 ＋收到的税费返还 ＋收到其他与经营活动有关的现金 －购买商品接受劳务支付的现金 －支付给职工以及为职工支付的现金 －支付的各项税费 －支付其他与经营活动有关的现金 ＋收回投资收到的现金 ＋取得投资收益收到的现金 ＋处置固定资产无形资及其他长期资产收回的现金净额 ＋处置子公司及其他营业单位收到的现金净额 ＋收到其他与投资活动有关的现金 －投资支付的现金 －购建固定资产、无形资产和其他长期资产支付的现金 －支付其他与投资活动有关的现金 －财务费用 ＋应付利息增量	收取利息、手续费及佣金的现金 ＋收到其他与经营活动有关的现金 －支付手续费及佣金的现金 －支付给职工以及为职工支付的现金 －支付的各项税费 －支付其他与经营活动有关的现金 ＋取得投资收益收到的现金 －利息支出 －财务费用 ＋应付利息增量	收到原保险合同保费取得的现金 ＋收到再保业务现金净额 ＋收到其他与经营活动有关的现金 －支付原保险合同赔付款项的现金 －支付手续费及佣金的现金 －支付保单红利的现金 －支付给职工以及为职工支付的现金 －支付的各项税费 －支付其他与经营活动有关的现金 ＋收回投资收到的现金 ＋取得投资收益收到的现金 ＋收到其他与投资活动有关的现金 －投资支付的现金 －购建固定资产、无形资产和其他长期资产支付的现金 －支付其他与投资活动有关的现金 －财务费用 ＋应付利息增量	处置交易性金融资产净增加额 收取利息、手续费及佣金的现金 收到其他与经营活动有关的现金 －支付利息、手续费及佣金的现金 －支付给职工以及为职工支付的现金 －支付的各项税费 －支付其他与经营活动有关的现金 ＋收回投资收到的现金 ＋取得投资收益收到的现金 ＋收到其他与投资活动有关的现金 －投资支付的现金 －购建固定资产、无形资产和其他长期资产支付的现金 －支付其他与投资活动有关的现金 －财务费用 ＋应付利息增量

2.3　期初未分配总赚钱

"本期总赚钱"是对利润表项目的去伪存真，"本期净赚钱"是重新组合现金流量表项目的结果，两者互为补充，大致上表现了某一期间的现金流经营成果。此外，从资产负债表上，我们还可以得到这个期间开始时公司财富积累的情况，即期初"未分配总赚钱"。

"殷实"是国人常用的形容词，过去向人借钱、拜师当学徒等，常被要求有"殷实铺保"，就是由有实力的商家出面担保，对方才觉得放心；农村中女方长辈到男方家相亲,除了"准女婿"的长相之外,家境是否"殷实",如"三十亩地一头牛",更是需要现场考察的重要指标;老北京人所谓"天棚柳树金鱼缸,先生肥狗胖丫头",描绘的也是"殷实之家"的气象。"期初未分配总赚钱"当然不是说从股东或债权人那里得到多少钱,而是指在这些条件支持下,公司本身已有多少积蓄,不是看"资本集中",而是看"资本积累"。

对公司"察言观色"的第一印象非常重要,而这印象可以从"当前"的资产负债表上直接得到。仔细想来,"当前"的资产负债表所表现的,实际上是从公司开天辟地创建的"元年"开始,一直到"当前"为止,在这两个时点之间所有发生过的业务的总结果,这些业务不管是有利的,还是不利的,最终相互抵消,共同决定了这家公司的状况,即当前是否"殷实"。这个"殷实"当然要体现在公司家底的厚薄上,已经积累了多少增值的财富,或者反之,家底已经被"淘空"了多少。

既然本期总赚钱与本期净赚钱已经较可靠地反映了本期赚钱情况了,期初未分配总赚钱要采用期初资产负债表的数据来计算,即上期期末的余额,代表本期刚开始时的家底,这样更有意义,不会有重复调整之嫌。对"期初未分配总赚钱算法"(表2-3)的内容,限于篇幅,还是以一般企业为例,说明如下:

(1) 在资产负债表的"业主权益"项下,代表历年财富积累的是"盈余公积"和"未分配利润",所以,就以这两项为起点,开始有根据地调增或调减。

(2) 应收票据和应收账款的期末余额按50%扣除的原因,已如前述。

(3) 以"公允价值变动"的理由去虚增资产的做法已到处泛滥,本来不看明细账是无从调减的。所幸的是,中国的企业会计准则是从2007年起允许这一做法的,由于是"同增同减",只要变通一下,算出"公允价值变动收益"从2007年起的累计数,用它代表所有虚增资产,去调减未分配利润,就一劳永逸了。

(4) 应收股利还不是货币资金,不能算是收入,从而不是未分配利润。

表 2-3　　　　　　　　　　期初未分配总赚钱算法

一般企业	商业银行	保险公司	证券公司
盈余公积 ＋未分配利润 －50％的应收票据 －50％的应收账款 －公允价值变动收益（2007年起累计数） －应收利息 －应收股利 －长期股权投资（损益调整） ＋累计折旧	盈余公积 ＋一般风险准备 ＋未分配利润 －公允价值变动收益（2007年起累计数） －应收利息 －长期股权投资（损益调整） ＋累计折旧 －逾360天以上贷款年初余额	盈余公积 ＋一般风险准备 ＋未分配利润 ＋未到期责任准备金 ＋未决赔款准备金 ＋寿险责任准备金 ＋长期健康险责任准备金 －公允价值变动收益（2007年起累计数） －应收利息 －应收保费 －应收代位追偿款 －应收分保账款 －应收分保未到期责任准备金 －应收分保未决赔款准备金 －应收分保寿险责任准备金 －应收分保长期责任险准备金 －长期股权投资（损益调整） ＋累计折旧	盈余公积 ＋一般风险准备 ＋未分配利润 －公允价值变动收益（2007年起累计数） －应收利息 －长期股权投资（损益调整） ＋累计折旧

（5）应收利息还不是货币资金，不能算是收入，从而不是未分配利润。

（6）公司采用权益法记录长期股权投资时，"长期股权投资——损益调整"明细账户会有余额，这是根据子公司算出来的净利润，按股权比例凭空虚构的，没有现金支持，不能算是收入，从而不是未分配利润。不过，这个数据目前从公开财务报表（包括附注）是无法取得的，也就无从去调减未分配利润，有待企业会计准则的改进。对于非上市公司，投资者在投资谈判时当然可以要求查看其明细账。

（7）前已述及，累计折旧凭空虚减了固定资产，与之对应的折旧费是虚构的费用，虚减了未分配利润，应当以累计折旧余额去调增未分配利润。

第3讲　上市公司赚钱排行榜应用

本期总赚钱、本期净赚钱和期初未分配总赚钱这三大指标，都是公司的现金流业绩，可以说是缺一不可，分别反映了拟投资公司的不同侧面，让我们对其总的赚钱能力、再投资的强度，以及家底的富裕程度有了基本的了解，在投资者评估非上市公司的投资价值时，作用当然明显。

笔者设想，为了将现金流诊断也应用于上市公司，首先可以将这三大指标分别换算为每股数据，即"每股总赚钱""每股净赚钱"和"每股未分配总赚钱"，使之在不同上市公司之间分别具有可比性；其次还可以对这三个每股数据赋以不同的权数之后，合计在一起，得到上市公司"每股赚钱综合值"，根据这一综合指数，就有可能对上市公司作出总排行榜和分类排行榜，为各类投资者提供从未有过的、更可靠的现金流信息。

3.1　三大指标的相互关系

总赚钱以"是否收到现金"为准绳，尽可能地对净利润作了坦率有效的修订。表明本年度曾经赚到或总共赚到了多少真金白银。在地位上，它就是"本尊"，是净利润一直在"鱼目混珠"的对象。如果总赚钱是负数，则说明本年度已经赔钱了。至于赚到的钱是原封不动地放着，还是有一部分又被用于追加的增量投资了，从总赚钱是看不出来的，需要有其他指标来补充。

净赚钱更注重的是，经过本年度生产经营，货币资金有没有实实在在地多出来。公司是完全可能"一边赚钱，一边投资"的，本年总赚钱用于新增投资之后剩下的部分就是净赚钱。所以对比年初，如果本年度没有增量的投资（长期投资增量或存货增量），那么从理论上说，本年净赚钱就应该等于总赚钱。当然，实际的测算结果可能会有误差，因为在计算总赚钱时，对应收账款和应收票据的增量作了折半的粗略处理，不尽符合实际情况；同时，计算净赚钱的主要来源是现金流量表，而目前绝大多数公司的现金流量表也并不精确可信。可见，通过公开财务报表来透视公司，还只能凑合着用。一

般地说。如果本年度有增量投资,那么

当增量投资小于本年度总赚钱额时,净赚钱大于0;

当增量投资等于本年度总赚钱额时,净赚钱等于0;

当增量投资大于本年度总赚钱额时,净赚钱小于0。

在净赚钱为负数时,是有一定的预警作用的。对股东来说,这意味着不但本年度赚到的钱都被全数挪作它用了,还动用了其他来源的钱(年初结存的货币减少,股东增扩资本或银行新增贷款等),这些钱被用于新增长期资产和增量存货上,从而公司无力发放现金股利,更要注意的问题还在于增量投资的风险。这钱用于新增长期资产上时,其实有两种情况,一种是无助于未来的新增长期资产,是因当前生产经营环境日益恶化,需要不断地更新设备等才有能维持当前市场地位和产能,实际上是无效用的投资;另一种才是真正面向未来的新项目,这同样也有风险,举凡误判了未来、行业市场剧变和因贪腐而提高项目造价,等等,都可能使项目最终是不赚钱甚至赔钱的。而这钱用于增量存货上时,如果是因市场畅销而主动扩大产量就没问题,但更常见的是因市场原料价格和劳动工资上涨,用比过去更多的钱只能得到同样数量的存货,是虚假的增量存货;或者是因无效积压而被动产生增量存货,这往往是生产经营发生阻滞的不良信号,也是需要担心的。总而言之,都不如把总赚钱直接发放现金股利更具实在性,更能"落袋为安"。

未分配总赚钱代表在本年度开始时,公司还有多少历年留下来尚未分配的"总赚钱"。它是公司当前可以发放现金股利的上限(当然还要考虑当前有没有足够的可资发放现金)。假设公司开办这么多年来从未发放过现金股利,那么本年度开始时的"未分配总赚钱"就代表了全部的"累计总赚钱",都留在公司参与周转了。它表明公司曾经有过的赚钱业绩,虽与现在赚钱能力不太相关,但其他条件都一样的两家公司,有积累和没积累的家底当然是要区别看待的,未分配总赚钱也就有了意义。未分配总赚钱与股东的原始投资(实收资本+资本公积)共同构成了公司的真实净资产,如果未分配总赚钱为负,就是"累计总赔钱",首先会侵蚀股东的原始投资,然后当它大于原始投资时,就轮到债权人所提供的贷款要"血本无归"了。除非公司这些年来在科技研发、品牌培育或渠道拓展等方面有所建树,才算有所补偿,如果没有,这就是一家无所作为的"现金黑洞"公司。可见,未分配总赚钱在此时成为"素颜照",会把财务会计历年来为公司涂抹上去的"脂粉",毫不留情地一扫而光。

3.2 "每股赚钱综合值"的设想

以上有关赚钱的三个指标,各有侧重面,谁也替代不了谁,但从直观感觉上,它们是"一主二辅"的结构,以总赚钱为主,以净赚钱和未分配总赚钱为辅。从而,作者产生了用两个辅助指标来修订主要指标,形成公司"每股赚钱综合值"的想法。

首先,出于可比性的要求,需要将三个指标都转化为每股数据,即每股总赚钱、每股净赚钱和每股未分配总赚钱。其中,未分配总赚钱虽采用年初的金额数据,却要除以股市上通行的当前股份数,这样计算出来的"每股未分配总赚钱",才能和另外两个指标有共同的可比基础。转换为每股数据后,姑且按 70%,20%,10% 来分别对"一主二辅"指标分配权重,则有

$$\text{每股赚钱综合值} = \text{每股总赚钱} \times 70\% + \text{每股净赚钱} \times 20\% + \text{每股未分配总赚钱} \times 10\% \tag{1}$$

这个计算式提出了该对三个指标分别赋予多大权重的问题,这当然要尽可能吻合当前股市的情况了。

先考虑每股净赚钱。目前,股市上已形成"越是大把烧钱就越是高成长性公司"的心理预期,上市公司筹资时也都信誓旦旦地答应把钱投资到好项目上,由于竞相投资,以至于净赚钱比总赚钱要低很多,净赚钱为巨额负数的上市公司也不在少数,净赚钱的权重高了,可能伤了一大片,这是现实的情况。而净赚钱是与商业银行等债权人很有相关度的指标。上市公司只管借钱而不思偿还,毫无"造血能力"是不行的。所以,设想每股净赚钱按 20% 权重来算,考虑到不良贷款问题日益严重,这个权重不能再低了。要注意的

是，在计算式(1)中，当每股净赚钱为负时，在计算式中统一按零处理，只说明本期总赚钱都用光，没有净赚钱了。因为这种情况并不是赔钱，只是钱被用于增量投资而已，超过本期总赚钱的那部分增量投资（使净赚钱为负值的）与计算式要达到的"以净赚钱来修订总赚钱"的目的无关。

再考虑每股未分配总赚钱。有很多上市公司被戏称为"铁公鸡"，据说很赚钱却是从来都不分红，想必有了很多积累，设想每股未分配总赚钱按10%权重来算，权重再高的话，可能会使"过去赚下的钱"对本期每股总赚钱的修订幅度过大，毕竟代表当前赚钱能力的每股总赚钱才是更重要的。要注意的是，当每股未分配总赚钱为负时，仍要照常加权计算，因为它确确实实地代表过去赔钱了的事实。

这样考虑的结果，扣除20%和10%的权重后。每股总赚钱就得到剩余的70%权重了。

可见，根据公开财务报表和附注信息，有可能为每家上市公司算出其"每股赚钱综合值"，这是反映公司赚钱业绩的综合性指标，是面向"过去"与"现在"的实际值。既然能够以单一指标描述上市公司过去和现在的赚钱，就可以设想依这指标值的大小，让所有上市公司依次排序，形成赚钱总排行榜和各种分类排行榜，也不失为一大喜讯（表 3-1）。

表 3-1　　　　　　　　上市公司赚钱排行榜(总排行)

上市公司代码	排序号	每股赚钱综合值	每股总赚钱		每股净赚钱		每股未分配总赚钱	
			原始数值	加权后	原始数值	加权后	原始数值	加权后

3.3　对"赚钱排行榜"的评论

"每股赚钱综合值"在评估上市公司时，发挥了类似"血检报告单"的作用，从"过去"与"现在"的赚钱质量上来简捷地作出判断。至于"具体症状"和"具体部位"等问题，还是需要配合更深入的各种"个股诊断"的。虽然人们都说，投资股票买的是上市公司的"未来",但"未来的图景"其实是很难描绘的,更难以用金额数量化地表达,有时"未来"也只不过是"过去与现在"的合理延伸而已。所以,尽管这一综合值缺了反映公司"未来"的这一块,肯定称不上是对上市公司的"估值",但它涵盖了传统的"每股收益"和"每股净资产"的概念范围,在算法上又远远比这两个传统指标靠谱得多,这是令人高兴的前景。它与目前投资者所采用的各种分析方法、所侧重的各种信息并不矛盾,只是为更正财务会计信息之不足,提供了一种新的视角、新的看法而已。

"赚钱排行榜"在鉴别上市公司时,由于是面向"过去"与"现在"的,无法预见未来,大致只能适用于一般性的、不能提供多大想象空间的公司,因为它完全有可能将最伟大的公司打到后排去。举例来说,在微信上流传一个视频,展现一家澳洲上市公司(已由中国公司控股)的产品"马丁飞行喷射包",让人们可以自由自在地"空中漫步",如果此事并非虚构的话,任何人一看就很向往,明显是"满足人们潜在需求"的伟大成果。但创始人为此走过了34年的研发之路,还有很长的路要走,可以想见,其三大赚钱指标给出的是不良的信号,当然要受"末座侍候"的待遇了。所幸的是,中国股市上还是以"想象空间不太大"的公司为多,赚钱排行榜还能发挥一定作用。

具体应用时要注意,即使有一家公司是三大指标俱优的"三好生",所以在排行榜上名列前茅,投资者在追捧之前也要了解一下,它在此前最近的重大投资或重大创新是哪一年的事?这种"坐着数钱"的好日子预计还能维持多久?而"赚钱排行榜"也完全有可能让最流氓的公司风光于人前。因为引起财务会计数据不实的,有两种情况,一种是会计准则所允许的会计处理,我们已尽可能作了调节,另一种则是脱离实际地恶意捏造数据。由于赚钱排行榜只能基于公开发布的财务数据来计算,在后一种情况下,最前列的公司也未必全是好公司,这都是要提醒使用者注意的。

如果用"每股市价"除以"每股赚钱综合值",所得到的"市价对赚钱的倍数"新比率,可以简称为"市赚率",应当是有助于股票估值的,也可以给出"市赚率排行榜",直接为购股选股时参考之用。此外,富有经验的分析师们或可从"市赚率"的变化中,结合反映未来的其他因素,确定"市价"对"赚钱"的合理倍数,找出股票估值的新算法。

第4讲 对偿债能力的现金流诊断

财务会计教材口口声声说要"向投资者和债权人提供信息",但直到1988年美国才正式推出现金流量表,在此之前,除了"流动比率"和"速动比率"还能擦点边之外,实在找不到它还向债权人提供了什么信息。债权人已经习惯了在暗无天日中讨生活,银行信贷员只好守在债务人客户的大门口,点数进出的集装箱车辆,企图借此判断其还本付息的能力。从现金和实物逆向而行的角度看,这无异于"缘木求鱼"。其实,还本付息都要求支付现金,直接切入现金流诊断才是正确方向,本讲介绍对偿债能力的现金流诊断。

4.1 不要越界充当投资人

应当说,作为投资人和作为债权人,两者的风险偏好是不同的。投资人愿意预付资本,接受可能"血本无归"的风险,换取全部的剩余权益,也就是希望最后剩下的都是自己的;商业银行等债权人则不同,只希望在保住本钱的前提下,争取较高的利息收入而已。一旦出事时,"利息我不要了,本金还给我就行",是债权人共同的心声。这种差别,决定了其资金投向应该是不同的。

理论上,债权人最该做的事,是"锦上添花":当债务人已经做得不错时再助推一把。而不是"雪中送炭":在债务人前景还不明朗时就急于和他"生死与共"。所以,当有人借钱的理由是用于长期项目投资时,信贷员就要先警惕了,这事更应该找投资人而不是债权人的。商业银行可以纳入考虑范围的,只是其中工艺技术已经成熟(如一期工程已经大赚的"二期工程")、市场容量现成(如投产后就可以替代进口)的项目,总之,是能按计划如期完工,一投产就有稳定现金流入的项目。而要尽量回避的,是投资后还需要努力于产品研发和开拓市场,逐步发展,从而赚钱回收周期不易确定的项目。这后一类项目的资金是应该由投资者提供的,若找上商业银行借钱,则是绝对的供需错位,即使项目本来多拖几年就可望回升趋稳的,因为被商业银行哭着喊着要如期还本付息,也难免资金链断裂而提早玩完,这种资金供求的组合,对于双方来说都是噩梦。

而且,放贷决策时,不要指望出了事可以找担保人,担保人真要有那个现金流实力,他们两家自己现在就把事办了,哪还需要找你?也不要指望抵押物,放贷放成了"股东"或"地主",并非商业银行所擅长处理的,都不是好事,更何况最终出了事时,抵押物是否有诈,可以变现多少,都是说不准的。总之,担保和抵押这种事,是放贷者自求心理安慰而已,作为信贷决策失误的第二道防线则未必有效。

所以,商业银行一定要摆正自己的位置和心态,保持基本的处世原则,不要像投资人那样有"血性",随意任性地发放贷款。从源头上直接控制,避开本来就不该触碰的项目,是降低不良贷款率最有效的方法。反之,自己跨界发放了贷款,先上了套,再来寻求解套大法,往往是太迟了,"不作死就不会死"是千真万确的道理。

至于证券市场上的人们也差不多,在当今各种理财产品满天飞的时候,先想清楚自己是投资人心态还是债权人心态,可以并愿意承受多大的风险,再来选择合适的品种,应该会更好些。

4.2 如何减少不良贷款

商业银行向债务人客户交付本金,以得到事先约定的利息收入,从中赚取存贷差,是银行的主要业务之一。我们从商业银行资产负债表上的项目"发放贷款和垫款"说起,这是银行的大宗资产,却已经交在别人手中任由处置了。从管理会计的角度,这虽然在账面上还是银行的资产,实际上已经不可控了,风险也就由此产生。债券购买者等债权人也同样要面对类似的风险,即对债务人偿债能力应当怎么评估的疑难问题。

最值得关注的两个问题是:

(1)在"发放贷款和垫款"中,有多少本金是最终无法收回的?

(2)如何设法减少甚至根除不良贷款?

对于第一个问题，严格地说，只有等到商业银行彻底清算后，才有"终极答案"，而那是谁都不愿意看到的。所以只能退而求其次，在经营过程中尽可能地去分时段估算。

实务中的做法大体是，基层部门对很可能已经收不回来的不良资产作了各种粉饰性的安排（如允许客户借新债还旧债），力图推迟信贷违约的实际爆发时点。在这样的基础上，根据数理统计原理，设计各类数学模型来预估不良贷款发生率，并计提"贷款损失准备"。在有确定证据（如债务人公司倒闭等）表明，已经发生了不良资产时，就可以从该准备金中核销，以填补此类捂不住的亏空。至于这种预估是否符合实际情况，因为得到的本来就不是"终极答案"，即使是再高深的数学模型，也只能说是"凑合着用吧"。更因为有些银行已经发展到"太大而不能倒"的规模，为社会稳定之大计，对第一个问题是绝对不应该太较真的，只要大风险还没有爆发，"得过且过"是最适宜的应对方式。

所以，尽管我们可以知道，围绕商业银行贷款，早已成为诈骗高发区，这是一种风险很大的业态，却无法确切地知道、也最好不要知道实际风险有多大，什么时候会爆发。将过多的精力纠结于此，也显然是无益的，应该把注意力转到第二个问题，"如何减少甚至根除不良贷款"上来，在"定时炸弹"还没有爆炸之前，先悄悄地把"引信"给拆了。

4.3 "输血量"与"造血量"

要减少甚至根除商业银行的不良贷款，当然不能脱离债务人客户的实际情况。所谓"还本付息"，不过是要求客户能够"真金白银"地如期足额支付而已。我们最需要的，也只是关于客户的现金流信息而已。可见，事情可能不像人们想象的那么复杂。

大体上，客户在某一期间的货币资金增量可以分为两种，一种是外部来源的增量，如股东扩股增资、债权人提供贷款等，可以形象地称之为"输血性货币增量"，简称为"输血量"；另一种是客户在生产经营、投资活动等过程中，从内部自主产生的增量，可以形象地称之为"造血性货币增量"，简称为

"造血量"。"造血量"正是有望使问题迎刃而解的重要指标,有待重点推荐。先介绍"造血量"的数据来源和算法。在现金流量表主表中有四大板块,即:

(1) 经营活动产生的现金流量净额;

(2) 投资活动产生的现金流量净额;

(3) 筹资活动产生的现金流量净额;

(4) 汇率变动对现金及现金等价物的影响。

只要去掉"(3)筹资活动产生的现金流量净额"板块,但保留其中"分配股利、利润或偿付利息支付的现金"这一项。另外(1)(2)和(4)三大板块之和,减去留下的这一项,就得到了"造血量"。

$$造血量 = 经营活动产生的现金流量净额 + 投资活动产生的现金流量净额 + 汇率变动对现金及现金等价物的影响 - 分配股利、利润或偿付利息支付的现金$$

同时,输血量就是"筹资活动产生的现金流量净额"中排除"分配股利、利润或偿付利息支付的现金"外的各项了:

$$输血量 = 筹资活动产生的现金流量净额 + 分配股利、利润或偿付利息支付的现金$$

4.4 根治不良贷款的宏观分析

我们在以下三个假设的前提下,通过简例,从理论上来讨论债务人在什么情况下才能"还本付息",或者说,根治不良贷款产生的必要条件是什么?

假设一:债务人公司股东没有能力扩股增资,也没有能力提供临时性的周转资金;

假设二:只有一家商业银行向该公司提供贷款;

假设三:考察期内客户的"造血量"小于等于0。即假设无论如何,债务人都能通过增量投资等手段,让这一指标小于等于0。

很简单的推论是:在这个由一家商业银行和一家债务人客户构成的系统中,利息会一直单向地从客户流向银行。同时,使"造血量"小于0的增量投资也在蚕食货币资金。其他条件不变时,从生产经营中释放出来的货币资金会越来越少,如此这般地过了若干时日之后,比利息金额大得多的"还本"必然无望,贷款逾期甚至成为坏账,商业银行被套住了!

它该如何解套呢？

"假设一"说的公司股东没钱，不是商业银行可以插手改变的。

"假设二"乍一看是有待商榷的，因为当然可以同时存在多家银行和多家客户。但只要设想所有银行都合并，构成了简例中的那家商业银行，所有的债务人客户也都是没有"造血功能"的德性，"造血量"都小于等于0，其后果就与前述相同，不同的只是债权经过"击鼓传花"之后，不良贷款最终会烂在哪家"银行分号"手里而已。更何况我们研究的，首先正是整个银行业所存在的宏观问题。商业银行们在如何审核贷款上未能达成共识，只求把"烫手山芋"甩给兄弟，自己好先解套，最终却是谁也跑不掉，还是要分摊全行业不良贷款的苦果。而且，没有造血能力的债务人在多家银行之间不断地借新债还旧债，"挖东墙补西墙"式地玩虚的，反而掩盖了其"现金黑洞"的真相，得以苟延残喘，对社会是不利的。这说明从宏观上看，假设二也是不可改变的。

看来，只有修改"假设三"，才是商业银行的解套大法，所以结论很清楚：必须要求债务人客户有正的"造血量"！只有这个必要条件，才能从宏观层面消除不良贷款产生的源头。换句话说，银行向客户"输血"后，要想和谐地全身而退，而不是以"抵债资产"之类两败俱伤的方式退出，有待于债务人客户自身造出"新血"来。建议商业银行慎重考虑，将"造血量"作为贷款审核的核心指标。谁先这样做了，不良贷款率有望率先降低；所有商业银行都这样做了，会促使债务人公司正确地权衡投资与赚钱的关系，不再一味地盲目投资，从宏观角度看，银行界也自然有望消除不良贷款这一传统难题。

4.5 根治不良贷款的微观分析

顺着这个思路，进一步就个案来分析。在正常的购销节奏中，公司的资金需求量会不断地发生波动，当手头有货币资金时，理论上就有可能还本付息。但是，付息日和还本日是预定的，债务人在这些预定时点上的货币资金余额并不必然就能恰好足额地确保支付。而且，货币资金余额只是无规律可循的"时点数"，眼看着账上有钱，可能一眨眼间又被划走另作他用了，不到实际支付的那一天,是很难知道债务人到底能不能向银行足额支付的。依靠盯紧货币资金余额的方式,常常起不了预见作用,依靠其他无关紧要的各种风险控制指标就更没用了,商业银行信贷员最大的困惑也在于此。

其实,商业银行最需要知道的,不是债务人在特定时点上的货币资金余额,而是表现为"时期数"的某种指标,可以反映债务人客户在这个时期内的还本付息能力。前已述及,只有"造血量"才能有助于商业银行提高这种预知能力。排除股东或银行提供的"输血量"不说,货币资金余额就是这种自身造血能力在不同时点上的累积结果或外在表现。

有必要先强调指出,现金流量表实际上是动态报表,这是很少人注意到的。它可以不受日历月度或日历年度等约束,只要随意指定起点日期和终点日期,就能编制出这个划定期间的现金流量表,从而能得到这个期间的"造血量"指标,以作评估之用。正如下文所述,我们需要分期监控,从上个支付时点后启动监控,以便在下个支付时点前预判是否能如期足额地支付,所以这个特点是非常方便实用的。

4.6 放贷之前的信贷审核

先引入"筹资性负债"和"结算性负债"两个概念。"筹资性负债"是公司因从债权人手中取得现金而要承担用等额现金偿还的债务。具体地说,有短期借款、交易性金融负债、长期借款、应付债券等,也包括股东为帮助公司临时周转需求而短期提供的款项,这种情况下股东同时也具有债权人身份。

"结算性负债"则是指筹资性负债之外的其他债务,而不是因为取得现金而要用等额现金偿还的债务。"结算性负债"往往是因为结算过程需要一定时期才能完成而产生的,其主要形式,有收到现金在先,要用"交货在后"来偿还的(预收账款);有收货在先,付款在后的(应付账款或应付票据),还有各种应交税费,以及"应付利息""应付股利"和"应付职工薪酬"等,这些都是"凭空产生"的负债,而不是因收到现金而产生的。

信贷部门先要查究债务人的"造血量"历史数据,如果在多数时段里这一指标持续为正数,说明其一直有较强的现金流支付能力,在此基础上才能作出是否放贷的决策。应当承认,有太多的手段可以用来粉饰"造血量"指标。例如,自掏现金来购买自家产品或服务,自掏现金支付不入账的费用,等等,不过这都是需要现金流实力的。如果潜在债务人确有造假粉饰行为,骗个一年两年也许还行,连续骗上三年五年就不容易了,因为需要为此支付巨额的现金。这样,考察期越长,"造血量"越有可能反映债务人的真实情况,商业银行上当受骗的可能性就越小。下文只以1年为例说明。

贷款审核时,从当前时点上往前划出365天,是当前日之前的年度,可以称为"当前日年度",就可以算出一个指标"当前日年度造血量"。在作出信贷决策之前,先看看债务人的这一增量是否为正数金额,如果为负,除非另有证据表明债务人的前景很快会有大变化,一般就不必进一步考虑了。如果为正,就要剖析当前负债的构成了。

从"造血量"计算式内容可知,在计算这一指标时,结算性负债已经被包含在内了。也就是说,依据这一指标评估时,已经不必考虑付息能力,更应着重于评估其还本能力,所以可以用"当前筹资性负债总额"作分子,"当前日年度造血量"作分母,得到以年度表现的"预计还本期"计算式:

$$预计还本期(年) = \frac{当前筹资性负债总额}{当前日年度造血量} \tag{1}$$

这个指标表明,不依靠外来的"输血量",以"当前年度造血量"来看,潜在的债务人依靠自身,要多长时期才能还清当前的所有筹资性负债。有了"预计还本期"指标,商业银行在放贷之前,就可以简明地判断,自己有没有必要再掺和进去了。不过,有必要指出,债权人只能得到日历年度的现金流量表,得不出"当前日年度造血量":在资产负债表上存在着"其他应付款""长期应付款""专项应付款"等项目,又可能同时将筹资性和结算性负债都包括在内,不看明细账是无法知道的,会影响"当前筹资性负债总额"的确定。所幸的是,后两项在公司报表上一般为0,此时不妨将其他应付款全额归为"筹资性负债",尽管其中可能有结算性负债的成分,这会使测算的预计还本期有所延长,不妨视为估算时的"保险系数"。当然,潜在的债权人最好的做法，是与对方"讨价还价"，取得一定的知情权，借助于查阅其明细账等手段，使测算结果更可靠，这是就事论事的处理方式，只适用于个别的债务人客户。

对于上市公司，因为只能借助公开财务报表数据，无法一概而论地得到筹资性负债总额，为公平起见，只能给出"每股造血量排行榜"和"每股输血量排行榜"，供使用者参考，自行作出判断了。

赚钱为王
理念篇

  会计准则与会计造假"警匪一家"的结构,财务会计模式是从西方引进的事实,使弱国心态的人们误以为它必然是先进的,财务会计是顶着"既合法又先进"光环的造假行当,短时期内还有很大的蒙骗性。加上存在"既得利益"等现实因素,笔者的判断是财务会计已经"不可修复",只能等着它自生自灭,最终被社会彻底整体抛弃。这是需要"利益博弈"的渐变过程,这个过程要持续多长,并不重要。重要的是商业世界不能没有新的游戏规则,众多的会计人员不能没有新的饭碗可端,必须尽快推出建设性方案,并通过实践检验,完善成熟起来。

  科学技术上,不管是发现还是发明,能够据以"再现"或"复制"的,才是真正科学的。这个"再现原则"在会计领域应该表现为"谁来做账,都能得到同样的结果",有没有赚到钱,赚到了多少钱,应该只有一个结果,这才是会计的科学化。赚钱为王的"内账",在现阶段可以就"怎样才能更赚钱"提出建议,补强管理会计,使之快速崛起,成为公司内部持续运行的常态化管控系统,真正提高企业管理水平。从长远来看,还要承担起拯救财务会计的历史使命,在造假成风的"外账"被社会彻底抛弃时,作为"备胎"取而代之。

第5讲 中土会计百年蒙冤论

第1讲《会计造假百年回眸》,回顾了现代财务会计走上造假不归路的百年历程,揭示了会计准则与会计造假"警匪一家"的结构,维持了西方会计"高大上"的幻象,给人以"科学先进"的错觉。本讲透过相同的百年时间窗,把目光转回中华大地,让我们看看这儿又发生了什么。

5.1 八股文考试正解

历史有"野史"和"正史"之分,所谓野史,是民间传说等非正式渠道描述的陈年旧事,有如"白头宫女话玄宗",往往不像正史所描述的那样"高大上",但要有趣得多,有时也更令人信服。

今人都说晚清腐朽僵化,其实人们有所不知,百年前开始的西学东渐,清廷的改革力度不可谓不大。以教育制度为例,先是废考"八股文",改为考"策论",题目已经涉及西国学术、国际贸易、西国兵制、外交政策、海上霸权等多方面的西方现代理论。如:

"西国学术有形而上、形而下之分,其已成学科者凡几?要旨若何?";

"保商之法,阻来货,奖外轮,务令出口之货常多于进口,乃征诸英吉利自行平税之政,而商务大兴,其进出之差为负而商利自厚。其故何欤?"

……(1903年江西乡试,光绪癸卯《江西闱墨》)

说到这里,有必要先对八股文有所介绍。近代以来,八股文被严重地妖魔化了,人人都以为这是个坏东西,却很少有人明白它究竟是怎么回事,实际上,这种考试偏重于考生的能力,是一种智力测试。

八股文"只是一种文字游戏,并不能叫做作文。他的好处是法式明了,规格统一,容易学,容易通,无法跑野马,出奇制胜,篇幅短,看卷子比较容易,定优劣更容易。真是聪明的人,只要熟读几十篇墨卷,就不怕作不出好文章。因为这种迷津式的测验,考的是智力不是学力。"

(梁若容,转引自刘海峰《论科举的智力测验性质》,《厦门大学学报》哲学社会科学

版,1996年第3期)

所以,聪明人只要下点工夫,十几岁就能考上秀才了,最早慧的如梁启超,12岁就考中秀才。而智力水平不够的,考到八九十岁还总过不了关,这些"白首童生"们在考秀才的名义下"终生啃老",不是八股文的错,反而验证了其作为人才筛选关口的可靠性。这也说明今人把"素质教育"和"应试教育"对立起来毫无道理,真正素质高的人应试能力也高。更神奇的是,这个考试的目标虽是选拔文官,却不局限于文科人才,测试的是"文科理科兼通,形象思维与逻辑思维俱备"的综合智力,而且具有超强的遗传性状!梁启超的儿子中有三个后来成为院士,物理学家何泽慧院士的家族在清代出了15名进士,23名举人,而她的兄弟姐妹们也大多成为理工科高级人才。类似的例子很多,只要略加关注,就会发现当今两院院士中许多人的祖上是有科举功名的。可见,把人才筛选出来了,以后想学什么都行,只不过是当时中国还没有现代科技可学而已,八股文考试何错之有!

然而,从考八股文改为考策论之后,偏重的就是学识而不是智力,已经本末倒置地走上歧路。我们从江西考题内容可知,要回答上述的那些问题,更多的是依靠"背功"好,照本宣科就行了,东郭先生们就容易冒充人才而蒙混过关。

厦门大学高教研究院院长、科举史专家刘海峰教授指出:

中国历史上彪炳史册的人物,隋唐以后多数是由进士出身的,如唐代的张九龄……多得不胜枚举。这些人在历史上出类拔萃,建立了丰功伟绩。(引自上文《论科举》,张九龄之后省略了一长串名单)

但是在1905年,清廷的改革更加激进,又干脆取消了科举。根据中国人民大学周孝正教授的说法,由于这一废除,"朝为田舍郎,暮登天子堂"的可能性没有了,读书人就断了进入到"体制内"的道路,只能另找出路了。当时众多的"游士"一旦与"游民"相结合,用民间的说法是"要起事儿"了。

在我看来,这比正史更有道理,大清的"教育改革"直接为自己培养了"掘墓人"。

5.2 自废武功的"全盘西化"

话说当时还有一部分未参与起事的"游士"们,在国内现代学堂未及建立时,依然无书可读,所以负笈出洋求学去了。面对西方发达的工业、富裕的生活和自由民主的氛围,等等,他们承受着"文化冲击"和"未来冲击"交织在一起的震撼感,产生了巨大的心理落差。1936年,美国作家赛珍珠这样描述中国留学生:

"这是一个自卑感弥漫全国的时候……他们对西方国家既羡慕,又痛恨。"(刘香成《毛以后的中国1976—1983》自序,世界图书出版公司北京公司2011年2月)

难以想象当年留学生们是怎样"为国拼搏,努力学习"的,总之他们学成归来了,并且满怀着对西方国家"羡慕嫉妒恨"的情绪,恨不能也用所学让故国尽快地"旧貌换新颜",但他们还要解决的是"西学"与"中学"的矛盾。

在某些领域里,西学纯属"填补空白",即国中没有健全的对应体系,如近代物理学(晚近时期称为"格致之学")基本空白,推行就较为容易;但是,有些原来已经存在对应物的领域,无论其是优是劣,与西学总会相互较量,相互排挤,如何妥善处理"西学"与"中学"的关系,实际上是个大难题。自清以来,国中占主流的是"中学为体,西学为用"思想,即尽可能延续传统,不过多触动原有基础的吸收修正方式。

在当时,也确有以"海归"为主体的一些激进人士,看不起中学,连稍加了解的兴趣都没有,便主张完全废弃,这往往引起"海龟"与"土鳖"两派的冲突。其中,最有代表性和戏剧性的,当属1929年的"废止中医案"。

其时,与国语、国旗、国画、国术等类似,中医自称为国医,且已经通行开来。西医有所不满,因为与国医相比,总有"非主流"的感觉,遂议决将中医改称为"旧医",西医则自称"新医"。1929年2月,南京国民政府卫生部召集中央卫生会议,通过了留日医家余岩(云岫)的提案,议题是"废止旧医,以扫除医事之障碍案"。根据该方案,待现有中医人员寿终正寝,中医也就自然"绝后",无疾而终了。

上海中医界反应激烈，一千多人停诊一天集会，药店老板职工也有几百人参加，会议向全国中医药界发出快邮代电，定于1929年3月17日在上海总商会举行全国代表大会。全国代表大会上，各省代表用方言致词，相互听不懂，有些代表是高龄名医，一登上台，连口都不会开。不过"群情激昂"倒是一望而知的，最后推举出五位代表赴南京请愿。

在代表出发前后，报纸天天采访报道，各界纷纷通电支持，沿途中医药界迎来送往，好不热闹，趣闻多多。到南京后，分头走访南京政府要员，反应良好。行政院院长谭延闿说："中医决不能废止，我做一天行政院院长，非但不废止，还要加以提倡。"一边伸手让请愿团长诊脉处方，第二天这张处方成为各报必登的"要闻"。大书法家、监察院院长于右任一针见血："中医该另外设一个机关来管理，要是由西医组织的卫生部来管，就等于由牧师神父来管和尚一样。"卫生部长薛笃弼是法学人士，受冯玉祥推荐出任该职，对中医西医本无偏见，却因为此事受到各方压力，要掼纱帽不干了。据说当局深恐得罪了冯玉祥，不但竭力挽留，还下手令说卫生部西医如再干涉中医行动，以后卫生经费，政府完全不负责，卫生部次长等噤若寒蝉，不再发言。最后是蒋介石接见，操宁波土音的国语表态："你们的事，我都知道了。我对中医中药绝对拥护，你们放心好了。"一锤定音，中医们凯旋而归。（参见陈存仁《银元时代生活史》第五章，广西师范大学出版社，2007年5月）

当时的留学生们在不正常的激进情绪下提出的"全盘西化"口号，现在来看是极其错误的，要害在于它完全无视中华传统文化，没有为传统文化留下生存空间，尤其是在社会科学领域，怀疑甚至否定自己原有的一切，自废武功，也就留下了贻害无穷的后患。

出于个人兴趣，有段时间，笔者常去翻拣故纸堆，在飞扬的灰尘中边打喷嚏，边用心灵去聆听祖父辈、父辈的会计学者"讲那过去的故事"。无意中，自己也恍然如出土文物般，心如止水，快意无边。浏览史料给我最深的印象是，原来中国近现代的会计前辈中，不乏有个性、有主见、敢于担当的人物，他们秉持各国学术平等的心态，既会"取经"，也会"造经"，并非唯唯诺诺的"逢洋必学"之辈，这是最值得今人学习的。近期形成的观点则是，与八股文类似：

　　一百年来，由于国人盲目崇洋，妄自菲薄，把自家的"学霸"看成"学渣"，中国本土会计也蒙受了"愚昧落后"的不白之冤，到了该彻底昭雪，并将其优势发扬光大，对世界有所贡献的时候了。

5.3　现金收付记账法是高效率的复式簿记

　　历来靠师徒传承的中式簿记，由于流派各异，且少见于典籍，现在已经很难描述"正宗"的中式簿记是什么样的了。李鸿寿于1927年的一段话可作佐证：

　　"固我国古代会计书籍，除唐李元吉之《元和国计录》等书，可供研究政府会计沿革者参考外，其余商业簿记会计，均无书籍；而学习簿记会计者，亦仅口传心授……"（李鸿寿《会计季刊》第Ⅱ卷第3期237～238页中国会计学社）

　　徐永祚会计师事务所在《会计杂志》上刊登《本所为调查我国旧有会计制度及习惯启事》，也描绘了同样的情形：

　　"我国会计起源甚古，……但制度不一，习惯不同，各地各业所用者皆各行其是；且簿记既无专书方法，徒凭口传，以致虽有优点，湮没不彰，殊为可惜。本所有鉴于此，拟调查各地各业之旧有会计制度及习惯，以作我国改良会计上之参考。"

　　所以，广泛征集方案，经过了调查的徐永祚先生最有发言权，他所提出的"现金收付记账法"应是最有代表性的中式簿记，尽管该方案已经"改良"，借鉴了西方簿记的内容，但还是原样保留了中式簿记一向饱受攻击的"落后的单式簿记"特征，我们就用现代语言来说明这究竟是怎么回事。

　　(1) 对于现金流入业务，用"收款凭单"直接记录收款项目就可以，即"收记收"。如"收：库存商品1 000元"，说明这1 000元现金是售卖库存商品得到的。表面上是单式簿记，其实如果硬要加上"付：现金1 000元"，表明收到的1 000元用于"现金"上，就还原为复式簿记了。需要强调的是，在现金收付记账法中,现金本来就是主体账户,在这样的约定下无须专门提及。省略的结果,当然是大大减少了记账的工作量。

(2) 对于现金流出业务,用"付款凭单"直接记录付款项目就可以,即"付记付",如"付:原料1 000元",说明这1 000元现金是为购买原料支付的。表面上是单式簿记,其实如果硬要加上"收:现金1 000元",表明从"现金"收到1 000元,然后用于购料,就还原为复式簿记了。需要强调的是,在现金收付记账法中,现金本来就是主体账户,在这样的约定下无须专门提及。省略的结果,当然是大大减少了记账的工作量。

(3) 至于购进后的实物,还会在公司内部不断运动变化而无关现金流入或流出,现金收付记账法称其为"转账业务",转账业务就要用"转账凭单"以复式簿记形式来处理了。现金收付记账法的处理原则是,当实物之间有变换时,视同发生了现金交易。例如,原料1 000元投入生产过程,记为:

收:原料　　　　　　　　　　　　　　　　　　1 000元
　　付:在制品　　　　　　　　　　　　　　　　1 000元

对于"转账业务"的会计处理,乍一看不知所云,其实这里的"收",还是照样理解为"卖"原料而收到现金1 000元,"付"还是照样理解为"买"在制品而支付了现金1 000元。所以,表面上不可理喻的现金收付记账法,只要围绕现金主体账户来说明,就完全打通,可以前后一致地理解了。

从以上分析可以得到结论:现金收付记账法不但是如假包换的复式簿记,其理论解说也很清晰,围绕着现金主体,保持贯穿始终的一致性。更由于在现金收付上省略了部分记账过账工作量而效率大增,这在当时手工记账环境中特别重要。

5.4　借贷记账法缺乏理论解说

"不怕不识货,就怕货比货",我们再反观作为舶来品的借贷记账法。

复式簿记本身值得赞誉,连大诗人歌德也曾借其笔下人物之口,称之为"人类智慧中最美妙的发明之一",但用什么作为复式簿符号,却是个颇为烦人的问题。文献告诉我们,Debit 和 Credit 这两个符号源于信贷业,原来有明确的意思，Debit是"人欠"之意，Credit是"欠人"之意，一笔业务该记哪边就很清楚。可是，随着复式簿记被其他行业所广泛应用，这两个记账符号便失去其原有的意义，尽管会计学家们曾用"拟人说"等各种说法来补救，试图赋予新的理论解说，终究无力回天。所以，这个缺陷是早已有之的。

1907年，两位留日的本科生（谢霖和孟森）将其引进到中国时，它们被译为"借/贷"，而这两个字在中国的近代语言环境中几近于同义词，"银行借款"无异于"银行贷款"，"告借无门"和"告贷无门"说的都是借不到钱。硬要把同义词当反义词来用，实在是挑战我们的智商。本来就有缺乏理论说明的毛病了，再加引进时的"水土不服"，当然雪上加霜。

看看公司第一笔投资业务的会计处理，现金收付记账法只要记"收：实收资本 40 000"，表明这现金是从实收资本收到的，不存在理解问题。而用借贷记账法记录，是

借：银行存款　　　　　　　　　　　　　　　　40 000
　贷：实收资本　　　　　　　　　　　　　　　　40 000

破绽就出来了。为什么要"借记"银行存款，同时要"贷记"实收资本，而不是反过来，"借记"实收资本，同时"贷记"银行存款？全世界的借贷记账法老师都说不清楚，只好毫无"师道尊严"，先以"借贷不过是记账符号而已"来搪塞学生的提问，随后的整个教学过程实际上是填鸭式的，一笔一笔业务地分别告诉学生，要"借记"哪个账户，同时要"贷记"哪个账户，搞得初学者晕头转向，没有学习的自主性，直到把大多数业务的会计处理都看过了，靠死记硬背形成下意识的习惯动作时，才算是"学会"了。还忘了说，记到账上时，同一个借（或贷）符号，对有的账户要作加法运算，对有的账户则要作减法运算，你就再晕一次吧！

所以，没有贯穿始终的理论解说，从而不能明晰地指导会计处理，是借贷记账法的致命缺陷。虽然历史没有"如果"，笔者还是想说，在已经存在理论成熟而又高效的中式簿记的当年，其实完全没有必要引进借贷记账法，结果只是给中国会计人"添乱添堵"，这也是百年来人们一直想"修理"它的原因，当然这是后话了。至于借贷记账法究竟错在哪里，下文还会进一步

分析。

5.5 借贷记账法推广举步维艰

借贷记账法要在新办企业推广,自当不成问题,但对于已经应用中式簿记的大量工商企业来说,事情就不那么简单了。1934年,谢霖(字霖甫)这么总结:

"新账人员藐视旧账,严加批评,致新旧司账人员不能相互合作……鄙人认为旧账人员,一经研究,即可改管新账,而新账之人,反于旧账不能下手。故藐视旧账,以致新旧不能合作,实于会计改进前途,大有妨碍。"(谢霖甫《新式会计方法在中国之过去与未来》载《会计杂志》1934年第三卷第二期)

我们注意到,把中医打为"旧医",西医自称"新医"的招数,在会计领域也照样沿用了,中式簿记是"旧账",西式簿记是"新账",似乎新的总比旧的好。不过,谢霖如实地指出,"新账人员"看不懂旧账,无从下手,却"藐视旧账,严加批评"。百年之后,当我们已经知道中式簿记其实比西式簿记更好的现在,联想"新账人员"无知却又蛮横的态度,难免心生酸楚:老祖宗留下的东西,连据理力争都不敢了,逆来顺受,国人的自信心已经被"船坚炮利"摧毁到何等程度!

所幸的是,未出国留学的徐永祚先生秉持各国学术平等的心态,改良中式簿记。由于顺应了中华文化传统,现金收付记账法一时风生水起,快速扩散。时人的一段文字说明,因标准化带来的进展是神速的:

"上海名会计师徐永祚氏本其十余年教授之心得,及执行业务之经验,标揭改良中式簿记之旗帜,登高一呼,各界响应。会同上海市商会开办补习学校,负笈人士,肩踵相接,并印行簿册,编辑论著,风行各地。综计一年之内,先后采用者,竟达数千家之多,其收效之宏,推行之速,诚有出人意表者。"(李梦白《对于改良中式簿记原理之另一贡献》载于《会计杂志》第六卷第5期,1935年11月1日)

与收付记账法相反,从1907年引进,到1949年为止,尽管有众多的海归人士在不遗余力地推动,仍然可谓惨淡经营,借贷记账法在中国推广举步维艰:

"据有关资料显示,到1948年还有80%以上的工商业采用收付簿记法"(刘常青《中国会计思想发展史》165面,西南财经大学出版社2005年5月)

按照这一引文来推断,1948年时借贷记账法还只有远低于20%的占有率,因为当时还同时存在多种其他记账方法与其分享这一份额。1940年,时任广西壮族自治区会计长的张心澄在《会计丛报》上如此描述当时的情况:

"我国有称为借方贷方者,收方付方者,入方出方者,左方右方者,收项付项者。"(张心澄《借方贷方为法定通用名称》载广西壮族自治区会计处主编《会计丛报》第二十六期,1940年12月12日)

5.6 新中国成立初期统一记账方法的努力

在新中国成立后,1951年1月1日起施行的《各级人民政府暂行总预算会计制度》,以及《各级人民政府暂行单位预算会计制度》,都是以收付记账法作为行文主体,"但如事实需要得改用借贷记账方法登记科目"。

财政部会计司首任司长安绍芸指出"借/贷"与"收/付"这两种记账方法的异同点是:

"同样的会计科目,同样的会计事项,用借贷记账方法记账的结果和用收付记账法记账的结果,除左右方向对掉外是完全一致的。所以如果把一种记账方法的左方右方对调,把原记入左方者记入右方,把原记入右方者记入左方,则在事实上两个绝对不同的记账方法间的矛盾便可获得解决,或者说便已结合成为一个记账方法。"(《介绍修订总预算会计制度及单位预算会计制度的几个要点》《新会计》1951年12月25日)

为了尽可能统一这两种方法,安氏领导下的中央财政部会计司,在制定预算会计制度时,经过了"原规定"和"修订后的规定"两个步骤。

"原规定"是指从1951年1月1日起施行的《各级人民政府暂行总预算

会计制度》和《各级人民政府暂行单位预算会计制度》，其基本规定的行文，是以收付记账法为主，但"把收付记账方法的左方右方对掉，以迁就借贷记账方法，因此特地说明'一切记账格式概以付方列左收方列右'。所以两种预算会计制度原规定的记账方法仍是偏于借贷记账方法，表面上用的是收付二字，本质上用的是借贷记账方法的理论和形式"。

并且，另有补充规定"但如事实需要得改用借贷记账方法登记科目"，也就是说，一旦企业有必要根据补充规定改用借贷记账方法时，和基本规定也不会发生冲突了。

到了1951年年底，中央财政部会计司又提出了两个预算会计制度的修订方案。修订后的规定，则是反过来，行文时以借贷记账方法为主，规定有必要时方可采用收付记账法：

"本制度采用复式簿记原理，借贷记账方法登记账目。但各级总（单位）会计得参照事实需要，改用收付记账方法，以付方列左，收方列右。"

经过这样的两个步骤，就以"因势利导缓步前进的方式"，将"收付记账法"从市场取得的"主流地位"，由官方转授予"借贷记账法"。安先生有所不知，"先付后收"的改动，实际上也弱化了收付记账法的理论说明能力，从此收付记账法的发展盛势不再，只在银行会计、政府预算会计和农林业会计等领域不声不响地占据着稳固地位，借贷记账法则靠着"天上掉馅饼"得到的官授"主流地位"，在工商业逐步地推广开来。

5.7 "借/贷"的实质是"左/右"

在国外网站上可以搜到一个小故事，大意是有位老会计在做账时，老是时而拉开左边抽屉、时而拉开右边抽屉地往里看上一眼，没有人知道为什么。终于等到他退休了，人们迫不及待地想要知道他的"武林秘笈"，发现左边抽屉里贴着一个标签"Debit"，右边抽屉里也贴着一个标签"Credit"！

"借/贷"实际上就是"左/右"的看法，在国内不断地有人提起。安绍芸先生指出：

"借贷记账方法的'借''贷'二字,就是'左''右'二字的代名词,借为左,贷为右。一般研究会计学术者与从事会计实际工作者对于'借''贷'二字的认识,都达到此为止,不需要作进一步的研究。我不是说不需要深入钻研,我是感觉到现在我们有更重要的会计问题须要从速解决。"〔《新会计》(1951年12月25日)发表《介绍修订总预算会计制度及单位预算会计制度的几个要点》〕

到了1965年,在增减记账法"资金来源=资金运用"思想大行于市的背景下,黄德崇更明确地提出了用"左/右"替代"借/贷"的设想:

"复式记账既然是根据'资金运用=资金来源'的平衡公式,在相关账户的左右两方同时记账。因此,直接采用'左右'二字,把借贷记账法改为左右记账法,实在是名正言顺。我们在解释账户结构和'借贷规律'时,往往先说明账户分为左右两方,左方叫借方,右方叫贷方,然后解释借贷两方如何记账。这真是'画蛇添足',为什么不直截了当地说账户的左右两方如何记账,而一定要先给左右两方取个晦涩难懂的名字呢?诚然,从字面上看,左右两字只表示记账方向,同记账内容并不发生直接联系。但是,这正是"左右"优于'收付'和'借贷'之处。'左右'这两个对立面可以作为会计学中的专门概念来运用,高度概括资金存在的各个方面及其增减变动情况,而不致像收付、借贷那样,使人发生误解。对初学会计的人来说,有助于对'资金运用=资金来源'这一记账公式的正确运用。只要记住这样一条规则,就不会记错账了:左方是反映资金运用增加的,遇着减少时,就记在相反的方向(即右方);右方的是反映资金来源增加的,遇着减少时,就记在相反的方向(即左方)。"(黄德崇《把"借贷"改为"左右"》《会计》双月刊,1965年第2期)

2009年2月,汪致正出版专著《记账的规律》(上海科技教育出版社),此书提出"对应记账法"。简要地说:

(1) 围绕会计恒等式,有等号"左边的账户"和"右边的账户"之别;

(2) 每个账户分为两个栏目,也有记在"左边"和记在"右边"的差别。

这就有了两个层面的左右方向问题,需要同时处理。他提出的记账规律可以简洁地以"左左右右"表达,即"会计恒等式左边的账户,增加额记入账户的左栏;会计恒等式右边的账户,增加额记入账户的右栏。反之亦反",

这样就同时兼顾了两个层面上的左右方向，从而具有很强的可操作性。

所有的会计学原理教科书，都有类似的一句话，"账户分为左右两方，左方是借方，右方是贷方"，此后就只谈"借/贷"，不再涉及"左/右"了。这个替换岂止是"画蛇添足"而已，所有的难学难懂都从这儿开始！可以类比我们队列操的口令"一、一、一二一"来理解，本来像香港一样"左、左、左右左"地喊，谁也不会错，现在横插进来"只是符号而已"的"一二一"，要我们费劲地想，听到"一"要左腿落地，听到"二"要右腿落地，兜了一圈还是要回到左右来，反而增加了犯错的机会。其实，从"账户分为左右两方"开始，继续顺着左右一直说下去，教学效率可以大大提高，从头到尾根本无关"借/贷"什么事，更准确地说是无关"Debit/Credit"符号什么事。

一百多年前，有理论缺陷的借贷记账法打着"科学先进"的幌子混进国门，不仅严重虚耗教师和学生的教学时间，更严重的是阻碍非会计背景人士看账用账，因为他们耗不起那"学习"所需要的时间，没法入门。笔者在厦门大学研究生课堂上曾一时兴起，拟了句洋泾浜英语"Ahead of a head!"要求英译汉，答案是"领先个头！"

5.8 增减记账法横空出世

话说借贷记账法取得官授"主流地位"后，却是好景不长，又被从1960年代开始横空出世的"增减记账法"打压下去。在中国近现代会计史上，"增减记账法"的表现是最有"血性"的，特别值得一提。产生的时代背景大致是，1963年，国务院颁发《会计人员职权试行条例》，当时企业也有"两参一改三结合"的提法，"工人参加管理"是其中的一条，各地要求改革借贷记账法的呼声更加强烈，主管财贸工作的时任副总理李先念要求时任商业部长的姚依林，认真研究改革一下。

从1964年下半年开始，商业部开始研究改革记账方法，南开大学毕业的会计专家张以宽设计了增减记账法，选择北京两家商业批发部，与借贷记账法"平行作业"，经过试行，认为是可行的。1965年4月，财政部提出："现行的借贷记账法要逐步改革，使之通俗化，便于使用。"从此，记账方法改革在全国范围内迅速开展起来。到1965年9月,石油公司已全系统试行,全国有河北等十个省市全面试行或基本上全面试行,四川等十一个省市已有30%到80%的企业改用了增减记账法,推行速度之快,出乎意料。财政部发文从1966年起在商业部系统全面推行。紧接着"文革"十年浩劫开始,就没有人去管理和总结了。据笔者所知,当时除厦门大学还保留会计专业外,几乎所有的财经院校都停办,能教"借贷记账法"的老师都下放了,而"增减记账法"一听就懂,新手简单培训后就可以上任,所以像野草疯长一样地扩散到几乎所有行业,与原来稳定占领银行业、政府预算和农林业的现金收付记账法一起,联手挤压借贷记账法的生存空间。后出了一本书《增减记账法15年》(中国商业出版社,1981年6月)进行总结,第一次印数就达12万册,而当时全国工商企业总数不上4万家,可见借贷记账法几成绝响。

在增减记账法看来,对会计科目作了"资金占用"和"资金来源"两分法的基础上,在涉及不同业务时,具体的会计科目无非是发生以下几种情况之一:

资金进入企业,占用与来源增加相同的金额;
资金退出企业,占用与来源减少相同的金额;
占用之间的变化,同类科目此增彼减,金额相同;
来源之间的变化,同类科目此增彼减,金额相同。

可以简化为两句话:两类科目同增同减,两类必相等;同类科目有增有减,增减必相等。这就点出了事物的实质,初学者只要接受了这样的思想,就可以根据这些规律自主发挥地处理业务了。还以借贷记账法老师支支吾吾不知所云的"公司第一笔投资业务"为例,即使是初学者,都能根据"两类科目同增同减",想到应该做这样的会计处理:

增:货币资金　40 000　　增:原始业主权益　40 000

用表5-1代表增减记账法的简化会计账簿,每一横行是处理一项业务的会计记录,读者结合摘要栏的业务说明,就可以"无师自通",看懂为什么会这样处理和记账了。

表 5-1　　　　　　　　　增减记账法的简化会计账簿

摘要	资金占用				资金来源			
	货币资金	库存商品	主营业务直接成本	管理费用	负债	原始业主权益	未分配总赚钱	主营业务现金收入
业主投资	+40 000					+40 000		
购进商品	−30 000	+30 000						
销售商品	+40 000							+40 000
注销已售商品		−30 000	+30 000					
报销管理费用	−7 000			+7 000				
成本费用结转未分配总赚钱			−30 000	−7 000			−37 000	
收入结转未分配总赚钱							+40 000	−40 000
向银行贷款	+80 000				+80 000			
购进商品	−60 000	+60 000						
期末余额	63 000	60 000	0	0	80 000	40 000	3 000	0

接着,编制管理会计报表时,只要从账簿上取数,并在报表上"对号入座"就可以了。请见表 5-2 简化的赚钱与分配总表,和表 5-3 简化的现金流平衡表。

表 5-2　　　　　　　　　简化的赚钱与分配总表

项　　目	金　　额
主营业务现金收入	40 000
减:主营业务直接成本	30 000
管理费用	7 000
未分配总赚钱	3 000

表 5-3　　　　　　　　　　简化的现金流平衡表

资金占用		资金来源	
项　目	金额	项　目	金额
货币资金	63 000	负债	80 000
库存商品	60 000	原始业主权益	40 000
		未分配总赚钱	3 000
资金占用合计	123 000	资金来源合计	123 000

零会计背景但熟悉公司管理的读者，用 10 分钟就能看懂管理会计账簿与报表之间的关系，是不是很神奇？国人老以为中国没有原创性成果，实际上，增减记账法正是由国家领导人直接领导，会计专家设计，全国会计人员热情参与所推动的重大原创性成果，并且毫无风险地运行了 20 多年！

5.9　顺应中华文化传统

可惜的是，现金收付记账法和增减记账法都在 1993 年无疾而终了，只因为当年 7 月 1 日开始实施的《企业会计准则》有一句话：会计记账采用借贷记账法。笔者在准则实施前曾指出，增减法与借贷法之争实际上是"标准"之争，是"以谁为准"的问题，而不在于"孰优孰劣"（参见汪一凡《重提"增减法"与"借贷法"之争》，国际学术会议论文，厦门大学，1993 年）。当时，增减记账法是"中国标准"，借贷记账法是"国际标准"，而为适应对外开放，吸引外资，生怕境外人士看不懂中国会计，必须有所取舍，结果是毛病最多的借贷记账法反而得以独占市场，"扶不起的阿斗"终于被扶了正。

只是，并不是所有中国企业都必须引进外资的，当年的会计准则制定者如果不是如此缺乏"文化自信"，不是如此武断地直接出手扼杀自家成果，而是先征求一下意见，经过论证的过程，也许还能有其他方案，避免最终出现"劣币驱逐良币"现象，会更对得起江东父老。一声长叹！

所谓"弱国无外交"，弱国的本土会计原创成果也难以生存，大抵当时也只能如此。作出原创性贡献的徐永祚先生和张以宽先生虽败犹荣！

上文还只是在操作层面上将舶来的和中土的记账法相比较，这两种中土记账法各自的"中华文化底蕴"深厚，才是更值得一说的，相比之下，源于数学专著的借贷记账法"没有文化",当然可以不屑一顾。

所谓中华文化,是中华民族在世界观、价值观、语言文字、风土人情等诸多方面特点的总和,是在中华民族长期生存环境中所自发形成的。从经济上看,国家可以有"富国"与"穷国"之分;但从文化上看,没有什么"先进文化"与"落后文化"之分,各民族的文化都是在各该民族所处的环境中发展起来,并与该民族共生共存。中华传统文化更是如此,它代表中华民族的价值观,是中华民族的精神寄托,与中华民族已经互相扶持地走过了五千年,"溶化在血液里"的东西,绝对不是想改变就能轻易改变的。时至今日,我们唱完了"从来就没有什么救世主"之后,理所当然地接着唱"他是人民的大救星";中国之所以在法律体系之外还有"上访"制度,也是顺应民心,因为在老百姓潜意识里,做坏事的是底层的贪官、昏官,所以要越级上告,能拦路见到钦差大臣最好:"青天大老爷,为民女做主啊!"这些都是几千年帝制文化的顽强影响。

为什么很多在西方国家"看起来很美"的事物,一到中国就"变味"了,那就是因为中华文化具有超强的同化能力,它可以无视朝代,无视地理分布,沿着自己的轨迹发展传承,潜移默化地发挥它的作用。所以,要对我们的文化传统存敬畏之心,要顺应我们的文化传统来进行改革,否则无助于中国问题的解决。顺应中华文化传统的改革,自会得到同胞们的热情追随,现金收付记账法和增减记账法的盛行史都说明了这一点。

从 1993 年 7 月实施扼杀中土记账法的会计准则至今,短短的 20 多年间,对于中华文化而言,只是弹指一挥间。特定的形式只是躯壳,短暂性的"灵魂出窍"并无大碍。只要文化精神不死,必然会通过其他形式找到新的用武之地。

5.10　中国流复式簿记

先讨论增减记账法的文化底蕴。增减记账法曾经席卷中华大地,如此地受欢迎,"大俗即大雅",背后的思想性是值得深究的。主持增减记账法设计工作的张以宽先生,是南开大学会计系出身,当时在商业部财务会计局工作。据他说,之所以能设计出这一方法,是受到中国文化"阴阳平衡"思想的启发。但在当时的环境中,这个源头是绝对不能提起的,只好是"鸳鸯绣成从君看,莫把金针度与人",没有人知道这么简单易懂的方法是怎么想出来的。张先生在为此作出专业贡献之后,1964后调北京商学院(今北京工商大学)任教,对研究生授课时,还只能以中国格言的形式,间接地表达这一思想。张先生的专著《增减记账法》后来分别被日本九州大学和名古屋大学译为日文出版,扬名海外。可以说,学术成果真正做到"顶天立地",产生广泛影响的中国会计学者,张以宽先生是没有争议的一位。

现在是国际化的年代,学术研究者要以天下为己任,新的中土记账法如果有机会东山再起,必须对作为"国际标准"的"Debit/Credit 记账法"也一并修理了。所以从可接受度考虑,最好像电流一样"走最小抵抗路线",避免像收付记账法或增减记账法那样过于"特立独行",以至于国际友人看不懂。

首先是对记账符号的替换。如上文所考证的,"左/右"才是舶来记账符号的"本尊",会计原理教材中,凡是有"Debit/Credit"(或"借/贷")符号的地方,都去掉,分别代之以"左/右",当然,专用于粉饰吹捧旧符号的无用段落是要删去的,此外就不需要做其他变动了。以"公司的第一笔投资业务"为例,会计分录是:

左:银行存款　　　　　　　　　　　　　　　　　　　40 000
　右:实收资本　　　　　　　　　　　　　　　　　　　40 000

而会计分录习惯性的后退一格的表达方式,实际上已经隐含"谁在左,谁在右"的信息,干脆连"左/右"都可以省略不写:

银行存款　　　　　　　　　　　　　　　　　　　　　40 000
　实收资本　　　　　　　　　　　　　　　　　　　　　40 000

这样还原以后,在过账时,根据汪致正先生提出的做法:"会计恒等式左边的账户,增加额记入账户的左栏;会计恒等式右边的账户,增加额记入账户的右栏。反之亦反。"记账时就有了很强的可操作性。

不过,换成"左/右"符号并不能弥补舶来记账法的先天缺陷,还以"投资业务的会计处理"为例，我们依然回答不了"为什么要左记银行存款，右记实收资本，而不是反过来？"的老问题。这就需要用到精于此道的增减法思想来补充"文化"了。

会计账户是望文知义，非此即彼的，初学者先要略下工夫去理解其含义和所属的"资金占用/资金来源"大类。分析业务时，联想到该用什么账户，这个账户属于"占用大类"还是"来源大类"，然后根据"两类科目同增同减，两类必相等；同类科目有增有减，增减必相等"，来判断有关账户的金额是增加还是减少。在本例中，银行存款和实收资本是"两类科目同增40 000元"。

那么，知道账户及其所属的分类，以及其增加额（或减少额）之后，又怎么转换为左右记账法的形式，或者说，怎样才能知道这一金额在会计分录（记账凭证）中该"左记"还是该"右记"呢？有两种方式都可以达到目的：

一种是根据事先定好的口诀"两类同增，占左来右"，本例是占用大类的银行存款要左记，来源大类的实收资本要右记，再填写金额就完成了。根据笔者总结，需要背诵的只有4条主要口诀和3条不常用到的辅助口诀（参见汪一凡《原来会计可以这样学》，立信会计出版社，2010年8月）。

另一种是万仁章先生推荐的"左手定则"。伸出左手，想象大拇指代表金额增加，小拇指代表金额减少。处理占用大类时，规定手心向着自己，根据大小拇指的方位，金额增加的写在左边，金额减少的写在右边。本例是银行存款写在左边；处理来源大类时，规定手背向着自己，根据大小拇指的方位，金额增加的写在右边，金额减少的写在左边。本例是实收资本写在右边。最后填写金额。

是不是方向很明确，可操作性很强，一气呵成地就完成了？！最后，根据作者原创的"＋／－记账法"（读为正/负），因为左方金额＝右方金额。移项得

$$左方金额－右方金额＝0$$

这意味着，"左记"相当于乘以"＋1"（也就是不必乘），"右记"相当于乘以"－1"，记账符号就有了参与运算的对应值，我们称之为"记账符号赋值"中国会计由于引入前苏联会计"红字冲账法"已形成的传统，记账凭证的金

额是允许用负数的。那么,"记账符号赋值"(＋1/－1)与记账凭证"原始金额"的乘积,称之为"复合金额"。原始金额就是原来的金额,无论它是正数,还是负数,与记账符号赋值相乘的结果,自然会"正正得正,正负得负,负负得正",在理解上不再混乱。以下试举两例。

左方的正数:"左:500元",它的复合金额是:(＋1)×500＝＋500

右方的负数:"右:－500元",它的复合金额是:(－1)×(－500)＝＋500

可见,有了复合金额的概念,表达起来甚觉方便,不妨"以空间换时间",存储时也把"复合金额"存入,要合计某账户余额时,直接取"复合金额"的代数和就完成了。

以上所有的这些,都是百年来中国学人为修复舶来记账法缺陷而产生的思想成果,笔者的贡献只是将它们"组装"为相互补充的整体方案,并借鉴围棋"中国流布局"做法,命名为"中国流复式簿记"。当然,根据按符号命名记账法的传统习惯,也可以俗称为"左右记账法"。在这里请注意,增减法已经上升到最高的文化思想层面,虽然不出现在书面记账形式中,却是过程中不可或缺的,只有此处需要动脑思考,此后只是根据其思考结果按部就班的技术性操作(详细的做法请见本书"账务处理篇")。

5.11 现金导向的中华文化传统

再来讨论现金收付记账法的文化底蕴。想象一个常见的电影桥段:两部轿车相向而行,靠近时都停下来,车门大开,各钻出一个扎着马尾辫,戴着墨镜,穿着黑西装的彪形大汉来。两人分别打开手中的密码箱,让对方看清箱子里的东西,一个装"白粉",另一个装美元。然后交换手中的密码箱,各自钻回车里。说时迟,那时快,两部车无声无息地离开了……这是最典型的"钱货两清"交易场面。接下来,花开两枝,各表一朵,就看导演的镜头要跟踪的是"得钱一方",还是"得货一方"的动静了。

公司的对外交换活动也是如此,采购时是"现金出/实物进",销售时则是"现金进/实物出",现金与实物总是逆向而行的。更重要的是,从不同方向观察,就会有不同的感受和结论。现金收付记账法的哲理所在,就是从头到尾关注现金流,实物流是相对次要的,并不是说完全无视实物流,而是说实物流更常隐身于现金流背后。因为,顺着现金流方向来观察公司运营,现金流数据提供了前后一致的视野,一直很简明。反过来,如果顺着实物流方向来观察,就不得不接触存货的各种具体形态和各种运动变化,谁都难免眼花缭乱,越看越糊涂。

徐永祚先生注意到中式簿记是"现金导向"的,对于实物则较淡漠。他说:

"惟借贷以科目为主,中式之收付以现金为主。故所表现者适得其反。吾人但知其相反可耳,何必为形式上之改革。故中式簿记现金收付之账法。本方案仍照旧采用。……历来商界对于物品会计,往往漠视,以致窃取走漏,常有所闻。不知货物用品,乃由金钱所购得,应与金钱同一重视……"。(《改良中式商业簿记方案》《会计杂志》第二卷第一期,1934年)

安绍芸先生对"现金收付记账法"作如此理解:

"收付记账方法的会计科目实即是现金科目的明细科目,合起来仍等于一个现金科目。所谓收方科目实即现金科目收方纪录之分析,所谓付方科目实即现金科目付方纪录之分析,故收付记账方法的会计科目中,应该设有现金科目。"(《总预算会计制度第八条关于记账方法的说明》,《新会计》创刊号1951年1月25日)

在此之前,中式簿记的历史有多长,目前还无法知道。看到《清明上河图》的商业盛况,不能想象当时还没有簿记,而如果当时已经有簿记的话,复式簿记是不是如西方文献所述,还只有500多年的历史?当然这有待于考古发现来回答。在近代,改良中式簿记运动是在19世纪20年代末开始的,延续到1993年7月1日为止,现金收付记账法至少运行了60多年,以看得见、摸得着的形式,有效地传播与维护了我们"现金导向"的文化传统,这才是现金收付记账法的价值所在。

相当有趣的现象还有,中国会计准则大抵是国际会计准则的"中译本",没啥创意、新意。唯独其中的现金流量表准则,对于"经营活动产生的现金流量",不但要求用间接法表达,也要求用直接法表达,在世界上是独一无二的,真该为这一思路的提出者点赞!由此提出的要求是两种表达"殊途同归",必须得到同一个结果,笔者作为原创者之一提出的"汪张等式",表现了现金流量表、资产负债表与利润表之间的严密钩稽关系,又解决了这一问题。

比较文化理论常用于解释:某种现象为什么产生于某种特定的文化环境,而不是其他文化环境。这些中国特有的会计现象之所以产生,只能归结于我们的文化传统在发生作用,其他理由似乎都很难解释得通。

5.12 "资金运动论"就是"现金流动论"

有一种未经完全证实的说法:在新中国成立前是没有"资金"这一名词的。新中国成立后,"资本"容易联想到"资本主义",没人敢提了,于是改用"资金"。当时以"既无外债,又无内债"为荣,不能叫"资产负债表",于是改叫"资金平衡表"。笔者记得也曾看到资金平衡表右边有"国家资金"项目。但资金这个词在字面上更接近于过去就有的"资财""财货"之类,于是又被转义,用于代表资金平衡表左边的资产项目。再后来,左边是"资金占用",右边是"资金来源",完成了"两边通吃"。

1950年代,厦门大学会计系的两位年轻教师葛家澍、余绪缨在授课之余,还积极参加《资本论》翻译者王亚南校长主持的资本论研讨。笔者印象中,《资本论》中有一段话与会计最有直接联系,大意是"商品时而采取、时而放弃货币形式,它只有在货币形式上才能保持一致性。"会计是以货币作计量单位的,主修会计的两位年轻学者不可能不注意到这一段话,也许从中得到了某些启发。

后来就有了厦大学派的"资金运动论",会计记录的是"资金的循环和周转,资金的耗用和收回",如此周而复始的"会计循环",让初学者知道会计从头到尾究竟在忙活什么,自己又走到哪一步了,非常容易接受。这是会计史上从未有过的、更大范围的"理论说明",给人首尾一致的整体性感觉。

为厦门大学会计系90周年庆,我们作了些校友口述史的采访。笔者注意到,据 1953 届、1954 届毕业生回忆,葛家澍先生当时也对学生讲授《银行会计》课程。而银行会计的部分内容就是现金收付记账法。所以,"收付记账法"作为另一个思想来源,与"资本论"一起,引发"资金运动论"原创者的思考,也是有极大可能的。

虽然,现金流动只出现在"现金出/实物进"采购节点和"现金进/实物出"销售节点上,在这两个节点之间,并没有实际的现金流动,只有内部的实物流动。不过内部的实物流仍然可以用"广义的现金流"来表达。那就是借助于过去的现金交易所形成的历史成本,从采购节点开始,经过成本核算的"汇总、分配、再汇总、再分配"过程,直到销售节点为止。这样,两个节点之间被"打通"了。生产经营活动始于现金,终于现金,"现金的循环和周转,现金的耗费和收回",一切是如此的完美。在笔者看来,"资金运动论"实际上就是"现金流动论",这样描述起来会更准确流畅,也会更时尚,更具"国际范儿"。

5.13 利润为王、现金为王与赚钱为王

现代财务会计推崇"利润为王",那却是个见不得光,在现实世界找不到对应物的"人造概念",导致会计造假大行其道,已经盛极而衰,走上了绝路。

对于现代管理会计,厦门大学会计系余绪缨教授有一段原创性的论述:

"现金流动是现代管理会计这一特定领域有关内容的集中和概括,贯穿于这一专门领域的始终,构成现代管理会计的对象。……这是因为,现金流动具有最大的综合性,其流入与流出既有数量上的差别,也有时间上的差别,通过现金流动的动态,可以对企业生产经营……提供重要的、综合性的信息。"(《管理会计》P.22 中国财政经济出版社 1990 年 4 月)

现在,这一观点已经为企业界人士所广泛接受。现代管理会计推崇"现金为王",对比"利润为王"是理念的一大进化。不过由于历史原因,管理会计自己不设账核算,财务会计数据口径与自己要求的又不同,没有独立地位的日子一直过得有些尴尬。例如,"现金"与"实物"是逆向而行的,现金流量表无视实物的存在状况,所提供的信息也就有些模糊。

"购买商品接受劳务支付的现金",其中有多少存货已经卖出,有多少存货还留存着,现有的存货是太多(属于积压),还是太少(可能断供)?

"经营活动产生的现金流量净额"是正数,到底是真的赚到了钱,还是存货补进不足而留下的临时性头寸?

……

诸如此类的问题,是新兴技术"现金流诊断"所要解决的,传统管理会计回答不了许多细致的问题,也就提供不出多少实在有益的管理建议。只好转而大谈"最佳管理会计实践"之类的成功案例,和"价值创造"之类的煽情话题。对于前者,已经在第1讲《会计造假百年回眸》中评点过了,对于后者,殊不知"价值"与"使用价值"只是虚幻的概念,至今不能真实有效地计量。所谓"价值创造"也就只能隔山打牛,与管理案例一样,只是听众貌似很受启发,过后想想却无法落到实处,是不接地气的空谈。没有明确的主流指标,更没有先后有序的核算规程,这就是现代管理会计一直在文献和教科书中"蓬勃发展",在实务中却只能见到零敲碎打应用的原因。

公司现金有三大来源,即"股东投资""债权人贷款"和"自己赚来的",前两种只是"输血性"的行为,第三种才是"造血性"的行为,有意义的只是第三种,所以还需要进一步精确到"赚钱为王",这是"人人心中所有,人人笔下所无"的潜在信息需求,过去从未被挑明。巧合的是,在当今国人心目中,也是"赚钱为王"的。

人们终其一生的努力目标,大致可以分为三类,即"做大学问""当大官"和"发大财",三者的价值观本来是完全不一样的。"做大学问"的评判标准是"有否为学术大厦添砖加瓦";"当大官"的评判标准是"有否为官一任,造福一方";只有"发大财"评判标准才是"赚钱为王"。但是,已可观察到的现象是,有院士因"赚钱为王"而出事了,也有官员因"赚钱为王"而出事了,即便是升斗小民,也向往买个房、买个车的滋润生活,都充分说明"赚钱为王"已经"跨界",受到广泛关注,深入民心。中国近现代会计史已经凸显了顺应民心的重要性,对于推动会计变革的事业而言,这反而是很可以借助的文化环境。

在会计国际化进程中,一直是以西方发达国家的模式,特别是美国模式为主流的,我们也确实从其思想成果中受益良多。但是,在经过不断盲目的"逢洋必学"之后,我们终于发现,那其中既有宏大叙事,也有结构性的严重欠缺;既有精华,也有糟粕。无论如何,在重构科学化的会计体系时,原有的少数文化思想来源已经被"过度发掘",呈现资源枯竭之态了,需要寻求新的来源。而富于原创性成果的近现代中国会计,是其中值得重视的新源头。

第6讲 赚钱与分配总表

从常识来理解，所谓"将本求利"，就是公司首先要保住原有的"本"，不管如何运营，股东投资和银行贷款在总量上是不能减少的，减少就是赔钱了，在此基础上如果还有多出来的，才是赚钱了。把这个总要求分解落实到具体业务上，就是每一种业务、每一个投资项目都要尽可能在各自"保本"的前提下赚到钱，汇总这些业务/项目各自赚到的钱之后，扣除间接费用，扣除利息和社会责任税费，就得到"未分配总赚钱"，也就是为股东赚到钱了，这就是本讲要介绍的重点内容——"赚钱与分配总表"的设计思路。

6.1 常态运营赚钱额

开宗明义地说，任何商业活动，都是"低买高卖，以收抵支"的行为，收大于支，就赚了；收不抵支，就亏了。所以，要计算"赚了多少钱"，先要考察能带来"现金收入"的各类业务，这些业务一般也要发生费用开支，是它们各自的"直接成本"。所以先要从这特定的货币收入中分别扣除与这些业务有关的"直接成本"，余额很明确地表现为特定业务对公司的造血量贡献。例如：

主营业务现金收入减去主营业务直接成本，就是主营业务的造血量贡献；

其他业务现金收入减去其他业务直接成本，就是其他业务的造血量贡献；

转让长期股权投资的现金收入减去原来的投资成本，就是这一投资的造血量贡献；

卖了股票得到的现金收入，减去买进该股票时的原始购进成本，就是这一投资行为的造血量贡献。

……

汇总这所有业务的造血量贡献后，再减去与业务不相关的"间接费用"，就是本期赚到的钱了。这里只是涉及公司常态性运营的结果，还没有考虑其他因素,如还要支付贷款利息、还要上交社会税费,等等,所以先称之为"常态运营赚钱额"。用和号"Σ"代表所有业务之和,就可以用计算式完整地表达为:

常态运营赚钱额＝Σ（业务现金收入－业务直接成本）－间接费用

一、业务现金收入

公司的某些业务会产生收入,在记录收入时,内账核算强调的是"现金收入"。例如,"主营业务现金收入",或"其他业务现金收入",当我们计算"赚到多少钱"时,只承认本期已经收到现金的业务,还没收到现金的。例如,应收账款,尽管代表着应当收到货币的权利,但目前确实还未收到,不符合"现金收入"的定义,当然要排除在外,等真正收到钱时才算数,这样就明确地避免了鱼目混珠的造假行为。

不算现金收入的还有应收股利、应收利息和应收票据等。特别需要澄清的是应收票据。当公司收到顾客开给的应收票据后,由于其中的"银行承兑票据"可以由银行承兑,直接从银行得到扣除贴现额后的现金;其中的"商业承兑票据"交给供应商,也可以得到商品供应,替代了直接的货币支付。这就很容易让人误以为,应收票据也算现金收入,其实并非如此。

拿应收票据向银行贴现,实际上是收票以后的一种贷款行为,公司需要为此支付财务费用;用应收票据交给自己的供应商,代替直接的货款支付,实际上也是收票以后的一种理财行为,由于本公司愿意为此背书,承担坏账的风险,所以供应商也愿意接受应收票据而已。所以有必要指出,当公司收到应收票据时,还不能认为是收到了货币资金。"银行承兑票据"只有通过贴现真正收到现金,才能算是"货币收入";"商业承兑票据"也只有通过背书过程,供应商愿意接受,才能起到类似现金的作用,免去直接支付货款的义务。

需要讨论的还有预收账款。预收账款是公司在提交商品或服务前,就接受了顾客预付的现金收入,具体形式有如预收货款、预收房款、购物卡、加油卡、美容卡等。这种做法,从理财的角度看,当然对公司是有利的。从赚钱的角度看则有所区别,根据"业务现金收入－业务直接成本"的算法,已经提交商品或服务的业务当然可以核算为赚钱了,还没有提交相关商品或服务的部分业务,就没有对应的业务直接成本,意味着该业务还没有最后完成,也就不宜纳入本期赚钱额的计算。记账时只能这样做,确保账表的一致性和严谨性。不过应当说,顾客愿意预付款,说明可认为这业务已接近完成,本公司最终提供不了产品或服务则另当别论。所以在作财务分析时,是不妨为此业务预估直接成本后,把这部分作为直接贡献纳入考虑的。

公司得到了现金收入,常常也需要为此付出代价,那就是成本费用。"成本"和"费用"两个词经常是混在一起用的。为了强调说明"直接"与"间接"的差别,内账核算不妨作一个约定,当某一开支和特定现金收入业务直接相关时,我们称为该项业务的"直接成本";当某一开支和本期所有的现金收入业务没有直接的关系时,我们称为"间接费用"。这就是"常态运营赚钱额"计算式的由来,以下继续分析"直接成本"和"间接费用"。

二、业务直接成本

从成本来看,内账核算强调的是"业务直接成本",如"主营业务直接成本",或"其他业务直接成本"。业务直接成本是认定为和本期某种现金收入直接有关的开支,只要和该现金收入直接有关,或者说为了取得这笔现金收入而明确需要支付的开支,就是其直接成本。和"现金收入"强调"要收到现金才算数"有所不同,业务直接成本不强调本期非把这笔钱花出去不可。也就是说,不但已经实际支付的开支要算数,本期该付而未付的开支也要算数。例如,公司用赊购来的原材料制造产品,并卖出去了,尽管此时还未支付材料款,除非想赖账不还,这笔材料费理当算进产品成本里,不能因为还没付款就认为多赚到了,"君子爱财,取之有道",这是必须的。

另外,有些业务带来现金收入,却没有直接成本。例如,收到现金股利,收到存款利息,接受捐赠,接受奖励等,可以看作"直接成本为零"的特例,同样适用于赚钱计算式。

"直接成本"并非作者原创的概念,实务中已有大同小异的各种理解,为避免歧义,对本书所用的"直接成本"作如下的特别说明:凡是能够认定和某一期间的业务/产品直接有关的费用,就是该业务/产品的直接成本;反之,凡是不能认定和某一期间的业务/产品直接有关的费用,一律不算其直接成本,而是作为当期间接费用处理。

所以关键在于"能够认定"和"不能认定",两者的区别是"是否有可操作性",如果在特定状况下是明确的,很容易就"直接有关"取得共识,很容易操作的,就是"能够认定",否则就是"不能认定",非此即彼,不应当凭空想象,牵强附会地硬要找到其中的关联来,所以处理时不存在灰色地带。

三、间接费用

在上文已经提及,"间接费用"是"和本期现金收入业务没有直接关系的开支",它正常情况下难以被认定,或者说看不出这些开支与本期现金收入业务之间有什么密切关联。例如,管理人员工资、业务招待费、房屋租金、差旅费等,此类开支,只要是本期应该承担的,无论已支付或者该付而未付的,都是本期的间接费用。换言之,当一笔费用开支在目前管理水平上无法认定为业务直接成本时,就是间接费用了。

6.2 长效贵重资产与低值易耗品

不过,为了确定什么是本期的间接费用,还需要围绕实物状态来理解,先说明"长效贵重资产"和"低值易耗品"两者之间的联系和区别。

公司是一个既有货币输入,又有货币输出的"现金池"。而为了赚钱,在开始从事生产经营活动前,是需要投资购建一些设施的,最低限度也要有办公场所、生产场所和生产设备等。这个通道或平台搭起来后,就形成赚钱能力,才可以开始"货如轮转,日进斗金"。

长效贵重资产就是构成公司基本生产经营环境,有助于公司自营活动的配套设施。例如,生产设备、厂房和办公楼等,也包括自用的土地使用权、购进的专利等无形资产。作为长效贵重资产,需要同时满足两个条件:一是预计可在自营活动中发挥长期效用(姑且设定为2年或以上);二是单件价值达到规定的下限金额(姑且设定为2万元或以上)。

长效贵重资产的作用,可以理解为"构建赚钱通道的设施",提供了自营业务得以开展的环境条件,公司的商业活动、生产活动或其他服务正是在这个通道中不断循环周转,最终回归为货币资金的。可见,持有长效贵重资产的目的,与持有其他长期投资项目资产不同,与持有存货也是不同的。长效贵重资产组合起来,要对自营的生产经营活动提供持续的平台服务作用,是理所当然的,所以,人们更看重的是这些设施组合起来所形成的支撑作用,而不是在将来可以变卖得钱。

除了长效贵重资产以外,经营过程中还需要不时购置许多实物,它们或者价值低到可以忽略,如办公用品、灯管、电风扇之类;或者使用期限短到不值得关注,如容易磨损腐蚀的轧辊、溜槽、化工管道等,需要时常更换。不能同时满足"长效且贵重"的条件,也就不是"长效贵重资产",可以称之为"低值易耗品"。也就是说,只要满足"低值"(姑且设定单件2万元以下),或"易耗"(姑且设定预计效用在2年以下)两条件之一,或"两者兼而有之"的,就算是低值易耗品。低值易耗品当然也是构成公司运营环境的资源,但由于以上所说两个原因,一旦投入使用,就没有多大的回收价值,并且名目种类繁多,要在会计账上事无巨细地一一记录,也是做不到的。

所以,从可以操作的要求上看,不妨把实物资产划分为"长效贵重资产"和"低值易耗品"两大类,在会计账上作不同的处理。"长效且贵重资产"是要长期关注的,除了行政上的管理手段(如指定责任人)之外,还需要在会计账上作"金额管理",同时登记品名数量、原始购进金额等,反映在会计报表上,并且定期盘点实物,当失去效用时,或提前变卖时,要在账面上及时注销,总之是要作为"资产"记录在案;至于"低值或易耗品",则可以采取简化处理方式,在投入使用后,就作为本期的"间接费用"一次性注销,在会计账上不再记录其现状。

对于有些项目,如特定产品的生产线来说,即使是单件价值不达标准的某些构成物,因为是成套设施的一部分,在基建安装完成时,也可进入投资项目清单,作为"长效贵重资产"整体移交给生产运营使用。不过,投入使用若干时期后,需要局部更换时,就要按单件是否符合"长效贵重资产"标准来处理了。单件重置价格符合标准的,注销报废的单件资产的原始购进成本,登记新资产的购进成本;单件重置价格不符合标准的,视同低值易耗品,作为当期间接费用处理了。该繁则繁,可简则简,因为,这里看重的、要维持的是设备"成龙配套"的运行能力。

这样,"间接费用"既包括不形成实物的开支(如招待费等),也包括虽形成实物,但会计上不记录为资产的开支(如低值易耗品),如此分门别类,才有可能据以有理有据地得到上文"赚钱"的算法。

必须说明,这并不是放弃了对"低值易耗品"的实物资产保护。因为除了会计借助于复式簿记进行的价值管理以外,在实践中,公司对于实物资产的保护还有各种不同的有效方法,例如:

(1)员工个人领用并负责保管的,如工具、笔记本电脑等,可设立个人领用登记册。领用时要有主管的审批,发放人在领用人保管的手册上记录品名数量,领用人也同时在发放人保管的副本上签收。如果是更换新的,还要求以旧换新。员工离职时要依据手册的记录如数交还。

(2)由部门使用的,如办公家具、办公设备等,由各使用部门负责保管,行政部登记在册,定期盘查。

(3)设立库房,由仓管员或专人保管的方式。

(4)某些资产会自然处于公众关注之下,如房屋建筑物、各种管道,水电灯具设备等,一旦损坏或失窃,就会被及时发现。

……

以上这些,都只和实物的品名数量有关,可以称为"行政手段管理",由于"低值易耗品"的"低值"或"易耗"特点,不值得会计上特别关注,借助于行政手段来管理就足够了。

6.3 息前税前赚钱额

在现代公司"所有权"与"管理权"分离的状况下,"常态运营赚钱额"是以总经理为代表的管理层的工作结果,是他们行使"管理权",作出各种决策之后的实际赚钱业绩,所以是与管理层最具相关性的考核指标。本讲要介绍的指标"息前税前赚钱额",就换个角度,从拥有"所有权"的股东立场上来进一步讨论。

从上文可知,在会计账上,长效贵重资产是作为资产,按原始购建金额登记下来的。但是,当需要处置时,也会导致货币资金增加或减少。假设办

公大楼原价200万元,使用多年后,可能有如下两种情况需要处置:

(1) 因旧楼已不需要,以400万元卖出,400－200＝200,这高于原价多出来的200万元,可称为"处置长贵资产货币升溢";

(2) 因倒塌而报废,清理后,回收钢筋等废料,净收入5万元,5－200＝－195,账上少掉的195万元,说明公司以货币计量的资产减少了,可称为"处置长贵资产货币亏绌"。

无论是哪种情况,处置长效贵重资产当然也会影响公司"总赚钱",应当计算在内。不过,这些变化只是偶尔发生的,有时十年八年也不会坏,有时又连着出问题,是"非常态的"。一般情况下也和当前管理层无关。因为公司管理层是有任期的,本期处置的长效贵重资产,无论是发生货币升溢或货币亏绌,那主要是前期管理层决策的后果。但是,无论如何,处理时赚到了钱,是股东所欣然接受的;处理时亏了钱,也是股东所应当承担的。所以,又可以引入一个我们称之为"息前税前赚钱额"的指标,这是以董事长为代表的股东所应当关注的。

$$\genfrac{}{}{0pt}{}{\text{息前税前}}{\text{赚钱额}} = \genfrac{}{}{0pt}{}{\text{常态运营}}{\text{赚钱额}} + \genfrac{}{}{0pt}{}{\text{处置长贵}}{\text{资产货币升溢}} - \genfrac{}{}{0pt}{}{\text{处置长贵}}{\text{资产货币亏绌}}$$

关于长效贵重资产。还有必要进一步讨论两个问题。

首先,对于写字楼等"长效贵重资产",在最终处理之前,任何人为地预估减值或升值的行为,最后都被证明是不靠谱的。因为"长效"意味着可使用年限的不确定,房屋建筑物就不用说了,即使是机械设备,除非工艺落伍需要淘汰,在理论上也有"永久寿命",要不时更换的只是轴承、加工刀具、冲模等易损零部件;"长效"也意味着由于"夜长梦多"或者"收藏效应",资产的未来价值不易确定。例如,某条生产线可能因市场需求变化而失去价值,土地使用权可能价值大涨,百年厂房可能因成为纪念工业时代的"文物"而卖出天价。而又因为其"贵重",除了行政上的资产管理手段之外,还需要同时作金额登记,即除了品名数量之外,还要在会计账上保留原始购建金额。无论持有多长时期,这个原始购建金额一直保留着。当失去效用而报废时,或未失去效用而需提前处置时,要把处置的得到的货币收入(哪怕只是作为废品得到的回收价值)和这个原始购建金额对比,作为判断货币升溢(亏绌)的参照。这样的"以收抵支"处理方式,和公司处理其他投资项目资产是一致的,全新的写字楼也好,用了20年的写字楼也好,在处置时完全由市场来决定其最终价值,这是一种客观的态度。所以,预估有效寿命是"明知不可为而为之"。

其次,需要强调,在长效贵重资产的有效寿命期内,管理会计是不计提折旧的。传统上,财务会计对长期资产计提折旧或摊销,并从收入中扣减的理由,据说是在报废时才有钱可以更新重置。可是,从实际效果看,我们通过每期计提折旧,真的能保证足够重置同样的固定资产吗?40年前能买一栋楼的钱,现在买下一个房间都不够。反过来,5年前买1台低端电脑的钱,5年后却能买到3台最新配置的顶级电脑。另外,这些固定资产的"重置资金"真的还在吗,真有现金摆在那儿,能说买就买吗?所以这理由不成立,算出赚了多少钱,是会计的事;要不要把钱花光了,以免资产报废时没钱重置,是理财的事,完全不必扯在一起的。计提折旧的思路延续下去,其结果是"净值",即"原始购建价值－累计折旧",更是什么也不代表,既不是可以在市场上变现的金额,也不是购建的原始金额,常常令人哭笑不得。有位会计师事务所所长告诉我,某企业有个数百万元买的铂金坩埚,因为是用不坏的,在市场上已增值到数千万元,是老板心目中的"镇馆之宝"。不料因为"净值"为零,在会计账上已经查不到。"管家"管出这样的结果,老板从此一见会计便心里上火,嗤之以鼻。反之,如果只在账上登记当时的购建金额,不到报废就不注销,老板自然会打听到铂金坩埚当前的市价,对着账簿越看越高兴的。

所以,尊重事实才是科学的态度,对"长效贵重资产"不计提折旧,只记录原始购置金额,用作判断处置时是"货币升溢"还是"货币亏绌"的依据,并持续关注其目前"有效"还是"无效","在"还是"不在"的事实,及时处置。除此之外,不作职业判断,不作任何预计。出现重大异常时再来具体情况具体分析,如某项长效贵重资产本期投资即报废的原因,那常是当前管理层要自食其果的。

6.4 赚钱与分配总表

在算出"息前税前赚钱额"之后,还要面临两项属于刚性的扣除,一是应当支付给债权人(银行或其他资金提供者)的贷款利息,二是公司应交纳的社会责任税费,由于增值税是在商品流转环节另行计征的,未在"赚钱与分配总表"上反映出来,所以该项扣除不含增值税在内,在表上注明"非增值税"。这在性质上都是赚钱以后的"再分配"行为,而且都有明确的计算依据。作了这两项扣除后,最后就是属于股东的"未分配总赚钱",公司本期到底为股东赚出了多少钱,现在就已经水落石出了:

未分配总赚钱＝息前税前赚钱额－财务费用－社会责任税费

综合以上论述,可以设计出"赚钱与分配总表"(表6-1),清晰地给出赚钱的"算法",其中标有"×××"的数据项没有意义,予以排除。通过这一算法得出"本期赚了多少钱"的结论,并说明已赚到的钱是如何分配的。所以,这是反映一个时期内经营成果和分配状况的核心报表。说明如下:

(1)大多主营业务收大于支,会导致"货币升溢",也可能有些主营业务因收不抵支,会导致"货币亏绌"。其他业务亦同。所以在"常态运营赚钱额"的计算过程中,在表上用"货币升溢"和"货币亏绌"来分别表现,有助于引起重视并作专题分析。例如,导致"货币亏绌"的主营业务是最应关注的,公司继续维持这种收不抵支的"现金黑洞"是个现成的祸害,应该立即叫停。除非预见到短期内就可能提高单位售价,或可能大幅降低单位直接成本,或可能得到政策性补贴等"美好前景",才可暂时保留;

(2)本表是动态报表,可以随时指定任意的起始时点和终止时点,查看划定期间的状况。报表中各段的基本关系是:

货币升溢－货币亏绌＝常态运营赚钱额
常态运营赚钱额＋处置长贵资产货币升溢－处置长贵资产货币亏绌＝息前税前赚钱额
息前税前赚钱额－财务费用－社会责任税费＝本期未分配总赚钱
本期未分配总赚钱＋期初未分配总赚钱＝可供股东分配总赚钱
可供股东分配总赚钱－现金股利＝期末未分配总赚钱

(3)在计算并扣除了刚性应付的"财务费用"和"社会责任税费"之后,

"可供股东分配总赚钱"是有货币资金增量或实物资产增量支持的,理论上就是公司已经赚到手,可以分给股东的钱了。不过,在计算发放多少现金股利时,要考虑两个限制条件:

第一,目前有足额的货币资金可供发放;

第二,这个指标是假设"币值不变"而算出来的,在物价上升的环境中,为了确保还能维持简单再生产,足额补进存货等资产,可能有一部分要"冻结"下来参与周转,不宜全部分配。

表 6-1　　　　　　　　赚钱与分配总表
　　　　　　　　年　月　日—　年　月　日

项　目	期初累计	本期发生	期末累计
一、货币升溢			
1. 主营业务货币升溢			
附:主营业务现金收入			
主营业务直接成本			
2. 其他业务货币升溢			
附:其他业务现金收入			
其他业务直接成本			
3. 现金利息收入			
4. 现金股利收入			
5. 其他货币升溢			
货币升溢合计			
二、货币亏绌			
1. 主营业务现金亏绌			
附:主营业务现金收入			
主营业务直接成本			
2. 其他业务现金亏绌			
附:其他业务现金收入			
其他业务直接成本			
3. 销售费用			
4. 管理费用			

（续表）

项　目	期初累计	本期发生	期末累计
5. 其他间接费用			
6. 其他货币亏绌			
货币亏绌合计			
三、常态运营赚钱额（一减二）			
加：处置长贵资产货币升溢			
减：处置长贵资产货币亏绌			
四、息前税前赚钱额			
减：财务费用			
减：社会责任税费（非增值税）			
五、本期未分配总赚钱	×××		×××
加：期初未分配总赚钱	×××		×××
六、可供股东分配总赚钱	×××		×××
减：现金股利			
七、期末未分配总赚钱	×××		

在公司生产经营中不难观察到，货币经过某些业务环节后，会比原来更多，如资产高于原价卖出，经过这个环节，收大于支，货币就"升溢"了。而货币在经过其他一些业务环节后，会比原来更少，如招待费用，花完后货币就"亏绌"了。如果要知道公司最后"赚不赚钱"，最简明的方法是，全过程地追踪所有导致"货币升溢"和"货币亏绌"的业务环节，记录货币资金的变化，然后从全部"货币升溢"中减去全部"货币亏绌"，结果就一清二楚了。分门别类地说，有如下的业务环节需要追踪核算，适用于不同的处理原则。

1. 存货

存货包括库存中的原材料、生产中的在产品/半成品、待销售的库存商品和待结算的发出商品等，代表生产经营中最重要的实物流，在发出商品并回收货款后，完成一次循环。所以，对存货以直接成本登记，销售得款后以"主营业务现金收入"登记，并在账上注销已售出的这部分存货，将其直接成本金额登记为"主营业务直接成本"。然后，"主营业务现金收入"与"主营业务直接成本"相对照，若有多余是"货币升溢"，若有短缺是"货币亏绌"。例如，直接成本为 100 元的商品以净价 120 元卖出，就有"货币升溢"20 元；反过来，直接成本 100 元只卖出 80 元，就是"货币亏绌"20 元。

2. 其他业务

其他业务包括未列为主营业务的其他商品购销、各种劳务或服务业务等，现金收入登记为"其他业务现金收入"，直接成本则登记为"其他业务直接成本"，收入减去成本，同样有"货币升溢"和"货币亏绌"两种结果。

3. 各种投资项目

除了主营业务之外，公司还会有各种投资项目，如土地使用权、其他公司的股票或债券、各种理财产品等，在处理上都是以原始购进成本登记，变卖处理时才根据所得货币与原始成本的差额，在"其他货币升溢"或"其他货币亏绌"中登记。

4. "其他货币升溢"的业务

公司还会有其他不须"成本"，可以凭空赚到的货币资金，也是"货币升溢"。例如，现金股利收入、现金利息收入、汇兑收入、受补贴款、受奖励款等各种杂项现金收入。

5. 导致"货币亏绌"的业务

除了主营业务和其他业务中的亏损业务会导致"货币亏绌"外，公司还会有各种不形成存货、长效贵重资产或投资项目的现金支出，也是"货币亏绌"的原因。例如，管理费用、销售费用、其他间接费用、汇兑损失、社会赞助支出、受罚款项等各种杂项现金支出。

6. 长效贵重资产

长效贵重资产构成公司基本生产经营环境，是有助于自营活动的配套设施，如生产设备、厂房和办公楼等，也包括营业场所的土地使用权、购进的专利等无形资产在内。因其不但"长效"而且"贵重"，会计上对此类资产也作类似于存货的处理。购建时要登记其原始价值，并长期保留在账上。到了要变卖或废弃清理时，如果所得现金高于原始价值，这一差额就是"处置长贵资产货币升溢"，如果所得现金低于原始价值，这一差额就是"处置长贵资产货币亏绌"。

根据以上这些分门别类的业务处理原则，就可以清晰地全程追踪货币资金"升溢/亏绌"的全部变化,这也是理解"赚钱与分配总表"的钥匙。通过"赚钱与分配总表"的阐释,可以引导管理层趋利避害,无非是:尽可能扩展赚钱业务,及时关停亏钱的业务,尽可能降低直接成本,尽可能规避不必要的间接费用。还可以用于解答其他疑问。例如,有老板常会觉得"主营业务明明很赚钱,为什么最后看不到现金?",那也可能是被间接费用太高而抵消了。

第7讲 现金流平衡表

公司的业务从时间上是先后继起地发生的,第6讲所介绍的"未分配总赚钱"是所有这些业务的结果,代表一个指定期间的经营成果,"赚钱与分配总表"提供的是与"时期"相关的动态指标。如果我们换个视角,选定某个时点(如每年年底),设想在这个时点上,正在运营的所有业务都"瞬间冻结"了,就会发现,在空间上,公司的资源是以不同的各种状态同时并存着的。例如,有存在手头的现金,有存在银行的货币资金,有在仓库中的原材料,有正在加工中的在产品,有在成品库中的商品,有正在途中的发出商品,有为公司运营提供平台作用的长效贵重资产,有各种投资项目……与此同时,在所有权上看,这些资源是有所属的,总量中的一部分是属于债权人(如银行)的,另一部分是股东真金白银的原始投资,还有一部分也属于股东,却是公司运营后自己赚出来的,那就是"未分配总赚钱"。

所有这些来源,在每个时点上是各不相同的,不断变化的。针对公司"业务在时间上相继发生,资源在空间上同时并存"的特点,为了看清全貌,我们也需要有关于"资源的分布与来源"的"瞬间快照",提供与"时点"相关的静态指标,这就是本讲所要介绍的"现金流平衡表"。

7.1 现金流平衡表

现金流平衡表的格式见表7-1。它分为左右两大板块,左边是"资金占用"项目,右边是"资金来源"项目。与财务会计提供的"资产负债表"不同之处,在于本表是从"现金流诊断"的视角来表现某个时点上真实不虚的财务状况。在左边"资金占用"下的所有项目,除了货币资金本身之外,其余都是用货币资金换取的资源,没有浮夸的成分。相应地,在右边"资金来源"下的所有项目,也代表了各利益集团对公司的真实权益。

表 7-1　　　　　　　　　　现金流平衡表
　　　　　　　　　　　年　月　日—　年　月　日

资金占用					资金来源				
项目	期初余额	本期增加	本期减少	期末余额	项目	期初余额	本期增加	本期减少	期末余额
一、货币资金					一、筹资性负债				
库存现金					长期借款				
银行存款					应付债券				
其他货币资金					短期借款				
货币资金合计					其他筹资性负债				
二、存货直接成本					筹资性负债合计				
原材料直接成本					二、结算性负债				
生产直接成本					应交社会责任税费				
库存商品直接成本					应付利息				
其他存货直接成本					应付股利				
存货直接成本合计					应付职工薪酬				
三、投资项目					应付账款				
长效贵重资产					应付票据				
在建工程					预收账款				
工程物资					其他结算性负债				
长期股权投资					结算性负债合计				
其他投资项目					三、原始业主权益				
投资项目合计					实收资本				
四、结算性债权					资本公积				
发出商品直接成本					减:库存股				
预付账款					原始业主权益合计				
预付服务直接成本					四、未分配总赚钱				
其他结算性债权									
五、结算性债权合计									
资金占用总计					资金来源总计				

对"现金流平衡表"进一步说明如下:

(1)"货币资金"有手头存放的现金、银行存款和其他货币资金。其他货币资金是指现金和一般银行存款之外的货币资金,如在指定期间被冻结的信用证保证金。

（2）"存货直接成本"的意思是：在存货中，生产成本只包含直接发生的成本，即直接材料、直接人工和其他直接费用（如可计量认定的电耗）。并以生产直接成本作为库存商品直接成本。这样做的好处是，当因为过季、积压等原因需要清仓处理时，直接成本就是最低定价的底线，高于这个底价还能小赚一笔，低于这个底价就导致货币亏绌了。此外，所有存货在出库时，一律采用移动加权平均法计价，这种方法最具包容性，可以确保做账结果的一致性。

（3）"其他投资项目"也包括国债、理财产品等金融资产在内，均以原始成本登记。

（4）"结算性债权"是由于结算需要经历一定的时间才能完成，代表某一时点上收取现金的权利。例如，交货在先，收款在后的情况就会产生结算性债权。此时，因为仓库已经发货，要注销会计账上对应的"商品直接成本"，解脱仓管员的保管责任，并登记为"发出商品直接成本"，表明这部分商品已进入结算过程。"预付账款"是另一种情况，还没收货时就先付了现金，也是一种结算性债权。"预付服务直接成本"适用于服务已经完成，但还没有结算得款的情况，作用类似于"发出商品"。例如，饮食业的客户会在消费时先签单，过后定期来结算，若有可能，这一单的直接成本就要刨出来单独登记，因为那是以后期间现金收入的直接成本。

（5）"筹资性负债"是公司因从债权人手中取得现金而要承担用等额现金偿还的债务。如银行借款、应付公司债等，其中，"其他筹资性负债"是指公司因接受货币资金而形成的其他负债，如股东为帮助公司渡过临时周转需求而短期提供的款项等，这种情况下股东同时也具有债权人身份。

（6）"结算性负债"是指筹资性负债之外的其他债务，而不是因为取得现金而要用等额现金偿还的债务。其中"预收账款"，虽是收到现金在先，却是要用"交货在后"来偿还的，所以仍不同于筹资性负债。与结算性债权一样，结算性负债也是因为结算过程需要一定时期才能完成而产生的，其主要形式，有公司先收货，后付款的情况，将此登记为"应付账款"或"应付票据"，可以抵扣本期的应交增值税，使纳税义务向后推延，是有利的处理方式。还有通过"社会责任税费"统计的各种应交税费,以及"应付利息"、"应付股利"和"应付职工薪酬"等,这些都是"凭空产生"的负债,而不是因收到现金而产生的。

(7)"原始业主权益"是股东对公司真金白银的资本投入。"实收资本"代表股东所拥有的公司份额。假设原来的股东投入100万元的"实收资本",因经营得好,新股东愿意以200万元取得公司50％的股权,那么,这其中有100万元登记为"实收资本",代表他和原股东拥有的同等份额,另外的100万元就只能登记为"资本公积"了。在公司上市的情况下,以现金回购股票,相当于股东收回了投资的现金,所以要从"原始业主权益"中减去"库存股"。

(8)"未分配总赚钱"就是在保本的前提下,公司通过运营赚到的、属于股东的钱。

这里还要专门说明,尽管本表在格式上与我国实务中曾用过的"资金平衡表"相同,也借用了"资金占用"和"资金来源"的表述,但报表中用"发出商品直接成本"代表"应收账款"("应收票据")中真实的付出,也排除了"应收股利"和"应收利息"之类尚未收到现金的项目。这些处理确保了表中"资金占用"下的所有项目,即使不是现金,也是"现金沉积物",是要用等额现金购买或购建的,没有虚假的成分在内。所以,为了和"资金平衡表"或"资产负债表"有明确区别,命名为"现金流平衡表"。

第8讲　精确计算现金流诊断三大指标

与财务报告粗略诊断篇相比,管理会计自己设账核算后,最明显的是有两个好处。首先,"赚钱与分配总表"和"现金流平衡表"都是动态报表,可以不受日历月度或日历年度等约束,只要随意指定起点日期和终点日期,就能编制出这个划定期间的两大报表来,从而能很方便地计算,得到这个期间的相关指标,直接满足管理决策上不定期发生的数据需求。其次,以自行核算得到的报表为基础,能更有针对性地满足各类需求,也更为精确,本讲就以现金流诊断三大指标为例说明。其中,"本期未分配总赚钱"可以不作任何调整,直接从"赚钱与分配总表"取数,所以只要说明本期净赚钱和期初未分配总赚钱的精确算法即可。

8.1　本期净赚钱的精确算法

在"赚钱与分配总表"上考察"常态运营赚钱额"和"未分配总赚钱"的算法,可以知道,这两个"总赚钱"指标都有个隐含的假设,即默认存货、投资项目和结算性债权的本期增量是有道理的,是可以无条件接受的,所以对这些现金支出都只是根据原始购置成本如实地记录下来,当期不从这两个"总赚钱"指标中扣减这些已经花掉的钱,仅仅就反映本期业绩而言,这两个指标是可信的,因为本期确实是赚到了那么多钱,也作了那么多增量投资,只不过要待本期以后才知道这些增量投资赚不赚钱。

但有必要考虑的是,赚到的钱是原封不动地放着,还是本期又把这钱用于增量投资,去添置东西了,两种做法当然是有差别的。最重要的差别就在于,本期的增量投资有时是"不靠谱"的,可能对公司的"后劲"毫无作用。所以"对增量投资无条件认可"的做法就有个缺陷:不能识别出其中有些公司已经处于恶劣的竞争环境中。只有不断地追加现金投资,不断地接受"输血"才能维持下去。例如:

(1)在恶性通货膨胀时,要用更多的现金才能购得同样数量的存货,以名义货币表现的这个"存货增量"就是虚假的,因为存货实际数量并没有增加。

(2) 在技术进步的竞争压力下,如果只有不断地加大"长效贵重资产"的支出,才能支撑同样数量的产能,从货币投资数量上看,这个"长效贵重资产"增量也是虚假的,因为实际上提供不了新增的效用。

(3) 有一些无形资产投资,典型的是对大型管理软件系统的巨额投资,尽管符合"长效"且"贵重"的标准,不但说不清能有多少直接的投资回报,将来也完全没有变卖价值,往往是迫于同行业都上了而不得不上,甚至成为腐败受贿的借口,等等,这些都是投资者和债权人最应当防范的,还需要详细考察这些增量投资究竟是用到哪里去了,是否真实可信。

(4) 当市场需求发生剧变,公司商品卖不动时,会表现为库存商品的积压,这些都是被动的投资增量,往往必须打折处理。所以,"现金流平衡表"上的存货增加,实际上可分为"进入良性循环的主动增量",以及"每况愈下的被动增量"两种情况。

不提这些"不靠谱"的投资增量,即使是货真价实的投资增量,也还有个什么是"高速成长",如何看待"高速成长"的问题,需要澄清认识。长期以来,在投资市场上,特别是股市上,已经形成一种观念,趋向于认为正在"大把赚钱"的公司已经进入成熟期,缺乏后劲了,只有正在"大把烧钱"的公司才是高速成长的公司。人怎么可以这么傻?把现金花出去,是人人都会做的;把现金真正赚进来,就不是人人都有这个本事了!真正"高速成长"的公司,评价标准只有一个,就是越来越赚钱!

任何投资在没有变现以前,总是存在风险的,不可能无视这种风险。就像"一个鸡蛋的家当"故事,听起来很美,但致富的前提是:在整个过程中无论是蛋还是鸡都能很顺当地相互转化,没有"鸡飞蛋打"的现象发生,一直到现金"落袋为安"为止。更何况,任何投资的最终目的还是为了赚钱,作为投资者的股东最希望看到的,总归是流向自己的真金白银,而不是撒向大地的实物资产。从这个角度看,"常态运营赚钱额"和"未分配总赚钱"不仅包括自己赚出来的货币资金,也包括用赚到的货币资金又去购置的增量投资,只是名义上的"总赚钱"。我们还需要有个只看货币资金增量的"净赚钱"指标,来与"总赚钱"相互对照,相互制约。

严格地说,自己赚到的钱,如果不是表现为货币资金比原来更多,是无以发放现金股利的,想要把赚到的钱都用于分红时更是如此。所谓"净赚钱",就是根据一般的人类思维方式,纯粹看某一期间公司赚到了多少"真金白银",货币资金是多出来了,还是不变,甚至反而更少了?对该期间的实物资产增量是视而不见的。净赚钱的精密算法可以推导如下:

(1) 首先是从本期货币资金增量开始的(期末货币资金－期初货币资金)。

(2) 要从这个增量剔除筹资性负债的本期增量,因为这不是自己赚出来的钱(期末筹资性负债－期初筹资性负债)。

(3) 要剔除原始业主权益的本期增量,因为这也不是自己赚出来的钱(期末原始业主权益－期初原始业主权益)。

(4) 要剔除需要用现金支付的结算性负债本期增量,因为应付的这些钱实际上是别人的,只是公司还没来得及支付而已。换言之,如果本期已经支付了这些负债,期末的货币资金就没有现在这么多了,具体的例子如预收账款、应交社会税费、应付利息、应付股利、应付职工薪酬等,我们简称之为"现金结算性负债",则有(期末现金结算性负债－期初现金结算性负债)。

(5) 要加上结算性债权中预付账款的本期增量,因为这是为以后期间所作出的现金支付,(期末预付账款－期初预付账款)。

(6) 作了以上这些增减项后,因为本期已经发放出去的现金股利也是为股东赚到的钱,如果没有发放这一笔,本期货币资金增量还会更大,所以要把这一部分倒加回来,这可以从"赚钱与分配总表"中"减:现金股利"的"本期发生"栏直接取得。

综合以上分析,本期"净赚钱"的计算式如下:

本期净赚钱＝(期末货币资金－期初货币资金)－(期末筹资性负债－期初筹资性负债)

－(期末原始业主权益－期初原始业主权益)－(期末现金结算性负债－期初现金结算性负债)

＋(期末预付账款－期初预付账款)＋本期已发放现金股利

假设一家公司确实赚了很多钱,但又"坐支现金",把赚到的钱用于同一项目的扩大再生产或用于另行投资新项目了,甚至赚的没有花的多,新增投资的额度超过了"本期总赚钱"的额度,整个公司当然体现为"没有赚出钱来"甚至"现金比原来更少了"。这虽是不争的现金流事实,却也说明"净赚钱"不宜单独作为公司管理层业绩的评价指标,因为它注重的是在既定规模上有没有赚钱,对于扩大既定规模或脱离现有项目的任何新增投资,都会给出负面信号,这就可能限制管理层的投资积极性,他们为迎合这一业绩考核指标,会被迫放弃大好的投资机会,安于在原项目原规模上坐享其成。所以,如果根据公式得数为正,毫无疑问是本期的"净赚钱"。如果得数为零或负数,只能中性地说本期没有赚到钱,而不好说本期是"赔钱"了,因为前已述及,我们在计算时对实物资产增量是视而不见的。

8.2 期初未分配总赚钱的精确算法

如果公司新办时即启动大管理会计核算,期初未分配总赚钱为0,自然简明。如果公司已经运营相当长的期间了,就需要有个从财务会计报表切换到管理会计的切换时点,对这个时点的"资产负债表"及其明细账数据,按照现金流诊断的要求来取舍,得到这第一份的"现金流平衡表",然后就可以得到"期初未分配总赚钱"了。

大管理会计是将现金收入与原始购置成本对比,来判断是不是赚到钱的,原始购置成本就是留待比较的"标尺"。已经卖出去的,结果反映在"赚钱与分配总表"上;还没有卖出去的,"标尺"还原封不动地放在"现金流平衡表"里等待将来比较,两大报表就是这样完美地相互配合的。所以,"现金流平衡表"的"资金占用"方,除了现金,就是用现金购置并用原始购置成本表达的各类资源,不符合这个原则的数据都要调节或舍弃。表8-1表现了对资产负债表的取舍调节原则。由于有些数据项必须从账上查清是怎么产生的,才能根据具体情况来处理,所以对这些数据项,只能标上"酌情处理"。

表 8-1 对资产负债表数据项的取舍调节

资产	取舍修订原则	负债和所有者权益	取舍修订原则
流动资产:		流动负债	
货币资金	沿用	短期借款	沿用,归入筹资性负债
交易性金融资产	只取原始成本明细金额,归入投资项目	交易性金融负债	沿用,归入筹资性负债
应收票据	取对应的销售成本作为"发出商品直接成本"	应付票据	沿用,归入结算性负债
应收账款	取对应的销售成本作为"发出商品直接成本"	应付账款	沿用,归入结算性负债
预付账款	沿用,归入结算性债权	预收账款	沿用,归入结算性负债
应收利息	弃用	应付职工薪酬	沿用,归入结算性负债
应收股利	弃用	应交税费	沿用,归入结算性负债
其他应收款	分明细账酌情处理	应付利息	沿用,归入结算性负债
存货	沿用,其中产成品成本要剔除制造费用部分	应付股利	沿用,归入结算性负债
一年内到期的非流动资产	沿用	其他应付款	沿用,分明细归入结算性负债或筹资性负债
其他流动资产	酌情处理	一年内到期的非流动负债	
流动资产合计		其他流动负债	
非流动资产		流动负债合计	
可供出售金融资产	只取原始成本明细金额,归入投资项目	非流动负债	
持有至到期投资	只取原始成本明细金额,归入投资项目	长期借款	沿用,归入筹资性负债
长期应收款	弃用	应付债券	沿用,归入筹资性负债
长期股权投资	只取原始成本明细金额,归入投资项目	长期应付款	沿用,分明细分别归入筹资性或结算性负债
投资性房地产	只取原始成本明细金额,归入投资项目	专项应付款	沿用,分明细分别归入筹资性或结算性负债
固定资产	符合金额效用期条件的,原值记为长效贵重资产,归入投资项目	预计负债	酌情处理
在建工程	只取原始成本明细金额,归入投资项目	递延所得税负债	沿用,归入结算性负债

（续表）

资产	取舍修订原则	负债和所有者权益	取舍修订原则
工程物资	只取原始成本明细金额,归入投资项目	其他非流动负债	沿用,分明细分别归入筹资性或结算性负债
固定资产清理	只取原始成本明细金额,归入投资项目	非流动负债合计	
生产性生物资产	只取原始成本明细金额,归入投资项目	负债合计	
油气资产	只取原始成本明细金额,归入投资项目	所有者权益(或股东权益)	
无形资产	符合金额效用期条件的,原值记为长效贵重资产,归入投资项目	实收资本(或股本)	沿用
开发支出	弃用	资本公积	沿用
商誉	弃用	减:库存股	沿用
长期待摊费用	弃用	盈余公积	弃用
递延所得税资产	沿用,归入结算性债权	未分配利润	弃用
其他非流动资产		所有者权益(或股东权益)合计	
非流动资产合计			
资产总计		负债和所有者权益(或股东权益)合计	

当其他数据项均已填入并作了相关的合计时,为使其达到左右平衡,就要引入"未分配总赚钱"数据项,作为"左方合计数－右方合计数"的差额,无论结果是正是负,均放在报表右方的项目之下。这样,"未分配总赚钱"第一次"震撼出场",直接回答"到目前为止,股东和债权人的本钱是否仍完好无损?",当它大于0时,答案是肯定的,小于0时则是否定的。这将是现金流诊断"问闻望切"后给出的"初诊报告",就像公司的第一张"素颜照",结果可能"貌美如花",也可能"惨不忍睹",都是隐瞒不了的,是股东必须接受的事实。

由于在公司刚创办的时点上,"未分配总赚钱"肯定为0,如果公司从创办至今都没有发放过现金股利,期末这个当前时点上的"未分配总赚钱"就代表了公司发展史上全部的"总赚钱";如果已经发放过现金股利,把从账上查得的已发放现金股利倒加回来,也同样能得到这一结果。

更重要的是,公司有史以来的第一份"现金流平衡表",还意味着管理会计有了自己的"期初余额",可以开始启动"赚钱为王"的内账核算了。在过程中,可能会因过去的记录不完整,有个别项目处理得不够准确,这是历史遗留问题,也只能如此。幸好这毕竟只是期初这个时点上的数据,内账核算投入运行以后,后续的准确数据会使之逐步冲淡,误差会越来越小的。

第9讲　全局性诊断比率

现金流诊断是基于"黑箱方法论"来看问题的。以温度计为例，无论是水银温度计、酒精温度计、热电偶温度计还是其他类型温度计，只要它们对同样的外部输入（气温环境），都能给出同样的读数（温度），就可认为这些温度计是"同构"的"黑箱"。至于其工作原理和内部构造有何不同，是无关紧要的，不打开看也行，这就得以避开许多难以理解的专业技术障碍。现金流诊断也是如此，公司用什么技术、采取什么工艺、用什么原料、出什么产品、属于什么行业、内部如何运作等，都可以先避开，只要把公司看作一个既有现金流入，又有现金流出的"现金池"。现金进入后，无论它转换成存货或其他什么具体形式，都不必太在意，关键是要从外部来观察其输入和输出的关系，判断其整体的赚钱效率。然后，还可以再进一步观察公司内部更小的"现金池"，作专题性的诊断，研究改进之法。在前述的两大报表和各类指标的基础上，本讲设计一些全局性的现金流诊断指标。在广泛投入实践应用后，还可望得到这些指标的史上最佳值、行业平均值、行业先进值等具有标杆意义的数据，那就更有实用性了。

9.1　如何计算"平均余额"

在比率计算式中，经常要用到"平均余额"，由于大管理会计核心报表大多是动态报表，即可以指定任意的起点和终点来划定想要考察的期间，有必要说明如何计算平均余额。

手工计算时，以1年为例，常以月度作为计算的基准时间段，从第0月末（即1月份月初）开始，到12月末为止，共有13个"月末"时点，那么就某个账户而言，它在1年中的平均余额可以这么计算：

$$平均余额 = \frac{0月末余额 + 1月末余额 + 2月末余额 + 3月末余额 + \cdots + 12月末余额}{13}$$

在传统上按年度、季度或月度考察，不需要太高精确度，特别是手工计算时,这么算是无可厚非的。但是,如果指定的时期起点和终点是任意的,计算平均余额的基准时间段就不宜用日历月度了。可以采用每天都计算的方式,算法还是同上一样的思路,所得结果更为精确,只不过需要让计算机来代劳而已。以分析日作为"当前日",向前划定 360 天作为与其对应的"当前日年度",某账户在 1 年中的平均余额可以这么算:

$$平均余额 = \frac{第\,0\,天余额 + 第\,1\,天余额 + 第\,3\,天余额 + \cdots + 第\,365\,天余额}{366}$$

不失一般性,设划定 n 天的分析期间,D_i 为某账户第 i 天终了时的余额,从第 0 天开始,到第 n 天终结为止,这个期间内:

$$平均余额 = \sum_{i=0}^{n} \frac{D_i}{n+1}$$

9.2 考察股东的投资回报

在"赚钱与分配总表"上,"常态运营赚钱额"和"未分配总赚钱",是俗称为"总赚钱"的两种表现形式,根据"所有权和管理权相分离"的现实,分别从股东的立场和管理层的立场出发,两个指标提供了略有差别的信息。

首先,我们可以向股东提供其最关注的投资回报信息。股东对公司的货币资金投入,除了原始投资以外,后来赚到的、属于股东的"未分配总赚钱"参与了生产经营周转,也算是其投资。所以,未分配总赚钱与这两者之和的比率,就是股东投资回报率。只要将这一回报率和市场平均的投资报酬率相比较,就可以得出对公司的投资是否值得的结论。

$$\frac{股东投资}{赚钱率} = 本期未分配总赚钱 \bigg/ \left(\frac{原始业主}{权益平均余额} + \frac{未分配总}{赚钱平均余额} \right)$$

也可以仿照"经济增加值"的设计思想,得到"股东投资货币增加值",用于观察本期是否赚到了高于市场平均投资报酬率的现金。

$$\frac{股东投资}{货币增加值} = 本期未分配总赚钱 - \left(\frac{原始业主}{权益平均余额} + \frac{未分配总}{赚钱平均余额} \right) \times \frac{平均投资}{报酬率}$$

在净赚钱与未分配总赚钱都是正数的情况下,根据两个指标的比值,也许可以判断公司发放现金股利的能力。

$$未分配总赚钱现金含量 = \frac{本期净赚钱}{本期未分配总赚钱} \times 100\%$$

9.3 考察高级管理层的赚钱业绩

我们也可以向董事会提供高级管理层业绩考核的信息。

公司赋予高管的目标无非是"长期可持续赚钱"和"短期内赚钱"。从"短期内赚出钱来"的角度看,高级管理层的业绩体现为:在现有货币投入资源的基础上,是否尽可能多地赚到钱。将公司视为受管理层调控的,有"输入"也有"输出"的"现金池黑箱",选择"常态运营赚钱额"作为"产出",而从"投入"来看,管理层可以调度的资源,从来源看有筹资性负债、原始业主权益和未分配总赚钱,这三项的平均余额之和就是"投入"。所以,"常态运营赚钱额"与这三项平均余额之和的比率,可称为"管理层投入产出比":

$$\frac{管理层}{投入产出比} = \frac{本期常态运营赚钱额}{\left(\begin{array}{c}筹资性负债\\平均余额\end{array} + \begin{array}{c}原始业主\\权益平均余额\end{array} + \begin{array}{c}未分配总\\赚钱平均余额\end{array}\right)}$$

关于"管理层投入产出比"的设计,还有必要作些补充分析。如上所述,在计算"未分配总赚钱"时,将处置长效贵重资产货币升溢(亏绌)、财务费用和社会税费均考虑在内,是因为股东作为公司剩余权益的拥有者,要承受所有的变化与风险。在考核管理层业绩时,则有所不同。之所以选择"常态运营赚钱额"作为其产出指标,是基于以下考虑:

(1) 本期处置的长效贵重资产,无论是发生货币升溢还是货币亏绌,那主要是前期管理层决策的后果,原则上均应排除,在考核本期管理层业绩时不予考虑。例如,购置于 200 年前的某永定土楼,如果作为文物卖出了天价,导致货币升溢的主要功劳并不在当前管理层。反之,若在本期轰然倒塌了,产生的货币亏绌也不好问责于当前管理层,因为常是"年久失修,回天无力"的结果。当然,在同一任期内购置随即失效(如倒塌的豆腐渣工程)的长效贵重资产就不在此列,是当前管理层应当自食其果的。

(2) 财务费用也是赚出钱来以后的"再分配",并且与业主提供的资本

（原始业主权益＋未分配总赚钱）是否充足有关，假设业主提供的资本充足，便无须筹资，此项费用不会发生，所以借款利息不应列入管理层业绩考核的范围。利息收入则与此不同，管理层可以选择将货币资金作各种投资，"存放在银行收取利息"也是其中的一种投资决策，所以现金利息收入应纳入业绩考核范围。那么这里存在一个疑问，即现金利息收入算业绩，而借款利息支出不算业绩扣除项，管理当局会不会大量借款并存放银行，通过加大利息收入来提高"常态运营赚钱额"，从而美化这一业绩考核指标呢？回答应是否定的。因为，现金利息收入在"货币升溢"中不占极大比重，更可能的反而是由于这一借款行为，期末筹资性负债加大，抬升了作为平均余额的分母。所以这样做不可极大地美化考核指标，甚至会适得其反，更何况大量举债在实际操作上并不容易。

（3）各种社会税费的有无和高低，是赚出钱来以后的"再分配"，并且主要是由外部的宏观法规所决定的，经常变化，不应列入管理层"赚钱业绩"的考核范围。

（4）公司董事会还要注意高层管理的考核期间与任职期间的时间差。例如，上任高管决定大量赊销以提升销量，新任高管接手后的初期，就可能面临收回大量现金的好局面，也可能面临应收账款收不回来的困难局面，而这都不是其自身作为的结果。所以，离任高管的"业绩考核期间"设置得比其"实际任职期间"有所滞后，应是恰当的。例如，"业绩考核期间"在其接任2个月时起算，也在其离任2个月时结束。

也可以仿效"经济增加值"的思路，将筹资性负债、股东原始投资和未分配总赚钱的平均余额之和乘以平均投资报酬率，得到按平均报酬率应得的回报金额，如果"常态运营赚钱额"仍高于这一金额，说明管理层的表现不俗，除为公司赚出了平均投资报酬之外，还有高于平均报酬的增量部分，可称为"管理层货币增加值"。

$$\text{管理层货币增加值} = \text{本期常态运营赚钱额} - \left(\text{筹资性负债平均余额} + \text{原始业主权益平均余额} + \text{未分配总赚钱平均余额}\right) \times \text{平均投资报酬率}$$

在净赚钱和常态运营赚钱额都是正数的情况下，从这两个指标的比值，也许有助于考察公司是否确实处理好了"短期赚钱"与"长期可持续赚钱"的平衡。在公司一边赚钱，一边用其中一部分追加投资时，可以用这个指标。如果花出去的比赚到的更多，净赚钱为负值，就不太好交代，董事会也可据以遏制管理层的"投资饥渴症"。

$$常态运营赚钱额现金含量 = \frac{本期净赚钱}{本期常态运营赚钱额} \times 100\%$$

9.4 考察企业的社会贡献

企业的社会贡献率不仅能说明公司对社会所作的实际贡献，还对宏观政策制定有参考意义，当政府所得在公司全部货币增值额中所占的比例过大时，对出钱投资而只能得到剩余所得的股东来说，是会挫伤其创业和继续投资积极性的。

$$社会贡献率 = \left(\begin{array}{c}增值税本期\\交纳义务\end{array} + \begin{array}{c}本期社会\\责任税费\end{array}\right) \Big/ \left(\begin{array}{c}增值税本\\期交纳义务\end{array} + \begin{array}{c}本期息前\\税前赚钱额\end{array}\right)$$

1. 社会贡献率计算式的分子

它包括两个方面，一是"增值税本期交纳义务"，是本期发生的"增值税销项税额－增值税进项税额"后的差额，代表本期发生的应纳增值税金额。二是除增值税以外的"社会责任税费"，在具体内容上包括消费税、营业税、所得税、资源税、土地增值税、城市维护建设税、印花税、房产税、城镇土地使用税、车船税、教育费附加、矿产资源补偿费用等，以及虽与职工个人有关，但须交由政府支配的"代扣代缴个人所得税""社会保险费""住房公积金"等。"增值税本期交纳义务"和"社会责任税费"两大块的基本特征是"强制性的、非自愿的上缴"，代表企业对社会所作出的直接贡献。虽然这两项都是会计上的计算结果，本期未必已全额交清，但因为缴交社会税费是相关法规的刚性要求，肯定要缴纳的，用于计算本期社会贡献率是可以成立的。

由于管理会计特别注重"可控性"，因此对于工资范围的界定，内账与外账有所不同，有必要略加说明。应当指出，有许多税费开支是"以职工的名义"征收的，如代扣代缴个人所得税、医疗保险、失业保险、养老保险、住房公积金等。根据有关法规的强制要求，公司确实承担了这诸多的税费开支，但职工个人并没有当期直接得到。那么，这些钱到了哪里呢？我们就以"三金"即医疗保险、养老保险和住房公积金为例作一分析。

在理论上说，"三金"是社会上许多个人组成的互助基金，通过互助形式，为个人长远的不时之需服务的。目前公司员工已经是聘任制，与企业不是终身的依附关系，其长远的福利保障等，不是企业应当承担的。因此更准确地说，"三金"仍应视为企业负担的社会税费，是在强制性要求下，企业必须对社会的作出的贡献。政府说要开征，就可以开征，说要提高征收比例，就可以提高。其实际执行也说明这一点，虽然为个人设立了账户，却和个人没有多少直接联系，更不是个人可以随意支配的，不但要受到许多使用限制（如迁居异地后，原工作地拖延不予转移，或不让全额转移），还要承受被强加的风险（如住房公积金被用于放贷可能收不回、养老金寅吃卯粮，已成"空账"等）。甚至如住房公积金，连八杆子也打不着的证监会也能打它的主意，一说进股市，就很可能投进股市充当"炮灰"去了。

所以，为了得到有分析意义的成本费用数据，在内账处理时，职工工资（直接人工）只包括员工工资表上应发工薪的部分，即"应当支付给职工"的部分，而不包括所有"以职工的名义，为职工支付的"的开支，从管理会计的角度看，那是公司自身不可控制的，属于企业所作的社会贡献。

2. 社会贡献率计算式的分母

"增值税本期交纳义务"和"息前税前赚钱额"代表了公司运营后的全部货币增值额，为简明分析起见，假设股东投入的原始资本极为充足，没有发生财务费用，因此"息前税前赚钱额"与债权人无关。那么参与分配这全部货币增值额的，只有股东和政府（代表社会）两个利益集团了。

专题性诊断篇

"横看成岭侧成峰,远近高低各不同",要透视错综复杂的经营管理活动,必须占据制高点。确立"赚钱"作为公司的最高目标后,管理会计教材不再是无序的"一堆技术方法",各种管理思想与技术方法也就有了自己的位置,因为它们无非是直接、间接地服务于"如何更赚钱"这一目标的。我们只要"顺藤摸瓜"式地逐一考察有关内容,就可以对全局"胸有成竹"了。

要多赚钱,无非是多管齐下,从各方面实现"增收节支"。新兴产业的赚钱模式已经和传统产业大不相同,但它在本质上是对实体经济产业的一种"依附"或"再分配",其核算与分析方式也较为简明,所以本篇仍以实体经济产业作为研究重点。

第10讲 "现金池存该表"揭示了什么

"收付"和"存该"是中式簿记常用到的两对术语,言简意赅地分别描述动态和静态的金额情况。1933 年 12 月 24 日,徐永祚先生在上海市商会发表改良中式簿记的演讲,其时场景之热烈,有诗为证:

徐公说法上演台,万人倾耳为存该。一篇讲义翻开际,崒嚓声喧似雨来。

原来,在演讲过程中,沪上商界名流盛灼三先生身临其境,听到一片"崒嚓"之声,以为是雨打玻璃顶棚之声,"亟出视之,则天朗气清如故",回头方知是台下听众专注地翻看材料时所发出的声音,"为之莞尔",故赋诗以记之,第二句中的"存该"就代表了簿记。

10.1 设计"现金池存该表"

我们还从"现金流平衡表"(表 7-1)说起。可以看到,在左边有个结算性债权,在右边有个结算性负债。结算过程中,既会有"人欠我"的,也会有"我欠人"的,从管理角度看,两者可以、也应该合并考虑。我们把"现金流平衡表"原来在右方的"结算性负债"移到左方,金额当然要反正为负,并与"结算性债权"合并,令

$$结算性项目净值 = 结算性债权 - 结算性负债$$

当结算性项目净值大于零时,说明"人欠我"的更多,占用了公司的资源;净值小于零时,说明"我欠人"的更多,短暂性地利用了各类往来客户的资源,当然有利。无论如何,结算性项目净值只表明结算过程的瞬间状态,即使长期小于零,也只能认为公司的结算管理工作做得好,可以用较少的钱做较多的事而已,沿用 1950 及 1960 年代中国企业实行"资金定额管理"时的说法,这是"视同自有"的流动资金,理财时可以列入预算规划。但从权益的角度看,并不是严格意义上的"资金来源",移项到报表左边来,也是

有道理的。

这一来,"现金流平衡表"就可以粗略改造为古色古香的"现金池存该表"(表 10-1 所示的格式)。左方的"存于何处"说明公司作为现金池,目前将现金"存"放在什么项目上。右方的"该属何人"栏说明现金池的权益"该"属于何人,"筹资性负债"是从银行或其他债权人手中取得的货币资金,"原始业主权益"是业主以货币资金作出的实际投入,理论上,这两块都是应当确保不使亏绌的。而如上文所述,在左方,除了现金,就是要用现金购买或投入,并以等额现金表达的项目,或可理解为"现金沉积物"。这说明,大管理会计是一种"货币资金保持"的理念,它全程关注和追踪反映原始投入的货币资金的升溢(或亏绌),并在保本的前提下,用未分配总赚钱来代表公司赚到的钱,这是属于股东的权益,在作为现金股利发放前,继续参与公司的运营周转。

表 10-1　　　　　　　　　　现金池存该表
　　　　　　　　　　　　年　月　日—　年　月　日

存于何处					该属何人				
项　目	期初余额	本期增加	本期减少	期末余额	项　目	期初余额	本期增加	本期减少	期末余额
货币资金 　输血量 　造血量					筹资性负债				
存货直接成本					原始业主权益				
投资项目					未分配总赚钱				
结算性项目净值									
合计					合计				

10.2　输血量与造血量的关系剖析

把"现金池存该表"大致看懂后,就可以进一步观察"货币资金"项下的分类。第 4 讲《对偿债能力的现金流诊断》已经指出,企业在某一期间的货币资金增量可以分为两种,一种是外部来源的增量,如股东扩股增资、债权人提供贷款等,简称为"输血量";另一种是客户在生产经营、投资活动等过程中,从内部自主产生的增量,简称为"造血量"。依据财务会计现金流量表数据，可以算出这两个指标，当然前提是现金流量表主表的数据精确可靠，可惜的是这个前提未必成立，所以当时只能说是"粗略"的诊断。

依据"现金池存该表"，就能得到这两个指标的精确算法了。读者可能有疑问，该表是时点报表，又何来"增量"一说呢？别忘了，在当前"期末"时点之前，还有个公司创办的时点，两个时点之间构成一个公司发展史上的"期间"。另外，也可以指定一个"期初"时点，与当前"期末"时点构成任意期间，所以还是有可能推算期间增量的。

根据"输血量"的定义，它是以报表右边"筹资性负债"和"原始业主权益"为来源的，无论这两项有何变化，它只会跟着"同增同减"。所以，在任意时点上：

输血量＝筹资性负债＋原始业主权益

在完成了一个经营期间后，货币资金余额是由这两种增量所构成的，从而：

造血量＝货币资金 － 输血量

根据计算结果，分别将这两项增量作为明细填写在"货币资金"数据项下即可。只有某个时点的"现金池存该表"时，它与公司创办时点构成一个期间。有两个时点的"现金池存该表"时，从当前的期末数据减去上一个时点的期初数据，就得到该期间的增量。

有必要进一步阐明输血量和造血量之间的关系。作为输血量提供方，不但银行等债权人要求公司有还本能力，就是股东也希望能以现金股利形式早日收回全部原始投资，以后就过上"无本万利"的好日子。从这个角度看，公司保持某种代表变现能力的"流动性"，是投资者和债权人的本能要求，公司的货币资金状况必然成为关注的重点，我们就从资金占用全部是货币资金的原生态开始考察。

想象公司得到了输血量，开始正式经营，厂房设备等是租来的，现金买来的存货最终全部售出并顺利收款，该交的税费也都交清了，总之垫付的钱不但都收回了。还多赚了一些。那么在这个时点上，"现金池存该表"表现为表 10-2(表中数字是假设的)。

表 10-2　　　　　　　　　　现金池存该表
年　月　日—　年　月　日

存于何处					该属何人				
项目	期初余额	本期增加	本期减少	期末余额	项目	期初余额	本期增加	本期减少	期末余额
货币资金 　输血量 　造血量		1 700 1 500 200		1 700 1 500 200	筹资性负债		500		500
存货直接成本					原始业主权益		1 000		1 000
投资项目					未分配总赚钱		200		200
结算性项目净值									
合计		1 700		1 700	合计		1 700		1 700

这时,右边的"未分配总赚钱"是"原始业主权益"的补充,或其附加账户。左边的"造血量"也可以看成是"输血量"的补充,或其附加账户。但是,如果经过这个期间是不赚反而赔钱了,"现金池存该表"就该变为表 10-3。

表 10-3　　　　　　　　　　现金池存该表
年　月　日—　年　月　日

存于何处					该属何人				
项目	期初余额	本期增加	本期减少	期末余额	项目	期初余额	本期增加	本期减少	期末余额
货币资金 　输血量 　造血量		1 500 1 500	200 200	1 300 1 500 −200	筹资性负债		500		500
存货直接成本					原始业主权益		1 000		1 000
投资项目					未分配总赚钱		200		−200
结算性项目净值									
合计		1 500	200	1 300	合计		1 500	200	1 300

这时,右边的"未分配总赚钱"是"原始业主权益"的抵扣,是其备抵账户,当其负数金额甚至大于原始业主权益时,它就成为"原始业主权益+筹资性负债"共同的备抵账户。左边的"造血量"也可以看成是"输血量"的备

抵账户。

综合"赚"和"赔"这两种情况，报表右方的"未分配总赚钱"是"原始业主权益＋筹资性负债"的备抵附加账户，后者保持原始记录，前者补充说明资金来源方的赚赔现状。左方的造血量是输血量的备抵附加账户，后者保持原始记录，前者代表资金占用方变现难易的流动性，造血量的数值越大，说明变现的流动性越高。

10.4 造血量是管理会计核心指标

公司为了生产经营，要拥有厂房设备等长效贵重资产，要保持一定量的存货，要投资一些项目，还要面对结算过程，这都是正常的。所以，将分析进一步扩展到存在非货币资产的情况。观察"现金池存该表"，报表左边的"输血量"和右边的"筹资性负债＋原始业主权益"是同增同减的关系，在任意时点上两者完全相等。所以刨除构成对应关系的这三项不看，想象在前后两个时点构成的任意期间里，报表左边其余项目增量之和，就完全等于右边的"本期未分配总赚钱"，即：

$$\frac{本期}{造血量}+\frac{存货直接}{成本增量}+\frac{投资}{项目增量}+\frac{结算性项目}{净值增量}=\frac{本期未分配}{总赚钱}$$

我们看到，本期未分配总赚钱不变时，造血量与存货等非货币资产项目之间是"此长彼消"的关系，存货等非货币资产的本期变动是以"本期造血量"的本期反向变动为代价的。在表10-3的基础上，假设本期还有一笔用500元购买了原材料准备留待下期之用的业务，"现金池存该表"上的数据如表10-4所示，货币资金和造血量都同步地又减少了500元。

可见，一旦存在存货等非货币资产，造血量就受到它们的挤压，公司变现的流动性就更差了，所以在所有公司的"现金池存该表"中，造血量正常情况下都是负数。当然，这并不影响某个期间造血量的精确计算，假设某公司期初造血量为－1 000 000元，期末造血量为－500 000元，期末减去期初，本期造血量为：－500 000－（－1 000 000）＝500 000，还是能够说明流动性有了改善。

表 10-4 　　　　　　　　　　现金池存该表
年 月 日— 年 月 日

存于何处					该属何人				
项 目	期初余额	本期增加	本期减少	期末余额	项 目	期初余额	本期增加	本期减少	期末余额
货币资金 　输血量 　造血量		1 500 1 500	700 700	800 1 500 −700	筹资性负债		500		500
存货直接成本		500		500	原始业主权益		1 000		1 000
投资项目					未分配总赚钱			200	−200
结算性项目净值									
合计		2 000	700	1 300	合计		1 500	200	1 300

在第 4 讲《对偿债能力的现金流诊断》曾提及：建议商业银行慎重考虑，将"造血量"作为贷款审核的核心指标。谁先这样做了，不良贷款率有望率先降低；所有商业银行都这样做了，会促使债务人公司正确地权衡投资与赚钱的关系，不再一味地盲目投资，从宏观角度看，银行界也自然有望消除不良贷款这一传统难题。"造血量"在商业银行信贷决策中所能发挥的神奇作用提示我们，在赚钱为王管理会计体系中，这可能是影响面最广、实用性最强的核心指标。

很容易注意到，在本期"未分配总赚钱"的四个构成项中，只有"本期造血量"才是目标，其余的"存货直接成本增量""投资项目增量"和"结算性项目净值增量"等三项只是手段，它们之所以有必要存在，是因为拥有这些资源，有可能通过生产经营最终达到扩大"造血量"的目的。但与此同时，"未分配总赚钱"不变，目标与手段又是"此长彼消"的关系，这是"短期赚钱"与"长期可持续赚钱"之间的矛盾，需要加以权衡，用管理会计常用语，"资源的配置与优化"问题非常明确地体现在这里。移项后，看看它与总赚钱的关系：

$$\text{本期造血量} = \text{本期未分配总赚钱} - (\text{存货直接成本增量} + \text{投资项目增量} + \text{结算性项目净值增量})$$

从下式中，看看它与净赚钱的关系：

本期造血量＝本期净赚钱 — 本期已发放现金股利

还可以想象一下这个指标在理财工作中的直接可用性,理财工作无非是造血量和输血量的综合统一,我们将在第 15 讲《造血量与现金流调度》研究。

第 11 讲　造血量与存货管理

保有存货的增量过多,会直接抵减"造血量",使"未分配总赚钱"的构成质量降低。所以更需要注重的,是在这个"通道"中不断循环周转的流动投资,这属于"短期经营决策"的内容。也就是:为了生产经营,我们在本期投入了多少现金,又从中得到了多少增量现金,即流动投资的报酬率如何,怎样才能提高这个报酬率,本讲拟说明从现金流诊断的角度如何看待存货管理。

11.1　观察实物流不得要领

对应于制造前、制造中和制造后的三个阶段,存货可以划分为原材料、在制品和库存商品三大块。在"现金出/实物进"的对外交换之后,我们就有了原材料存货;然后,原材料被投入生产过程,转换为在制品存货;最后,加工完成的在制品经过验收,又转换为库存商品存货;库存商品存货经过"实物出/现金进"的对外交换,最终又还原为现金。所以,现金是生产经营的起点和终点。

对于这个过程,如果偏重于观察实物流,至少要分别观察"原材料""在制品"和"库存商品"三大块。仅从对实物明细管理的要求来说,每大块下面又有大类、小类的各种细分,直到最具体的物料描述。例如,原材料可以区分为金属材料、化工原料等,金属材料又可以区分为碳素钢、合金钢等,碳素钢又可以区分为普通碳素钢和碳素结构钢等,普通碳素钢又可以区分为钢板、钢管等,钢板又有各种不同的厚度……这样不断细分的结果,表现为不断分叉的、倒置的树状结构,不胜其烦。从空间位置上,它们分处于原材料仓库、生产车间和产成品仓库、反应罐等不同的空间位置。从实物形态上,存货会分别表现为固态、液态和气态等各种形态。

这还只是对静态分类的描述,从动态来看就更难把握了。通过厂内运输、传送带和管道等转移方式,存货的空间位置会不断变动。通过生产加工过程,不同形态的存货之间还会相互转化。在这样的不断产生形态变化、也不断产生位置移动的情况下，若想从头到尾地观察到传承有序的实物流，肯定是令人眼花缭乱、不得要领的，也不可能形成总体印象。

11.2 现金流的统一视野

反过来，偏重于观察现金流，效果就完全不一样了。对实物的明细管理当然还是必要的，不过，会计对存货采用的是金额核算与数量核算并行登记的方式。完成这种双重记录之后，接下来作动态描述时，在物理上不断形变、在空间上不断位移的实物流就不再重要，因为已经统一表现为现金流了。图11-1"存货的现金流表现"表明了处于储备过程的原材料、处于生产过程的在制品和处于销售过程的库存商品之间关系，本期减少对应着下一阶段的本期增加，指向右上的斜箭头代表在三大阶段之间的现金流动，已销售并得到现金的存货成本被注销后，转化为主营业务直接成本，进入"赚钱与分配总表"，尚未销售的存货直接成本则进入"现金流平衡表"，成为期末余额，留至下期。可见，存货流动一旦转化为"一切向钱看"的现金流，就呈现出眼中"空洞无物"的清晰图像，"本来无一物，何处惹尘埃"，这是何等之高的境界！所以，在一般情况下，公司管理层只需关注现金流，就足以形成对公司存货管理的观感或印象了。

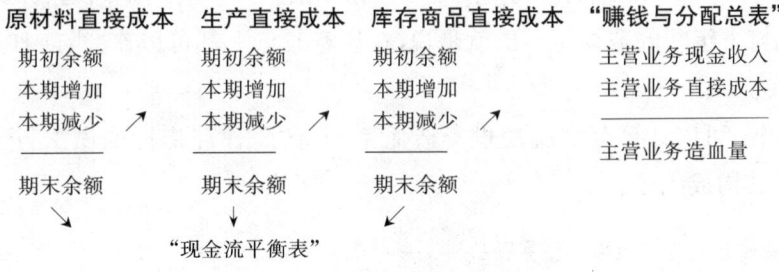

图11-1　存货的现金流表现

在前述的"现金出/实物进"采购节点和"现金进/实物出"销售节点之间，本来并没有实际的现金流动，如何将实物流数据如何转化为现金流数据？这是通过直接成本核算来实现的。直接成本核算始于原材料直接成本的减少，终于库存商品直接成本的增加，以在各账户间归集与分配历史成本的方式,不间断地追踪存货在企业内部的运动变化,从而能将公司内部的实物流转化为用广义现金流表达,使主营业务直接成本可以和主营业务现金收入对比,在"赚钱与分配总表"上回答"本期赚不赚钱"的问题,并与"现金流平衡表"上的期末存货一起,最终勾画出"静动两相宜"的总体图像。

对于制造业而言,"生产直接成本"阶段又在内部细分为许多现金池之间的流转,整个内部流转过程构成"直接成本核算"的内容,将在第20讲《直接成本核算要义》中展开讨论。

11.3 从直接成本看存货流动投资造血率

回到造血量与其他非货币资产的"目标与手段"关系上来。研究本期"未分配总赚钱"的构成,实际上牵涉公司资源的优化配置问题。围绕存货管理而进行的生产经营活动,是工商业企业的主流程,在厂房、机器设备等长效贵重资产已经到位、已经形成预定生产经营规模的前提条件下,在存货上的"流动投资造血率"就成为重要指标。

为了和银行存款等投资常用的"年利率"相对应,我们也以1年作为计算的基准周期,不过需要提请注意的是,由于大管理会计报表是动态的,可以天天出报表,所有的期间数据(如年度现金收入等)并不必拘泥于日历年度、日历月度等。只要以当前日作为期间终点,向前划定365天作为期间起点,就可以统计此前1年间的数据了。也就是说,在任意时点上都可以作"当前日年度"分析。

首先,可以计算存货流动投资造血率,并仿照杜邦指标的做法,进一步地细分其构成因子:

$$\text{存货流动投资造血率} = \frac{\text{库存商品年造血量}}{\text{存货流动投资平均占用}}$$

$$= \frac{\text{库存商品年造血量}}{\text{库存商品年直接成本}} \times \frac{\text{库存商品年直接成本}}{\text{存货流动投资平均占用}}$$

$$= \text{直接成本造血率} \times \text{直接成本流动投资年周转次数} \quad (1)$$

分别考察每一种库存商品,分别计算其"造血量",可以根据管理会计明细账整理出"库存商品造血量计算表"(表11-1)。

表 11-1　　　　　　　　　库存商品造血量计算表
　　　　　　　　　　　　年　月　日— 　年　月　日

投资项目/生产线	库存商品品名规格	主营业务现金收入	主营业务直接成本	库存商品年造血量
生产线 1	A			
	B			
	C			
	小计			
生产线 2	D			
	E			
	小计			
	总计			

表 11-1 中年造血量为负的库存商品是使公司持续"出血"的伤口,除非有让其继续存在下去的充分理由,诸如"先抢占市场先机,占主导地位后再提价",或"即将完成的技术改进会使单位直接成本降到单位售价以下"之类,应当刻不容缓地关停并转此类"现金黑洞"业务,没有进一步分析的必要。

其次,还需要知道用在存货流程上的"流动投资平均占用",它是由"原材料直接成本""生产直接成本""库存商品直接成本"和"结算性项目净值"这四项构成的,在账上都可以查到每日余额,并自动计算得到平均占用。

库存商品年直接成本可以从表 11-1 的"主营业务直接成本"总计取得。

"直接成本造血率"表明在每一元直接成本投入上,赚到了多少钱。"提高单位现金售价"和"降低单位直接成本"是两个努力方向,都大有文章可做。例如,提升单位售价的有效途径之一是品牌经营,通过长年累月的努力,在顾客心目中建立一种感情或信仰,使他们愿意用更多的钱来买某种品牌的商品,此时产品质量、成本等都不是重要的考虑因素了。降低单位直接成本的基本思路则是"增产节约"。由于增产,原料需要量大,可以提高采购时讨价还价的能力。节约则导致单位成本的直接降低,改变原料配方、改变下料方式、改变生产工艺,利用价值工程重作产品设计,等等,都是有效途径。

"直接成本流动投资年周转次数"则表明流动投资一年只赚一次是不够

的，要做到"货如轮转"，流动投资在一年内的周转次数越多，每一元直接成本投资上赚到的钱就越能成倍数地增加。根据公式(1)，实际上就可以得到从哪个方向改进的启示。

11.4　存货流动投资周转天数研究

"直接成本流动投资年周转次数"与周转的时间有关。

在生产之前，有原材料的采购、整理验收和进仓待领的过程，要占用时间；

在投入生产后，要有必要的加工时间，为了加工要移动各种物料的位置，也要占用时间；

在生产完成后，又有质量检验、包装和验收等环节，需要占用时间；

库存商品要等待销售，销售后要完成发出商品的过程，向顾客结算收款，都需要时间。

在这里，流经各个环节上的货币资金数额是各不相同的，在采购阶段是原材料直接成本；在生产阶段，要加上直接人工工资和其他直接成本；在生产完成后，还要加上包装等费用。在每个阶段所经历的时间也各不相同。从理论上说，在所有环节上，每一笔流转金额乘以其流经各该环节的时间，其和就构成了在生产经营主流程上的货币资金占用。而根据公式，这"存货流动投资平均占用"直接影响到流动投资报酬率，也需要设法降低。现代管理的"零存货"理念认为，在物料上占用的时间，有的能带来增值，如生产加工过程是必不可少的"增值时间"；有的则不能带来增值，如商品积压是无效占用的"非增值时间"。理想化的物流过程，是由供应商将原材料按时按量直接送达生产车间，可望降低储备占用。经过生产加工后，在车间包装后直接运送给顾客，也可望降低产成品占用。若能如此，在主流程上的流动投资占用就可大大降低，这是管理工作的努力方向。

生产经营过程是在时间上"依次继起"的行为，一批又一批原料相继投入生产后，一批又一批库存商品相继送到顾客手中，"库存商品年直接成本"代表一年内通过的"流量"。但是，在某一个时点上，如在年底那一"瞬间"来考察,原材料、生产成本和库存商品等又表现为空间中的"同时并存","存货流动投资占用"代表在该时点上的"存量"。"库存商品年直接成本"和"存货流动投资平均占用"两者都是基于直接成本计量的,是完全属于同一口径的"流量"与"存量"的关系。"直接成本流动投资年周转次数"也就有特别的分析意义,那就是还可以用来推算出"存货流动投资周转天数"。

$$存货流动投资周转天数 = \frac{365 \text{天}}{直接成本流动投资年周转次数}$$

这个指标表明,流动投资需要几天才能完成一次周转,因为可以用来与实测的理想化生产经营周期对比,就具有很强的实用意义。

基本的想法是,一批产品从付款采购原材料开始,到卖出库存商品收回货款为止,是肉眼可以观察到的过程。将这一过程"理想化",假设所有的小业务流程都是在合理的时间内完成的。例如,不难测算出,正常情况下,从付款到收料要 3 天,投产到产出要 10 天,包装要 1 天,发货到收款要 10 天,等等,也不难排出各个小流程之间的先后关系和并行运行关系,如果整个过程中没有任何阻碍因素发生,从最先开始的小业务流程起算,到最后结束的小业务流程完成为止,就是完成主流程需要的"理想"周转天数。那么,"流动投资周转天数"与"流动投资理想周转天数"之间的差异,就是"现实"与"理想"的差距,尽可能缩小这个差距,是公司长远的努力方向。

在最大通过能力既定的情况下,为了"日进斗金",就要设法做到"货如轮转",最大限度地提高现金流的"速度",从而提高流动资产的投资效率。但是,这并不是轻易就能做到的,管理是通过下属的工作来达到预定目标的行为,只靠少数高管的努力工作是无济于事的,然而,由于专业化分工,现代组织已经形成了庞大复杂的"科层化"结构,专业化分工在带来效率的同时,也会盘根错节而产生负面影响,使得整个组织缺乏流程管理意识,这应当是实际周转天数与理想周转天数之间有差距的最重要原因。要推动全局性的加速,需要引入企业流程再造的思想,将在第 13 讲《造血量与结算性项目》专门研究。

11.5 从现金收入看存货流动投资造血率

无论是从"直接成本",还是从"现金收入"的角度观察"存货流动投资年造血率",就像观察同一枚硬币的两面,都是有用的。现在,从"现金收入"的角度观察。从表11-1"库存商品造血量计算表"中取得"库存商品年现金收入"的合计数,将"存货流动投资造血率"计算式,用"库存商品年现金收入/库存商品年现金收入"代入后,整理后可得以下公式:

$$存货流动投资造血率 = \frac{库存商品年造血量}{存货流动投资平均占用}$$

$$= \frac{库存商品年造血量}{库存商品年现金收入} \times \frac{库存商品年现金收入}{存货流动投资平均占用}$$

$$= 现金收入造血率 \times 现金收入流动投资年周转次数$$

从这一计算式可知,首先是现金销售价格要有足够大的赚头,"现金收入造血率"越高越好;其次是要做到"现金收入流动投资年周转次数"越多越好。"库存商品年现金收入",是从许多在不同时点上收到的金额统计而来的,许多相关职能部门的工作效果,当然会影响和改变其金额及其收到时点。例如:

在单价不变时,产量增加有利于该指标增加;

在产量不变时,卖出好的单价有利于该指标增加;

产品的内在技术含量有助于提升销售单价,有助于该指标增加;

应收账款管理的催收工作做得好,会增加当期的销售现金流入,或提前收到现金的时点;

市场营销有助于提升销量,从而有利于使该指标增加;

品牌经营的影响力有助于"价量齐升",大大影响该指标的增加;

物流配送畅通无阻,逆向而来的现金才会有源源不断的基本保证;

……

所以,这要求有一个相互配合得很理想的综合性工作系统,将在第14讲《造血量与责任中心》进一步讨论。

第12讲　造血量与投资项目

现代公司最常见的是业务多元化，多种生产经营项目同时进行。例如，既有自营的生产经营业务，也有对外的长期股权投资业务；自营业务本身还有个"边生产，边建设"的问题，发现生产能力不够了，又要追加投资，扩充规模。结果会有这样的情况，其中有些项目有造血量了，但又被用于投入其他项目了；或者是在同一项目中，本来在现有规模上已经有造血量了，但为了扩充，这些钱又被用于购买追加的厂房设备了。这表现了管理层为"长期可持续赚钱"所作的努力。因为如果不这么做，企业只管"守成"，一再放弃新的投资机会，后果就是可以预见的：现有赚钱项目失去竞争力而清盘之时，也是公司关门之日！

12.1　长期投资决策的必要性

公司的钱都是从一个个项目中赚到的，现在正在造血的项目，都是过去投资决策的结果。可见，不断开拓新项目，不断追加投资往往是有道理的，是为了长期地、可持续地赚钱。可以说，从公司创建时的初始项目开始，经过持续不断的项目投资决策，决定了公司的"规模"或"厚度"，逐步地勾勒出公司运作的总轮廓，也大致确定了公司的核心价值和社会影响力。各种商品的生产经营、各种理财产品的设计、各种保险产品的精算、各种服务性业务的构想等项目，最好有所超前，在现金收入造血率或直接成本造血率方面具有优势，才能具备长远的竞争力。

除了启动新项目的投资决策，还要考虑项目投资后可能要做的调整修正问题。即在运营过程中，还要监控其运行结果，以便保留和及时扩大项目，及时淘汰造血量为负的项目，所以，在投入运行后，需要定期对这些项目重新启动评估，根据实际经营状况，分别作出"关停并转扩"等决策，这种在过程中重新启动的评估，也是长期投资决策的内容。

12.2 长期投资决策的现金流诊断

我们现在投入现金,是为了将来收到更多的现金,固然不错。但是想象一下,整个公司中,不断有项目赚钱了,同时也不断地把赚到的钱又投入新的项目,其结果可能互相抵消,从公司整体上看,造血量就是零甚至负数。这种"在空间上同时并存,在时间上不断继起"的投资状态,完全可能成为一笔糊涂账:本期不赚钱,是因为扩大投资了,如果下期还不赚钱,也是因为又有新投资了,如此"明日复明日",企业整体究竟赚不赚钱?已经投资的某个项目究竟赚不赚钱?也就成为永远无法回答、甚至永远不必回答的问题,这已经成为企业界(特别是上市公司)极为普遍的现象。所以,尽管新增投资是有道理的,最可能被伤害的却是股东的"知情权"。

考察造血量,要和一定的期间相联系。还在建设期间的项目当然不宜用这一指标来考察,但对于已经进入正常运营的公司,一年或更长的考察周期就是适当的。对于新增投资,我们当然愿意相信那是个好项目,将来会赚出钱来。但无论如何,如果:

公司在过去的 1 年中确实没有产生造血量,

公司在过去的 2 年中确实没有产生造血量,

……

公司在过去的 n 年中确实没有产生造血量。

这更是谁也否认不了的事实,而且没有造血量的周期越长,人们就越有理由怀疑该公司是个现金黑洞,这就需要公司管理层想方设法来"自证清白"。

在投资项目可行性研究中会列出每期预计的现金流入和现金流出,在项目投产后,本来很容易验证该预计是否准确的。但因为财务会计只能提供利润流数据,不能提供现金流数据,这就造成长期投资决策从来就得不到精确的反馈,成为"半截子"的管理行为。常听说有些项目投产后,出现财务会计所描述的"巨额亏损",实际情况往往是该项目的长效贵重资产(固定资产)投资额很高,财务会计无中生有地计算的折旧费用也就很高,当虚构的本期折旧费超过了真实的本期正数造血量时,"亏损"假象就出现了。那其实是很误导人的,明明本期还在赚钱,充其量只能说是"大投资,小赚钱"而已,凭什么就说是亏损了? 所以,大管理会计要组织对长期投资决策实际效果的持续追踪,我们从现金流诊断的角度来想象某一个长期投资项目的全过程。

开始时是投资期,先要大把花钱,设计、基建、安装设备,培训员工,等等,直到投产为止;投产后,开始会有营业现金收入,当然也会有相应的营业现金支出,经过一定的期间,当本期的现金收入超过了现金支出,这多出来的部分就是项目在本期内赚到的钱,当然,这时离全部收回投资还早着呢;

这样的过程持续下去,总会达到某一天。到这一天为止,围绕项目的全部现金收入等于全部现金支出,这时候就叫收回投资了,原始投资"本钱"都收回来了。从这一天开始走上顺境;

最后,从第一笔投资开始,直到项目停业清盘为止,这个总期间的全部现金收入减去全部现金支出,就是在这个项目上的全部造血量了。

如果不考虑这个期间有没有通货膨胀,这样的算法当然是无可置疑的。

按投资项目分别核算的结果,可以从表 12-1 来考察,表中的预算数可以从投资项目可行性报告中的"现金流预测"部分取得。至于"实际数",还未投入正常生产经营的项目,其现金收支情况可通过投资项目下的"在建工程"等账户归集和取数。已投入正常生产经营的项目,项目的收入是"主营业务现金收入",项目的支出是"主营业务直接成本"和专用于该项目的长效贵重资产支出。以商业与制造业项目为例,现金收入和直接成本可从表 11-1"库存商品造血量计算表"得到,其专用的长效贵重资产支出,则可从"长效贵重资产"账户,依据每项资产标明的所属投资项目取得。

表 12-1　　　　　投资项目现金预算与实际对照表

　　　　　　　　　　年　月　日— 　年　月　日

投资项目	期初累计		本期现金流入		本期现金流出		本期造血量		期末累计	
	预算	实际	预算	实际	预算	实际	预算	实际	预算	实际
合计										

将每个投资项目视为"现金池",期初累计如果为负数,则表明此时原始现金投入尚未全部收回;如果为零,表明恰好收回;如果为正数,表明原始现金投入已经收回并赚到了钱。至于"本期现金流入"和"本期现金流出"的对比,表明项目对本期造血量的影响。在这样明晰的信息基础上,管理当局自然能方便地对投资项目采取"关停并转扩"等措施,尽可能使公司净现金流入最大化。实际数与预算数的对比,其间的差异还可以揭示已投产项目的可行性研究水平,有助于不断提高项目现金流预测的精确度,也就提高了长期投资决策的水平。"投资项目造血量报告"(表12-2)是表12-1的简化版,逐一表现出各投资项目/生产线的现金收支情况。这样,高层管理究竟把钱花到哪里,是不是用在"现金黑洞"项目上,每个投资项目当前造血量如何,便可以清浊自见了。

表 12-2　　　　　　　　投资项目造血量报告

年　月　日— 年　月　日

投资项目	期初累计	本期现金流入	本期现金流出	本期造血量	期末累计
合计					

如果投产后的某个项目的本期造血量为负,意味着公司还需要提供输血量,理论上是不能再玩了,要尽快改善现状,或考虑立刻停产。如果造血量为正,哪怕金额不多,至少也说明目前该项目还能继续往下走,经过努力或许还有时来运转的可能,不必急于作出关停之类的改变。

从表12-2可以看到,在本期造血量为正时,要收回锁定在这个项目上的长效贵重资产投资,也要收回项目在过去期间所接受的输血量,最后,还要从这个项目上得到剩余的造血量,才算功德圆满。期初累计和期末累计为负时,表明在项目上的投资还未完全收回。假设本期为1年,某项目期末累计为负,本期造血量为正,那么,公式

项目投资回收期＝(一期末累计)÷本期造血量

就可以告诉我们，按照该项目当前的年造血量，还需要多少年才能收回全部投资。

12.3　投资项目的划分原则

划分"投资项目"是对"事"的观察，追根究底地说，公司的钱是从一个个投资项目上赚来的，这些投资项目的造血量所构成的"合力"，决定了公司的全局性现金流状况。所以，为了客观准确地反映其赚钱能力，要求投资项目的"边界"清晰，项目之间不要有频繁的资源转移，尽可能做到其相关的现金收入和现金支出都是对外的原始状态，"一个项目，现金收支两头在外"是最理想的。为此，划分项目的原则大致是"宜粗不宜细"。

举例来说，常见的企业管理模式都会设个储运部门，需要占用场所、车辆、人员和现金等资源，统管企业的物流进出。假设公司共有10个投资项目，其中有5个投资项目的运营需要其提供服务，另外5个完全不需要。我们面临的难题是，为了和不需要储运部门服务的投资项目站在"相同的起跑线"上接受评估，储运部门的资源占用和费用开支如何在需要其服务的投资项目间公平分配？

在管理会计的理论上，当然可以设计各种"内部转移价格"，但由于这笔支出是5个投资项目之间动态变化的过程，再加上未来不可知的变化（如有新项目又参与进来），此类用于分配的"价格"会很快地失去说服力，从而不再适用。有效的解决思路，大抵上是将切不开的、业务上有持续资源转移关系的投资项目适当归并在一起，建立"事业部"。同时，适当拆分原有的供应、仓储和运输部门，分别划到各事业部之下，也就可能达成现金收支"两头在外"了，这是一劳永逸的做法。

这样，无论是买下来晒太阳的地产项目，钱投出去就等着收现金股利的长期股权投资项目，可以锁在保险箱的理财产品，还是要占用大量资源的自营生产项目，等等，都一律以现金收支两头在外的"原始状态"示人，便于统一考察和准确评估。在对投资项目依据"现金收支两头在外"原则作了划分后，还是难免有偶发性的项目之间资源转移，仍可以视同现金交易，在内部作"划拨结算",但是转移的必须是该资源的原始直接成本,不能有"虚"的加成部分在内。

　　这里还有个"切换"核算的问题。如果是新办企业,从开办伊始便采用大管理会计核算,完全有可能在在表中逐一项目地体现"期初累计,本期现金流入,本期现金流出,期末累计",要满足股东的知情权就完全没有问题。至于在实施内账之前已有多年历史的公司,由于投资项目/生产线的期初累计额是多年逐步积累下来的,现在突然要为每个项目去清理出多年前的历史旧账,的确有些难度。对于此类公司,具有可操作性的方式是:确定一个开始实施的时点,无论新老项目都从该时点开始,从零开始来累计。这样,对原有的老项目,只能考察这一时点之后的发生额和累计额,看不到期初累计(须在报表上特别标明);而在这一时点后投资的新上项目,在投产之后,自然就有了期初累计数可供观察了。

　　在长期投资决策进入执行期之后,由于情况会不断发生变化,管理层必须酌情对原有投资项目/生产线不断进行"关停并转扩"等决策,也就不断会有作为生产经营配套设施的长效贵重资产的作用降低了,甚至从生产经营中"游离"出来,不再发生作用,所以有必要随时关注其利用率和完好情况,当其利用率降低,甚至不再有用时,应及时处置,以便及时回收现金,这也是很重要的资源配置措施。

第13讲 造血量与结算性项目

大管理会计核算是只认现金收入的。先发货后收款时,会计上要记录的是发出商品直接成本,还在别人手中的应收款项并不靠谱,所以只作为备忘录登记下来。对于支出的处理原则有所不同,假设公司用赊购来的原料制造产品,并已销售收款,尽管此时还未支付该笔应付原料款,却是应该被计入这笔收入的"直接成本"中的。也就是说,在计算"未分配总赚钱"时,除非想赖账不还,没有任何理由将"应付而未付"的款项作为已经赚到手的钱。所以,无论本期是否已经实际支付了,因为是自己掌握的,都可作为直接成本或间接费用处理。两种处理方式表面上虽然不同,却都是基于"可控性"的判断原则,并无矛盾。本讲讨论结算性项目的管理。

13.1 结算性项目的特殊性

结算性项目是由结算性债权和结算性负债构成的。其中的结算性债权最好以第三方支付方式来保障,避免产生收不回来的坏账。当结算性项目的净值大于零时,说明"人欠我"的更多,占用了公司的资源;净值小于零时,说明"我欠人"的更多,短暂性地利用了各类往来客户的资源,是相当有利的。

在结算过程中,有"人欠我"的,当然也要有"我欠人"的。将"结算性债权"和"结算性负债"按其构成成分,整理为如表13-1所示的"结算性债权与结算性负债对照表"。可以看到,结算性债权与结算性负债的明细项目,有的构成大致相等,有的则互有多寡。尽管目前还缺乏实际数据的验证,理想化的管理结果,应当是两者相当接近,即结算性项目净值接近零,甚至是净值为负。如果不是这样,说明公司还有待对结算项目管理进行深入分析,加以改进。

表 13-1　　　　　　　　　结算性债权与结算性负债对照表

结算性债权	结算性负债	备注
发出商品直接材料	应付原材料净价	大致上数量相同,金额相等
发出商品直接工资		
发出商品其他直接成本		
应交增值税销项税额	应交增值税进项税额	销项税额大于进项税额
预付账款	预收账款	
	应付职工薪酬	应付福利费有常年余额
	应付股利	
	应付利息	
	应交税费(非增值税)	
其他结算性债权	其他结算性负债	

根据公式：

$$\text{本期造血量} + \text{存货直接成本增量} + \text{投资项目增量} + \text{结算性项目净值增量} = \text{本期未分配总赚钱}$$

综合起来看,在总赚钱的构成中,结算性项目是唯一有可能不占用货币资金还能提供造血量的项目。而且,结算性项目适用的是"尽可能早收到现金,尽可能迟支付现金"的原则,只和速度有关。"尽可能多收到现金,尽可能少支付现金"的原则对其并不适用,因为收到或支付现金时,已经不是结算性项目了。可见,对结算性项目如果管理得当,对造血量直接提供了重要贡献,是不可忽视的。结算性项目既然横跨"采购结算"与"销售结算"两端,中间的生产过程又与两端密不可分,相互影响,实际上牵涉企业流程如何加速的问题,这就应该先认识组织的"科层化结构",才能知道从何下手,如何下手。

13.2　科层化结构的利与弊

我们先从在街头为顾客量体裁衣的裁缝说起。首先,他要从路过的顾客手中接下活儿,为他量好尺寸,商定衣服款式、所用的布料辅料,取货的时间和要收取的费用等。然后,要亲自去采购。再然后,经过设计、裁剪和缝纫,抽空在约定的取货日前做好了。最后,让顾客试穿满意,收取预定的款项。所有这些事,都是他独自完成的。每一件事都要从头做起,做完一件事刚觉得上手后,又要换另一件事了,效率自然不可能太高,赚钱也就有限。如果他能接下的活计有很多,是不是有更好地完成方式呢?

套用现代管理的说法,这位裁缝是以一人之力而完成了销售、采购、设计、下料、加工和售后服务等诸多职能。这些活动,或者需要按照先后顺序来完成,或者可以并行地同时完成。根据其间的关系,如果能让更多的人来参与,并且各司其职,应该会有不同的结果。1776年,亚当·斯密在《国富论》中曾描述了劳动分工的效率:

> 我见过这样一个小厂,那里只雇用了10个人,因此有些人担任两三道不同的工序。但是他们虽然很穷,因而必要的机器也装备不足,在奋力而为时,却能每天造针12英镑。每英镑将近有中等大小的针4 000枚。因此,10个人每天能制针48 000枚。每个人制造48 000针的1/10,就是每天制针4 800枚。但是如果他们全都独自分别工作,没有一个人受过这种专门业务的训练,那他们肯定不能每天制造出20枚针,或许连1枚针也造不出来;这就是说,肯定不能完成他们现在由于适当分工和各种不同操作的结合所能完成的工作量的1/240或许甚至不能完成其1/4 800。

这种由于劳动分工而使同一数量的人所能完成的数量得到巨大增长,是由于三种不同的情况:第一,由于每一个工人熟练程度的提高;第二,由于节约了从一种工作转向另一种工作普通所丧失的时间;最后,由于发明了很多的机器,便利和简单化了劳动,使一个人能干许多人的活。

劳动分工的好处是如此明显,以至于在今天,大多数企业和机构,以及政府管理体制都是围绕着劳动分工、专业化分工的核心而形成的。在这种模式下,当业务需要发展时,整个组织的规模往往是沿着横向和纵向两个方向,依次交替地膨胀的。

第一,在横向上,是增加做相同事情的员工数量,如1个班组长从原来管3个人,扩大到管6个人。但这有个"管理跨度"的限制,也就是从理论上说,一个人所能直接管理的人数有限,人太多时就管不过来了。

第二,在纵向上,是增加管理层级。当1个班组长的管理能力达到极限时,只能多设几个相同的班组,让更多的班组长来管理更多的员工。由此产生的要求是,要有人来管理这更多的班组长,这样就产生了工段长的中间层级。

第三,更进一步,工段长同样要受管理跨度的局限,当他所管理的班组长过多时,又要多设几个相同的工段,让更多的工段长来管理更多的班组长,从而,这更多的工段长又需要有更高的层级来管理。

……

如此这般不断发展的结果,是形成了"科层化结构"。在大中型公司里,从最高管理层到最下级的人员之间,等级链相当漫长。以下的"科层化结构示意图"(图 13-1)只表现了 3 层的管理层级结构,实际情况都远远不止 3 层。不过,无论公司的管理要经过多少个层级,无论有多少人要参与其中,最有用的还是莫过于街头那位裁缝原来所做的那些事。就该图而言,请记住,只有最底层的从 E 到 J 的业务主流程(即从供应商开始,到顾客为止的过程)对于顾客才是提供了价值的,理所当然地成为分析的重点。

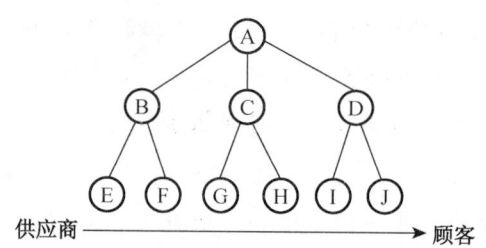

图 13-1　科层化结构示意图

凡事有利必有弊,专业化分工在带来效率的同时,不可避免地也带来一些问题:

第一,增加了控制和协调的难度,各部门之间要靠各种各样的报表和凭单来沟通,其编制和传递需要经历漫长的过程,有时甚至适得其反,阻滞了流程的速度。

第二,由于专业化分工,还隔断了部门间的相互了解,使人们视野狭窄。在企业组织里,到处都可以看到精通本职工作,对本部门情况了如指掌的员工。但是,一跨越职能就不行了,对全局性业务流程胸有成竹的人物凤毛麟角,难得一遇。员工的关注点只是集中在内部,在自己所做的事情上,对外部顾客的关注反而被淡忘了,许多人把自己的工作做得很好,但不知道自己的工作是如何影响别人的,如何保证别人的工作也能顺畅进行。

第三,尽管组织已经形成架床叠屋般的结构,仍存在"有事没人管",或"一事多人管"的情况。以海边的红树林滩涂为例,根据职能划分,涨潮时归海洋局管,退潮时归国土局管,每天两次"城头变幻大王旗"。而林业局则是以不变应万变,坐看潮起潮落,只要盯着滩涂上那一片红树林就行。至于具体管不管,怎么管,就全看相关部门的心情如何了。

前已述及,整个公司真正为顾客提供价值的,是处于图中最底层的"主流程",本该使它畅通无阻地运行,才能不断地为顾客提供价值,这是毫无疑义的。但是,同样从"科层化结构示意图"中可以看到,这个主流程在管理上又是支离破碎的,任意两个小业务流程之间,都没有正式规定的直接沟通渠道,E 和 F 之间要通过其共同的上级 B 来沟通,E 要和 H 沟通,则要先上报 B,通过 B 和 C 之间的信道,再从 C 转到 H 才算完成。有时候甚至要直达最高层的 A,经由其组织沟通协调才能完成工作。图示只表现了 3 层的结构就已如此不畅通了,更何况对于大中型公司来说,有 5 层、6 层或 6 层以上管理等级链的比比皆是!可以想象,这个过程是需要大大小小的各种"请示—审批"才能完成的,如果再加上争权夺利的现实因素,"请示—审批"制度会衍生出 2 个、3 个乃至无数个,形成大小利益集团交错重叠的现象,人人都想管的事,最后是没人管的事。在这样的公司管理结构下,生产经营主流程要时不时地产生"堵车",也就可想而知是很正常的了。

应当坦率地说,专业化分工下的企业文化,很容易演变成"一亩三分地"文化,在每个"科层化"节点上的管理人员,只关心自己分管的"地盘"里的事,不断地深耕细作,不断地精益求精。一旦超出单个职能范围,凡是需要跨越 2 个或 2 个以上职能部门的,这个流程就没有人去关心。所以,这些流程往往是"自生自灭"式地形成的,是在需要完成某项特定任务时,几个职能部门一合计,应付性地凑合出各部门怎么相互配合的"流程"。一旦可以把任务处理完成,"以后就这么定了",其中有什么问题,是不是最优,从来就没有人再回顾过。而随着业务的不断扩展,出现过不去的事了,再打个"补丁"应付过去,流程就是在原有残缺不全的基础上,"补丁"加"补丁"地成长起来的,只要再次把任务应付过去了,同样是没有人去作整体思考的。然而,顾客不得不面对的,正是这个漠视顾客感受的不顺畅的流程。

13.3 企业流程再造的思路

发现这个问题后,从20世纪80年代开始,兴起"企业流程改良"之风,即试图对企业流程进行连续的、渐进的改善。但是到了20世纪80年代后期,许多公司发现这还不能彻底地解决问题,需要有更大的变革,因此出现了"再设计 Re-design""再思考 Re-think""重组 Re-organize"和"重构 Re-structure"等热潮,哈默博士于1990年提出的"企业流程再造"(Business Process Re-engineering),最具完整性和纲领性,号称新的工业工程。所谓企业流程,是指企业为完成某一目标而从事的一系列跨越时间和空间的逻辑相关活动的有序集合。哈默博士认为:

企业的使命是为顾客创造价值;

为顾客创造价值的是企业流程;

企业的成功来自优异的流程业绩;

优异的流程业绩要有优异的流程管理。

认识到这个关键点后,需要不断地反省:为什么要做这一件事?这样做是否增加产品的价值?为什么要以这种方式做?通过反省,会发现原来有许多认为理所当然的、心照不宣的假设和规则,往往是站不住脚的,从而发现改进的方向。大致有以下思路:

(1) 横向集成活动。潜在的假设是需要专业技能才能应付某一种业务,导致职能部门增多。

(2) 纵向压缩层级。潜在的假设是低级员工不负责任并缺乏独立能力,需要监督,导致从事非增值活动的人员过多。

(3) 推行并行处理。流程多样化,适用于不同情况 如预算审批可以区分大、中、小的额度,分别授权给不同层级的人员掌握。

（4）减少审核、校对等控制。

（5）充分利用信息技术。让员工可以跨越空间，随时查询各种工作指南，自主工作。

（6）单点专人接触顾客。如现在很流行的"首问负责制"，让客户得以绕过重重关卡，顺利地办事。

当时福特、IBM、通用等纷纷报道了采用流程再造后所取得的成效，据说一般在 1～2 年内收效，平均降低成本 48%，降低次品率 60%，缩短时间 80%。某著名电脑公司下属的信贷公司是为购买电脑的客户提供贷款的，各部门依次的业务流程和职能如图 13-2 所示。原来整个过程平均需要 7 天，还时有发生文件丢失的现象，致使需要贷款买电脑的客户因无法等待而流失了。为了解决这个问题，有位公司副总曾试着亲自走了一趟流程，发现"一路绿灯"的话，其实只要 90 分钟便可完成。经过企业流程再造，所采取的措施是：由"多面手"的员工在数据库和专家支持下一站式完成，最后，每单信贷业务平均用时缩短到 4 小时。

推销员　→接收台　→信贷部　→业务部　→核价部　→办公室　→地区销售代表
提出申请　→记录申请　→查询信用　→制作合同　→确定利率　→寄出批准书→信贷赊销

图 13-2　电脑信贷公司的业务流程

第 14 讲 造血量与责任中心

在第 12 讲《造血量与投资项目》中已经强调，钱都是从一个个项目中赚到的，这里也还要强调，每一个项目都是由一个或多个责任中心来管理的。公司作出长期投资决策，在投资项目投入生产经营后，由谁来管，怎么按预算进行管理，以确保赚钱，就提上议事日程。不同于投资项目是对"事"的管理，责任中心是对"人"的管理。翻开传统管理会计教科书，只能看到作为最终结果的"责任中心报告"，对于这之前从哪里取数、如何作数据处理等都是绝口不提的。因为最大的疑惑在于管理系统的 IPO（input-process-output）难题，没有人知道从哪里取数，要作什么处理，最后要提供什么有助于考核的信息。本讲探讨的"造血量责任中心"制度，又是大管理会计可以获得实质性发展的领域。

14.1 长期投资决策与短期经营决策

随着长期投资项目的实施，厂房、机器设备等长效贵重资产已经到位，形成预定生产经营规模时，某个项目就进入投产状态。接手的实际经营者关注的只是：在既定的项目生产经营环境中，如何设法产生更多的造血量，所以这和"短期赚钱"有关。公司当然可以有伟大的理想，但是首先要确保在到达终极目标之前还能好好活着。除了属于"输血"行为的融资手段外，更重要的是各个项目自身产生的造血量，确保足够的现金流支持，以避免"出师未捷身先死"的遗憾。

在一定意义上，管理就是决策，而企业管理中的决策大致可以分为长期投资决策和短期经营决策。实际上，现在正在为公司赚钱的运营项目，就是过去长期投资决策所留下的既定结果。而如何尽可能管好运行中的项目，多产生造血量，就牵涉责任中心的"短期经营决策"了。还有必要指出，投资项目和责任中心的范围未必一致。两者有可能完全重合，如单阶段的生产过程就由一个责任中心管理。但更多的是一个项目由多个责任中心分别管理,如顺着生产线上下游"铁路警察,各管一段"。或一个责任中心同时参与多个投资项目的管理,如质检部门同时管理多个项目的产品质量。

举个较为极端的实例也许有助于说明两种决策的区别。大中型城市一般都要建设会展中心,由于种种原因,这些投资项目都会偏于奢华,造价很高,在可行性方面经不起"投资回报率"之类的考核,但从宏观方面考虑又确有必要建设,所以往往由市级财政承担投资,这属于"长期投资决策"的事。而在会展中心投入运行后,由于项目本身在经济考量上是"先天不足"的,这长期投资既然不是接手的经营团队自身决定的,当然也不应该让其接受"投资回报率"之类的指标考核,因为肯定没人愿意陪你这样玩。所以,可行的做法是对经营团队事先作出限制性要求和必须上缴的金额,在现有条件下由经营团队去自主经营,而经营团队做的决策就是短期经营决策了。

管理在本质上是通过他人行动来达到自己预定目标的行为,公司高管即便有三头六臂也做不了所有的事。所以,无论制定得多理想、多严密的计划,都需要员工发挥主观能动性来实现。需要根据具体的供产销等诸多情况,不断作出决策,确保符合长期目标。短期决策的种类繁多,一般是由各责任中心来自主完成的,如何建立合理的考核体系,以便充分激励和调动员工的积极性,便成为管理会计的重要课题。

14.2 责任中心的划分

一般而言,公司高管的意志要通过一个逐步向下分解的"目标—手段链"来达成,即上级为达成目标,要采取一些手段;而上级为完成任务所采取的这些手段,就成为下级要达成的目标,下级也要相应地采取一些手段;这些手段又成为其下属的目标……这样逐层地向下分解,直到最底层的员工为止。

公司要完成"赚钱"大目标,也要借助"目标—手段链"来实现。例如,对于公司高管来说,为完成本年总赚钱1 000万元的目标,作为其手段之一,需要确保有5 000万元的现金销售收入;这就成为销售主管要完成的目标了,销售主管的实现手段则是,要求"东西南北中"5个销售中心各完成1 000万元的现金销售收入;更进一步,5大销售中心的经理领命后,要求……如此这般,一直到最底层的销售员工为止。

从现金流诊断的角度看,现金收入是要有人去促成的,现金支出也是应有人要求而支付的,实现"赚钱"总目标无非是要求增收节支,落实到公司内部各单位上,要求只是"尽可能多收现金,早收现金;尽可能少付现金,尽可能迟付现金";最后又可以不作任何调整地以代数和形式"合成"在一起,回归到造血量上,这就是"造血量责任中心"考核所依据的基本依据。

从对公司造血量的直接贡献而言,公司内部的任何一个部门(或班组,乃至员工个人)只可能属于下述两种情况之一:

(1) 其活动既产生现金收入,也产生现金支出,例如销售部门;
(2) 其活动不产生现金收入,只产生现金支出,例如行政部门。

在对各部门按管理层级作了划分之后,就可以将"有收有支"和"无收有支"这两类情况包括在内,简洁地以"造血量责任中心"来统一描述。划分"造血量责任中心"的基本要求是"完备性",这个完备性体现在两个方面:一是要能确保把企业的每一笔现金收入和每一笔现金支出都分割完毕,或者说每一笔现金收入和现金支出,都要有具体的归属,可以直接认定到某个"造血量责任中心"上;二是要确保每一位员工都有其所归属的责任中心,"责任中心"重在对"人"的考核,各种职位的员工接受各种薪酬,有不同的资源支配权,承担不同的工作,所以划分时的原则是"宜细不宜粗",其间还可以通过"内部划拨"来再分配,才能充分发挥对每个中心乃至个人的考核与激励作用。

公司的现金收支业务种类繁多,为简明起见,可酌情设立未必有直接"责任者"的特殊中心,如专门设立一个"综合中心",把不容易认定到其他中心的杂项现金收入(如得到综合性的奖励)和杂项现金支出(如偶然性地被罚了款),以及纯属现金内部流转的业务(如现金解交银行),等等,都归并到这个特殊中心上,起到"回收站"的作用,也就满足了"完备性"的要求。

划分造血量责任中心的好处是,只要把"增收节支"分解为"尽可能增收现金,尽可能早收现金"和"尽可能少付现金,尽可能迟付现金"的道理,并通过各种细化的指标,与员工的现金奖惩结合起来,即使是低层的员工也能马上明白,并在工作中身体力行的。例如,在本部门需要买电脑时,会主动推迟申购,或将笔记本改为较便宜的台式机。这就很自然地把公司赚钱的总目标转化为全员的目标了,效果当然更好。1980年代,中国的一些国企曾经试行过"代金券"方式,即企业内部互相领用资源时,要用专门印制的"代金券"作为"货币"来交换。下达生产任务时,向车间发放领用原材料所需的"代金券",车间从仓库领多少料,就按内部结算价支付多少"代金券",如果最后有节余了,则可据以发放一定比例的材料节约奖金,"论功行赏"。目的就是在员工心目中形成"现金收支"的概念,建立"厂内银行"结算体系,是相当有益的尝试。责任中心的决策,只要属于如下状况之一,其结果均是有利的,很容易判断。

(1) 收入增加,同时成本降低;

(2) 收入增加,同时成本不变;

(3) 收入较大幅度地增加,同时成本较小幅度地增加;

(4) 收入不变,同时成本降低;

(5) 收入较小幅度地减少,同时成本较大幅度地降低;

(6) 间接费用减少;

(7) 资金使用效率提高。

实施"造血量责任中心"当然是为了考核,根据"责任中心团队是否可以施加控制"的标准,有两个简明的基本原则:

第一,在实施前不必"清产核资"。

从可控性角度看,为某个责任中心提供哪些长效贵重资产,以方便其开展工作,是上级"长期投资决策"的既定结果,是在实施开始前,或责任中心团队进驻以前就定好的,不是责任中心团队可以控制的。例如,上级硬要为某个责任中心配备造价极昂贵的写字间,或者配备天价买来的生产设备,然后要看其"投资回报"如何,那是没有人陪你玩的。上级可以寄希望于责任中心团队的,只能是在既定环境下,责任中心团队通过"短期经营决策"可以施加影响的、与本中心有关的现金收入与现金支出,无非是"尽可能多收入现金,尽可能少支出现金;尽可能早收到现金,尽可能迟支付现金"而已。所以,双方可以就提供什么样配套设施环境,先"讨价还价",确定后再开始实施。当生产经营规模必须扩大时，也可以有理有据地要求上级再作新的"长期投资决策"，追加提供配套设施。但是，仍然不宜过分注重"投资回报"。责任中心团队可以控制的，主要是营业现金收入和营业直接成本，以及一部分工具性、替换性的长效贵重资产（如电脑、办公家具等），哪些收入和开支要由责任中心负担，也需要事先列明。

第二，考核过程中不分摊上级管理费用。

这同样是由于可控性原因。上级管理费用不是责任中心团队可以施加影响或控制的。由于管理需要或战略需要，在企业中会有许多注定"只会花钱不会来钱"的部门或人员，如研发部门就是其中一类。这些部门或人员开支的现金直接导致造血量减少均须单独列出。由于提升赚钱额的途径无非是"增收"和"节支"，根据管理会计"零基预算"的思想，对此类中心重在论证其存在的必要性，"该做什么事，该给多少钱"是应当明确规定的。特别是其中某些项目金额极大时，是关注的重点，又必须进一步分析，以提请高层管理关注。所以，把这些开支分摊给下级责任中心，反而容易掩盖其中的不合理支出。

14.3　造血量责任中心的核算

大管理会计的常规核算要产生两大报表，在这过程中当然也采集了一些有助于管理的明细数据。但是还不够，为了满足专题性的现金流诊断要求，账户体系设计时需要事先考虑到特定的取数要求。就造血量责任中心而言，是要在特定的环节上，对数据事先作出标记。例如，在处理行政管理人员的工薪业务时，如果这些人员分属 5 个责任中心，也要同时如实地标明每个中心各发放了多少。

所以进入造血量责任中心的专题核算时，第一步是根据标记筛选与各责任中心有关的记账凭证，将流水数据直截了当地分别认定归集到具体的责任中心账的"本期收入/本期支出"栏里，数据来源可以填上"账务处理"（见表 14-1"行政责任中心账簿"）。这样我们可以很直观地知道，原始状态的现金收入和现金支出与哪个责任中心直接有关。

表 14-1　　　　　　　　　　行政责任中心账簿
　　　　　　　　　　　年　月　日—　年　月　日

数据来源	凭证日期	凭证编号	摘要	本期收入	本期支出	造血量累计
			期初余额		190 000	－190 000
账务处理	（略）	（略）	管理人员工薪		20 000	－210 000
内部划拨	（略）	（略）	办公设备维修费		1 000	－211 000
本期合计						
期末余额						

还要考虑的是"内部划拨"问题。现金收入是由公司内部某一责任中心出面而收到的，该中心常是赚到此笔收入的主要贡献者，但有时也未必；现金支出也是应公司内部某一责任中心的要求而付出的，该中心常是此笔付出的主要责任者，但有时也未必。换言之，出面对外收取现金或对外支付现金的部门，未必就是真正的责任人，所以"一般处理"后，原始状态的"现金流入/现金流出"往往还不足以满足考核的要求，所以需要有第二步，即进行造血量责任中心之间的内部划拨结算。更重要的是，出于模拟市场核算的目的，为了考核各责任中心对公司的造血量贡献，也需要作各种内部划拨，我们就以某报业集团为例进行分析。

假设某报业集团办有日报、晚报和财经报等三家子报。除管理部门外，有个供应中心负责采购与物料保管事宜，有个印务中心负责三家子报的印刷事宜，有个发行中心专门负责三家子报的发行事宜，有个广告中心专门负责三家子报的广告事宜。如果将这些部门都作为造血量责任中心，凡是难以认定的杂项现金收支都归属于管理部门。这样，原始状态的现金收支是：

发行中心、广告中心和管理部门既有现金收入，也有现金支出；

供应中心、印务中心、日报、晚报和财经报都只有现金支出。

原始状态的现金收支是客观的现金流事实，要这样将每笔现金收入或现金支出认定到各中心上，由于还有"综合性中心"可用于包容有的收支，也是不难做到的。不过，直接认定后的现金流数据并不见得有用，令人疑惑的是：

三家子报的全部广告收入是由广告中心出面收取的，通常要占报业集团总收入的绝大比重，广告中心却只需要几位开票人员和广告版面设计人员，该中心的员工会不会误以为所有部门都是自己养活的，所以要求重奖？

发行收入也是由发行中心出面收取的。不过目前报纸订费都不高，征订和送报又是实实在在的活儿，收到的钱未必能剩下多少。

另外，印务中心承担了纸张、油墨、直接人工等所有印刷费用，却永远是"只会花钱不会来钱"的，该中心的员工会不会因此老是灰溜溜的，特没成就感？

更重要的是，对三家子报而言，其各自的发行收入和广告收入，是市场对其办报效果的直接反馈，到底是哪家对报业集团的贡献最大？

所以，在已知责任中心原始现金收支状况基础上，还需要更进一步的调整。基本思路是，可以根据各中心相互的实际贡献，视同内部现金交易，在各"造血量责任中心"之间进一步作"现金划拨"。以本案例而言，可以这么设想：

广告中心只是广告收入的出面收取者，顾客之所以选择某一家子报做广告，是对其办报影响力的认同，所以广告中心可以按三家子报广告收入的预定比例（如测算后定为5%），留下来作为自己代接业务和版面设计的"现金收入"，其余的分别在账上"内部划拨"，还给三家子报。这样，名至实归，三家子报就有广告收入了。

发行中心也只是发行收入的出面收取者，同样可以按三家子报发行收入的预定比例（如测算后定为60%），留下来作为自己上门征订、上门分发报纸等的"现金收入"，其余的分别在账上"内部划拨"，还给三家子报。这样，三家子报也有发行收入了。

印务中心可以按三家子报的印张大小、印刷要求等，根据测算，分别预先确定印务单价，乘以印张数，向三家子报收取印务费用，这样也有了自己的"现金收入"。与此同时，三家子报也有了印务方面的"现金支出"。

供应中心可以根据根据发票价格加上预定的加成（如2%），确定为物料的内部划拨单价，乘以各中心领料数量，从各责任中心名下内部划拨过来，作为自己的"现金收入",与此同时,相应的各责任中心也多了物料消耗的"现金支出"。

……

诸如此类的"内部划拨"行为,实际上是有理有据的"再分配",可望准确反映每个责任中心的业绩,在完成了这一"再分配"之后,由于如前所述的"完备性",公司的造血量就是所有部门造血量直接汇总后的代数和,极为简明。所以,要在直接认定现金收支的基础上,进一步用虚拟的"内部现金划拨"凭证加以调整,将双方相互提供产品或劳务的行为,视同"内部现金交易","有收必有付,收付必相等"地在双方名下同时作"内部划拨"。而作为划拨依据的,大致有如下三种形式。

一、按内部转移价格划拨

在传统管理会计的文献中,对内部转移价格已有相当深入的探讨。需要注意的只是,制定内部转移价格时,以生产直接成本为主,即直接材料、直接人工和其他直接成本,而将生产间接费用作为直接成本的加成部分列入考虑,这可以避免因管理效率的差别而影响测算的准确性。半成品有相应市场价时,可以参考市场价格;也可以由交接双方商讨,经过测算和"讨价还价"后确定。

属于制造部门的,责任中心的现金收入以内部转移价格为依据,现金支出则以直接成本核算数据为主要依据,但其中,它接受的上游产出品也是以内部转移价格计价的。具体地举例来说,假设某责任中心生产半成品 A,它向下游转移了 1 000 件半成品 A,视同内部交易,预定的内部买卖单价为 10 元,那么其现金收入为 10 000 元;半成品 A 的直接成本为 6 000 元(包含以内部转移价买进的上游产出品),那就是它的现金支出,从而该中心的造血量是 4 000 元(10 000－6 000)。要满足这个需求,从数据处理的角度看,只不过预先将生产直接成本下的"直接材料"细分为"内部产出品"和"外购原材料"两类,前者是接受上游工序转来的产出品,后者是本工序耗用的外部购进原材料。此后,当进入责任中心核算时,要求系统重走一次直接成本核算过程,把每个责任中心用到的内部产出品单位直接成本替换成"内部买卖单价"而已,并不存在多大的难度。

有收有支的责任中心,其努力方向有二。首先是增产,产出品数量越多,按内部转移价格计算的收入越多;其次是节约,所耗用的上游产出品和直接原材料越少,成本就越低。所以,通过考核造血量的方式,能有效地同时激励增产与节约的行为。

二、按事先约定的金额划拨

现金收支责任中心之间,还可以酌情采用双方约定的金额来划拨。例如,对两个或两个以上"现金收支责任中心"合作完成的某项业务,出面收款的中心事先承诺,愿意分给其他合作方若干金额,并给出"内部划拨凭证"作为依据。这样就提供了更大的灵活性,既适用于不易确定内部划拨价格的多品种小批量业务,也适用于非工商企业的情况,以及各类偶发性业务。对于这些业务,没必要花费代价来制定内部转移价格,双方就事论事地讨价还价,达成共识就行了,这也可以作为很容易就僵化了的"内部转移价格体系"的有效补充手段。

为便于各现金收支责任中心之间的内部结算,公司可以设计"内部结算划拨单据",由双方责任中心主管签署,作为允许从本中心名下划出现金给对方的依据。这可以促进分部之间"模拟市场核算"的氛围,而且灵活易变,适应性强。表14-2是内部结算划拨单据的参考格式。

表14-2　　　　　责任中心内部结算划拨单据
年　月　日

划出中心:行政责任中心	划入中心:维修责任中心
主管签字:(略)	主管签字:(略)
内部结算事由:办公设备维修费	
内部结算划拨金额:1 000	

三、按事先约定的金额比例划拨

造血量责任中心之间,也可以就某一收入或支出金额,事先确定一个划拨比例,作为双方内部结算的依据。如上述报业集团案例,广告收入划拨,就是按各子报广告收入的95%,从广告中心划出去,还给各子报作为自己的广告收入的。

根据以上的各类划拨依据,数据来源标为"内部划拨",此类记录在当事一方账簿上作为收入、同时在另一方账簿上作为支出。完成以后,各责任中心账上的核算数据也就完整了(参见表14-1"行政责任中心账簿")。

14.4 造血量责任中心报告

经过上述的两个过程,就有了"客观事实的"和"内部划拨的"两类现金收入/现金支出记录。围绕每一个现金收支责任中心,都有了其名下的现金收支记录,就有可能分别归集在一起,观察每一中心的每一笔收支及对抵的情况,体现该中心的造血量,如表14-3所示。在该表中,责任中心 A 和责任中心 B 已经开始赚钱,责任中心 C 还处于投资阶段,至于综合中心 D,就是前述的"回收站",由于把不易认定的现金收支都归属在此,需要逐笔分析才能看清问题所在。在此不必细谈。在这样明晰的信息基础上,管理当局自然能方便地对责任中心及时撤并,并采取激励措施,促使其增收节支,尽可能使公司造血量最大化,也就提高了经营管理的水平。

表 14-3　　　　　　　　造血量责任中心报告
（　年　月　日—　年　月　日）(略)　　　　单位:万元

责任中心	期初余额	本期收入	本期支出	本期造血量	期末余额
责任中心 A	10	20	10	10	20
责任中心 B	1 100	3 000	1 950	1 050	2 150
责任中心 C			200	−200	−200
综合中心 D			600	−600	−600
	1 110	3 200	2 760	260	1 370

根据"造血量责任中心报告",公司高管可以针对各责任中心部的性质,分别采取不同的考核方式。例如,既有现金收入又有现金支出的中心,以"本期造血量"为主要指标;只有现金支出却没有现金收入的中心,其造血量为负,根据管理会计"零基预算"的思想,首先要论证其存在的理由,也就是确定"业务责任",然后才确定支出预算的上限,作为考核基准。这样,配合奖惩措施,让每一位员工承担一定的"责、权、利",巧妙地完成公司"造血量"自上而下的分解,并能反向"自下而上"地衔接起来。所以,造血量责任中心

是公司高管实现目标的重要手段,为了完成上级下达的目标,责任中心团队的员工要各司其职,承担起自主完成生产经营短期决策的任务。

"造血量责任中心报告"也对各责任中心团队的决策提供了明确的信息支持。由于责任中心的经营活动配套设施是既定的,在计时工资制下,人员安排一般也是确定的,形形色色决策的目标,无非是想方设法提高本期造血量。例如,在生产能力有富余的前提下,对于"是否接受订单"的短期决策,判断标准就很简明了,只要看该订单能产生多少造血量,就很容易判断是否值得去做:

$$直接现金收入 - 直接现金支出 = 订单造血量$$

14.5 业务考核指标体系

有些造血量责任中心是"有收有支",也有许多是"有支无收"的,不管是哪种类型,在其现金支出预算确定后,更重要的考虑显然是,这些责任中心,或更细地说,这些员工应该做好什么事?由于专业化分工隔断了部门间的相互了解,使人们视野狭窄。所以,到处都可以观察到配合得不好的现象,例如:

销售部门只管签下订单,至于价格上能不能赚钱,能不能按时交付商品,似乎与自己关系不大。

生产计划部门只管下达生产计划,至于产品是否适销对路,目前积存还有多少,似乎与自己关系不大。

制造部门以生产效率为第一考虑,怎么顺手就怎么安排,不太关心订单在品名规格、交货时间和交货数量上的配套需求。

采购部门不重视物料的齐全配套,有时就因缺一种原材料而全线停产。

……

只提出"该怎么做"的努力方向是不够的,还要回答"由谁来做,该做什么,做这些事需要什么支持"的问题。现金支出预算当然是支持条件之一,除此之外,由于许多业务都要在别人工作的基础上完成,设计业务考核指标体系的难点就在于,要充分体认到业务流程中相关职能之间的互相支持关系,并体现为具体的指标要求。在第13讲《造血量与结算性项目》曾点出"加强流程管理"的要求。其实质就是,要站在顾客的立场上,在公司内部通过精心设计,不断消除"梗阻",不断理顺上下左右的关系,形成一个严谨的业务考核指标体系,使所有员工都知道自己该做什么事,该如何确保别人做什么事,消除"有事没人做,有人没事做"的状态,最终是形成共同服务于顾客的"守望相助"文化,这应该是企业流程再造后的理想化结果。

在1950年代初以后很长的一段"计划经济"时期中,由于无须过多考虑外部市场问题,中国企业管理研究的重点自然而然地转向内部,因此形成在企业内部实施精密管理和核算的传统,为现代管理会计提供了有益的众多案例,是值得重视和推广的。事实上,在考核员工业绩时最常犯的错误,就是只给出"有团队精神,工作态度好"之类不着边际的评估,依此论功行赏的话,只会引发员工与主管、员工与员工之间的矛盾,因此需要制定出业务考核指标体系,越是低层职位,其业务责任就越能细化地表达,而这是要由相关的主管和员工深度参与,共同制定的。

以首都钢铁公司在20世纪80年代的"经济责任制"为例,称为"包、保、核"体系,包是全面包、层层包、包到人,把首钢对国家承担的经济责任和全部管理业务层层包到每个厂矿(处室)、车间(科室)、班组,一直到每个职工肩上;保就是在包的同时,还要保,把企业内部单位之间、岗位之间的互保条件,也逐级落实到人,成为经济责任制的一项重要内容;核就是对每个单位、每个岗位的包、保任务,都要逐条制定具体的考核办法与分配挂钩。

这样,就在首钢内部形成一个宝塔形的包保核体系。塔尖上是首钢对国家承担的经济责任。1983年,首钢对国家承担的经济责任包括4条:

上缴利润逐年递增;

国家计划产量和产品调拨量全面完成;

按国家批准项目进行技术改造;

职工物质文化生活得到相应改善。

第二层是首钢公司将自己承担的经济责任和各项管理业务分解到厂矿、处室一级,扩展为1 325条;

第三层是厂矿、处室把自己对公司承担的经济责任分解到车间、科室一

级,扩展为 29 886 条;

第四层是车间、科室将自己承担的经济责任再分解到班组,扩展为 69 529 条;

最后到岗位,即落实到每个职工肩上,扩展为 235 684 条。这已经是最细节的内容了,如表 14-4 所示。

表 14-4　　　　　炼钢厂天车司机岗位经济责任制

项目	责任制内容	考核办法
一、指标	1. 产量 (1) 不得发生因操作、纪律、岗位等原因影响炼钢生产; (2) 不得发生因操作原因造成停车; …… 2. 质量 (1) 不得发生废品; ……	每影响 1 分钟扣 1 分,大于 60 分扣 100 分;停车每 10 分钟扣 2 分; …… 因操作原因造成废品每吨扣 30 分; ……
二、岗位责任	1. 严格执行操作规程; ……	违反安全操作规程,按违规登记,扣除当月全部奖金; ……

这种分为五层的包保核体系,既包又保,包保结合,每一层的单位之间、岗位之间互相联系,互为条件,把企业全体职工的生产经营活动有机地、协调地组织起来,做到了把企业对国家应负的经济责任,和职工参与决策制定的企业经营目标和各项管理业务,层层落实到人。(资料来源:首钢经济研究所《首钢 1983 年经济责任制资料汇编》)

也就是说,除了现金预算之外,还要结合具体的生产经营和行业工艺特点,顺应着精密设计的业务流程,设计业务考核指标体系。使每位员工能够清楚地知道自己"该做什么,不该做什么",从而有助于生产经营流程顺畅高效地进行。这样就形成"现金收支"和"业务指标"并存的双重考核体系,现金预算既是后者的支持条件,又成为后者努力的目标。

第15讲 造血量与现金流调度

公司理财的目标有高低之分,最高纲领是充分支持"短期赚到钱"和"长期可持续赚钱",最低纲领则是确保资金链不断裂,让生产经营顺畅进行。理财的聚焦点在于货币资金,公司货币资金的三大来源,原始业主投资和筹资性负债都只是对公司的"输血行为",在计量上也不成问题,因为在货币资金进出公司时都有明确的记录,可以回答"已取得多少原始投资",或"已欠下多少筹资性负债"等问题。但在此之后,公司的自主运营产生了多少可资理财运用的货币?历来却无人可以回答,三大来源独缺其一,难免令人困惑。现在造血量概念既然已经给出了答案,本讲只在现有成果基础上,进一步研究造血量与现金流调度的关系。

15.1 生产经营波动与资金筹措配置

在正常的购销节奏中,项目投资、原料采购和销售收款等各种现金流业务时有发生,使公司的资金需求量不断地发生波动。在这过程中,一方面,持有充裕的货币资金,可以满足企业的不时之需,确保生产经营和投资活动的顺畅进行,不至于因现金不足而被迫中断。但从另一方面看,如果仅仅为保证资金链不断裂而持有过多的货币资金,只能得到活期存款利率,虽然也算一种"投资",却是回报最低的,显然不合算,最好寻找机会,通过投入实际经营而得到增值。因此,围绕货币资金管理,是"确保经营安全性"和"提高赚钱效能"两者之间的矛盾,如何确定一个"最佳"的现金持有量,使得既能够满足短期要求,确保资金链不中断,又能满足长期要求,不让现金过多过久地闲置,体现"短期赚钱,长期可持续赚钱"的目标,这就是理财活动的目标。

首先要测算资金需要量。我们可以从当前日开始向前划定一个"当前日年度",从账上取得非货币资产的每日余额,就可以绘出本年度非货币资产金额波动曲线,波形就和每天的股票价格变动类似。假设市场环境和公司业务没有变动，在这样的前提下，曲线的最高点就是最大资金需求量，最低点是最小资金需求量，非货币资产平均余额就代表平均的资金需求量。选择最高点来配置资金，大致不会有断流的风险，但资金回报低；选择最低点来配置资金，就可能时时需要筹资，疲于应付，但利用效率高；在这两个极端之间，还有不同的各种组合可供选择，如按平均点配置资金，风险与回报则介于两者之间。如何选择，如何评价理财政策，并没有一定之规，也不是专家们能给出建议的。即使选择高风险高回报的组合，玩得好也可能涉险过关，那就是回报最大化了。所以，首要的问题是，公司准备或者愿意承担多大的风险，如何管理风险，理财问题实际上是风险控制的问题。

一般而言，要区分长期的和短期的非货币资产类型，然后为长期的非货币资产配置相对长期的资金来源，为短期的非货币资产配置相对短期的资金来源，这样可以把精力集中于经常变动的短期资金需求，是规避风险的理财原则。

第一，相对稳定的非货币资产，需要配置较长期的货币资金来源。

所谓"相对稳定的非货币资产"，是指将在较长期间持续占用货币资金的部分，主要有长期股权投资、长效贵重资产、在建工程、工程物质、其他长期投资项目，以及存货中的"常规占用部分"，也就是在正常的生产经营规模中，原材料、在产品和产成品总要保有一定的库存量，需要持续占用货币资金的最低限度的"额度"，在"非货币资产资金占用曲线"上，大致是最低的谷底所在点。

对于相对稳定的非货币资产，与之对应的理想资金来源有原始业主权益、长期借款、应付债券，以及未分配赚钱额中目前已经"冻结"投入再生产，不拟用于分配现金股利的部分，这个份额可以由董事会决定。

第二，波动较大的非货币资产，可以用短期性的资金来源来补充。

波动较大的部分，大抵有：(1)结算性项目净值。即结算性债权与结算性负债两者对抵后的结果，当结算性债权大于结算性负债时，就需要用货币资金来补充；(2)存货中的"非常规占用部分"，即由于各种产生波动的原因，原材料、在制品和产成品的库存量有可能临时性地超过上述常规占用部分，也需要有临时性的货币资金来补充；(3)其他短期投资项目，往往是这些投资项目极为有利可图时,需要筹措资金以便投入。

对于此类波动较大的资源占用,与之对应的资金来源有短期借款、其他筹资性负债、应收票据贴等等,"未分配赚钱额"中未明确"冻结"的部分也可参与短期周转。

15.2 现金流调度的基本模型

现金流调度要管理每天都在频繁进出的现金收支业务,无论金额大小,货币资金总是一笔一笔地收到,也是一笔一笔地支付出去的。管理会计特别重视"可控性",货币资金总是到账了才能算数,还在别人手里的钱,只能尽力去促成早日收到,绝不能误以为到手了,所以对于资金供应来源,只能提供一定程度的预测。而因为明天才能收到的现金不能用于今天的支付,这就使现金流调度成为在特定时点上"量入为出"的行为,最低限度的目标是确保资金链不断裂,让生产经营活动得以持续进行下去,而这是需要有工具来支持的。

表15-1是现金流调度的基本模型,在计算机实现后是相当实用的。它的基本功能是将现金需求与现金供应撮合在一起。随着时间的流逝,货币资金余额在不断变动,到期债务不断偿还,所用的期间甚至可以根据管理上的需要,缩短到按天计。对表上横向的各列说明如下:

表 15-1　　　　　　　　现金调度的基本模型

业务说明	对方名称	预期资金来源		现金及尚可使额度			支付需求
		输血量	造血量	货币总额	可用额度	预算支付	
股东投资	李劲松			+1 000 000	+1 000 000		
应付账款	供应商 A						+20 000
应付账款	供应商 B						+300 000
支付单 1	员工工薪						+40 000
预算支付	供应商 B				−300 000	+300 000	−300000
执行支付	供应商 B			−300 000		−300 000	
贷款额度	工商银行	+1 000 000					
应收票据	顾客 C		+100 000				
预算支付	员工工薪				−40 000	+40 000	−40 000
票据贴现	供应商 A		−20 000				−20 000
取得贷款	工商银行	−200 000		+200 000	+200 000		

(续表)

业务说明	对方名称	预期资金来源		现金及尚可使额度			支付需求
		输血量	造血量	货币总额	可用额度	预算支付	
执行预算	员工工薪			−40 000		−40 000	
偶发付款	环保罚款			−50 000	−50 000		
当前合计							

（1）业务说明：与现金支付预算有关的各类业务的简要说明；

（2）对方名称：一般而言，总会有与当前现金收付业务有关的对方当事人，如从何人那里收到现金，或将现金支付给何人，等等，如有的话，均列在本栏目中，可以使线索清晰；

（3）预期资金来源：预期可能到账的资金来源，可以区分为输血量和造血量两大类。前者的例子是未用完的银行授信额度，后者的例子是内账核算中作了备忘记录的应收还未收到的款项。如应收账款、应收票据、应收现金股利等，只要会计核算中事先记录了"到期日"，就可能纳入模型；

（4）现金及尚可使用额度：为了调度方便，除了掌握"货币总额"信息以外，由于批准支付（预算支付）和实际支付（执行支付）之间，很可能有时间差，但一旦批准支付，就要确保有足额的现金存在，不能又用于其他业务，所以需要有"预算支付"栏，来锁定已经列入预算但目前尚未实际付出的部分；这样一来，未列入"预算支付"的其余货币资金就可以用"可用额度"来表现。也就是：

$$货币总额 - 预算支付 = 可用额度$$

（5）支付需求：本栏用于表现需要支付现金的各种业务，只要会计核算中记录了"到期日"，就可能纳入模型。当前余额代表预期支付而尚未列入预算支付的总金额。

在对横向各栏作了介绍后，我们围绕一些典型业务来说明是如何使用的。

（业务1）股东投资：股东李劲松投资1 000 000元，体现为货币总额和可用额度同时增加。

（业务 2）应付账款：应向供应商 A 支付货款 20 000 元，根据到期日从会计账上自动取得数据，支付需求增加。

（业务 3）应付账款：应向供应商 B 支付货款 300 000 元，根据到期日从会计账上自动取得数据，支付需求增加。

（业务 4）支付单 1：劳资部门申请支付员工工薪 40 000 元，支付需求增加。

（业务 5）预算支付：将对供应商 B 的支付申请纳入预算，所以，预算支付增加，可用额度减少，支付需求减少。这时，货币总额虽然不变，其中有 300 000 元已经被锁定，不允许另作他用了。

（业务 6）执行支付：实际支付已纳入预算的供应商 B 货款，货币总额减少，同时预算支付也减少，表明该预算支付已经执行完毕。

（业务 7）贷款额度：得到工商银行 1 000 000 元的授信指标，输血量增加。

（业务 8）得到顾客 C 的应收票据 100 000 元，从应收款项备忘记录中自动取得数据，造血量增加。

（业务 9）应收票据背书后交给供应商 A，充抵货款，应收款项减少，支付需求减少。这是用应收票据直接去满足支付申请单的，并未动到货币资金。

（业务 10）实际取得工商银行的贷款 200 000 元，输血量减少，货币总额增加，可用额度也增加。

（业务 11）实际支付已纳入预算支付的员工工薪，货币总额减少，预算支付减少，支付需求减少；

（业务 12）偶发性付款。因环境污染被强行罚款，没有先纳入预算支付就直接划走了，货币总额减少，可用额度也减少。此类业务因不管当前是否还有可用额度，在资金特别紧缺时，有可能使其他已纳入预算支付的项目无钱可用，打乱资金调度，是应当尽力避免的。

在这个现金流调度的基本模型中，针对每一种特定业务的性质，会作出特定的增减操作记录。从这一系列数据中，随时可以得到各栏目的当前结存数、各种支付需求是否已经得到安排、各个相关的对方单位往来情况等信息,从"预期资金来源当前合计+可用额度当前结存"和"支付需求当前结存"对比,还可以大致判断供需差额,及时发现资金来源是否满足资金需求。在某一时点上量入为出,也就可以有效防止资金链断裂的情况。当然,这只是简要介绍它是如何工作的,为了投入实际运用,需要通过计算机程序来实现,而由于实际的业务种类繁多,这一模型还会复杂得多。

账务
处理篇

在经历了从"利润为王"到"现金为王",再到"赚钱为王"的两次思想进化后,大管理会计核心理念与财务会计已难以调和,有必要另起炉灶,自己设账,它需要服从的只是理性的思维逻辑,可以不受拘束地原创设计,向"会计科学化"的目标发展。所以,"内账"和"外账"是并行的关系,两个核算系统之间还保留的,只是相当有限的技术联系。

在公司实务中,本来就有专职人员在从事各类内部管理报表的编报,但没有凸显赚钱核心,而且账表设计随意性很大,不成严谨的体系。本篇描述的大管理会计"核算规程"将给出直观印象,说明一系列新报表、新财务指标是怎么经过这个核算体系而得到的,"有账就是不一样",对于实际从事账务处理的人员,会起到正本清源、提纲挈领的指南作用。

与传统管理会计可以空谈"价值创造"、回避计量与核算不同,大管理会计一旦设账核算,就必须具有"接地气"的实用性,离开软件工具是完全不可能的。所以,软件工具必须服务于内账核算的目标,在一定程度上,本篇的内容又是对数据处理系统的需求描述。

第16讲　现金流诊断新兴职业

　　从本质上说,现金流诊断是一种基于软件工具进行的管理咨询活动。所以,不同于只能按月度、季度或年度提供报表的传统财务软件,难以实现数据的后续利用;也不同于只能给出管理咨询方案,但缺乏软件工具支持的传统管理咨询,难以推动方案的实施。基于持续运行系统的支持,现金流诊断可以在线直接调用和分析数据,不定时、不定向地提出建议,管理层据此作出决策,调控生产经营。调控结果又在线反映为现金流变化,形成良性循环的联动系统,所以,现金流诊断是一种卓有成效的全新职业。

16.1 "大规模定制"的管理会计软件

　　要提内账核算,当然离不开软件工具。企业管理涉及采购、生产、销售、研发、财务等众多职能,每个企业又分别处于不同的管理水平上,并且在不断进化的过程中。我们从专题性诊断篇的内容就可以推想,企业在实务中可能侧重于个别专题管理,也可能采取全部的专题管理,甚至还会提出创新性的独特管理需求,管理会计软件工具当然必须满足诸如此类的个性化需求。

　　设想软件系统首先需要运行常规核算,自动生成指定期间的"赚钱与分配总表"和"现金流平衡表"两大报表,向使用者揭示"公司本期赚了多少钱",以及显而易见的增收节支方向,这是所有企业需求的"共性"部分。更进一步,还可以基于核算产生的数据,不定时、不定向地作"专题性诊断",向管理层提出"怎样才能更赚钱"的建议,这就取决于企业当前状况,完全是"个性"的需求了。

　　现金流诊断擅长对金额数据作各种不同的分类,从中发现问题。作为信息系统的管理会计,无论如何复杂,最终也不外是数据的 IPO 过程(input-process-output)。首先是输入,要设计数据的逻辑结构与存储要求,确保应该录入的信息都采集到了。其次是数据处理与输出,这就要迎合编制特定报告的目标来定制了。所以，拟议中的大管理会计信息系统是由大大小小的"蚂蚁程序"组成的"程序总汇"，借由"蚂蚁搬家"方式来分别完成不同的数据处理任务。隐含在程序后面的数据逻辑关系决定了每个蚂蚁程序"要做什么"，即从哪里取数，做什么处理，处理结果如何表达。其软件工具必然重在数据流设计，也需要有得心应手的数据筛选工具。

有鉴于此，大管理会计的软件工具应当是"即插即用"（plug and play, PnP）的结构，要求分为"主体插线板部分"和"插件部分"，前者是主框架，不加变动就可以满足用户一般需求，相对稳定；后者则可用于满足用户的特殊需求，针对每一专题诊断的个性需求（从哪里采集数据，采集什么数据，处理什么数据），进行专门设计，开发出"插件"。将两者装配在一起，就能以较小的工作量和较低的技术难度达到"个性要求，快速配置"，取得令用户满意的"大规模定制"效果。

16.2 "现金流诊断顾问"的职业描述

所谓"数据挖掘"，不应该是放任各种信息孤岛软件各行其是，待管理数据乱成"一团乱麻"后，再来研究怎么梳理，怎么提取信息。而应该事先设计"数据仓库"的结构，确保数据能够井然有序地存储，得心应手地调用，胸有成竹地处理。所以在系统定制设计时，就要提前考虑未来可能需要的数据来源。特别是存货、投资项目、结算性项目、责任中心和现金流调度等，如果预见到公司确有必要作某种专题诊断，那么在数据逻辑设计时就要预留数据存取的可能性。

例如，为了得到"库存商品造血量计算表"（表11-1），就要在输入时采集到库存商品所属生产线的分类标志，否则等到要做投资项目的诊断时就无从取数了。再如，为了迎合"造血量责任中心"核算的需求，要预先将生产直接成本下的"直接材料"细分为"内部产出品"和"外购原材料"两类，在进入责任中心专题诊断时，才有可能把每个责任中心用到的上游产出品"单位直接成本"自动替换成"内部买卖单价"，这时系统重走一次直接成本核算过程，就可以给出相关的责任中心报告。

这就产生了对"现金流诊断顾问"的人才需求,现金流诊断顾问是具有新型知识结构的高端会计人员,其基本要求是思维缜密,善于通过数据流设计来表达管理思想:在脑海中"运行"数据流,在总体上把握清楚,知道从哪里取数,要作什么数据处理,最后以什么形式表现出来,提出有理有据的实用建议。

首先,他要在"线下"工作,现场调查沟通,设计适合用户的账户体系和数据结构,必要时提出定制插件的要求,并在投入运行时指导会计人员操作,在这里提供了软件个性化定制和系统实施的服务。

其次,在管理会计系统投入运营后,他就可以在"线上"工作了,利用系统产生的动态数据,持续地监控公司运作情况,不定期、不定向地提供"怎样才能更赚钱"的专题性诊断报告和建议,在这里又提供了管理咨询顾问的服务。当然,这后一部分的工作才更有价值,也更有持续性和可进化性。

现金流诊断顾问的人员构成,一是会计知识背景而又具有"赚钱为王"信念的人士,扬弃某些僵化的财务会计思维方式就可以进入角色了。二是非会计背景但熟悉企业管理的人士,"中国流复式簿记"已经大大降低管理会计的进入门槛,他们同样可以很快地进入角色。

综上所述,现金流诊断顾问身兼"数据流设计"和"提升赚钱能力"两职,既可以在所服务公司谋得稳定并有发展前景的职位,集首席信息官(CIO)和首席财务官(CFO)的工作性质于一身,也可以在电脑公司、咨询顾问公司和会计师事务所等各类机构就职或兼职,依托这些机构的社会资源开拓市场,发挥独特的专业作用。不过,本书的内容只能说是这一职业培训的"会计理论部分",其中还有许多数据处理的细节,不结合软件工具的表达是很难说明白的。所以,有志于此的人士,还需要掌握特定软件工具的用法,实实在在地加深理解,直到能得心应手地利用软件工具作个性化定制时,才足以胜任,而这就属于职业培训的"软件认证部分"了。

第17讲 会计账户与数据采集

管理会计是通过有序的分类数据来"透视管理"的行当。所以,要从怎样对数据分类开始学习,会计账户就是最原始、最基本的分类方式,我们可以比照着个人理财的记录,来加深对会计账户体系的理解。

在银行存折上,有户名和一定的格式结构,分别表现期初的余额、本期发生的增减金额和期末的金额。设想一个人开设几个类似于银行存折的账簿,有的专门登记人民币存款,有的专门登记美元存款并按当前汇价换算为人民币,有的专门登记股票进出并换算为当前市价,还有的专门登记别人欠自己的、自己欠别人的款项……并分别命名,就可以全面掌握自己所拥有的财富了。

17.1 一级账户与数据采集结构

会计也类似,首先要设立"一级账户",用来处理公司的经济业务。一级账户的基本特征是:

第一,"望文知义"。例如,"库存现金""银行存款""应付账款""主营业务现金收入",可以一看就知道代表什么经济内容。

第二,理解数据内容的"关键字"。例如,在生产直接成本下有个A产品,在库存商品下也有个A产品,只有结合一级账户,才能知道区别在于,前者还处于生产过程中未完工状态,后者则是已经完工等待销售了。

第三,"非此即彼"。即它们所代表的经济内容不会互相交叉,一种业务,如果该记在这个账户里,就不会使人混淆而错记到另一个账户。例如,支出的是"库存现金",就不至于记到"银行存款"账户上。

第四,完备性。全部的一级账户构成会计上处理业务的"数据总框架",可以从这个独特的视角完整地透视和理解企业世界。

在一级账户之下,采集数据有"主从结构"和"平行结构"的两种方式。

一、主从结构的数据采集方式

在一级账户之下,根据需要还可以设二级账户、三级账户……直到最低级账户为止。这种结构有个隐含的假设,即"上级账户具有下级账户的共同特征",无论是否存在主从关系,在形式上都必须硬性地以主从关系形式表达,形成"倒树状"。在采集数据时,我们将"资料表"简称为"表",表中的某一条记录简称为"条",需要预先设置"条后接表"的结构。

以一级账户"主营业务现金收入"为例,它是"一级账户表"中的一条记录,设某公司经营化工和钢材两大类商品,那么要有个包含"化工大类"和"钢材大类"的资料表,作为可供选择的菜单,这是第一次的"条后接表"。

以二级账户中的"化工类"为例,如果可分为"化肥"和"油漆"两类,那么要有个包含"化肥"和"油漆"的化工商品资料表,作为可供选择的菜单,这是第二次的"条后接表"。当然,对资料表中的另一条记录"油漆"也要类似地后接它自己的下属分类资料表,就不再强调了。

以三级账户中的"化肥"为例,如果可分为"氮肥""磷肥""钾肥"和"复合肥"四大类,那么要有个包含这四类的资料表,作为可供选择的菜单,这是第三次的"条后接表"。

……如此不断地"条后接表"设置下去,直到最低级的品名规格为止。判断标准是:资料表中的某一"条"记录之后,如果不再对接资料"表",就是最低级账户。这样的数据采集结构,主要是因为会计要负责企业的资产保护,所以还需要有分层的明细账来进行精细的管理,以免被挪用或混用了。

在账务处理时,以"主营业务现金收入"为例,经过不断地往下分层,最后会采集到有关商品的精确数据。

二、平行结构的数据采集方式

从管理会计的角度,对于以一级账户"主营业务现金收入"为标志的销售业务,我们可能还想知道如下种种细节:

这批货是谁经手卖出去的,这就需要有个"销售员资料表";

买走这批货的客户是谁,这就需要有个"客户资料表";

这批货是在哪个省份卖出去的,这就需要有个"销售地区表";

……

其中任何一个资料表,如果强行作为一级账户以下某一级(如销售员作为二级账户类别)的选择菜单,纳入主从结构来采集信息(如"主营业务现金收入－张明发－化工类－化肥－氮肥－尿素"),是可能做到的,但会使这棵"树"的层级增加,更加庞大,也不易理解。因为不是自然的主从关系,所以设想在树状结构的信息采集后,相继地给出这些资料表,表与表之间只有先后关系,可称为"表后接表",在每个表中要求分别选择一条记录,取得的数据也以平行方式存储,会简明得多,这就叫"平行结构的数据采集方式",一般可以作为一级账户的补充信息。

综合两种结构所采集的数据,设商品数量为 1 000 千克,金额为 20 000 元,销售员是"张明发",客户是"富强公司",销往地点是"福建厦门",这笔业务如表 17-1 所示。其中,对"＋/－"与"复合金额"栏的理解,请回顾第 5 讲"5.11 中国流复式簿记"。

表 17-1　　　　　　　一级账户下的两种数据采集结构示意

主从结构	平行结构			＋/－	金额	复合金额	数量
主营业务现金收入－化工类－化肥－氮肥－尿素	张明发	富强公司	福建厦门	－	20 000	－20 000	1 000

通过这样的一条流水记录,事先采集了我们想要保存的、以后可能要用的信息,就可以有灵活多变的各种应用了。例如,要考核张明发的业绩,假设软件找出本期发生的"主营业务现金收入"有 1 000 笔金额,而在这些流水记录中,从"平行结构"下第一栏的文字内容可知是销售员姓名,把其中有"张明发"的流水记录筛选出来,假设满足这一条件的有 200 条流水记录,所有的复合金额相加后取反号,就是该销售员经手的业绩了。在这里,"张明发"可以视为最小的"责任中心"。此外,如果想知道"富强公司"是不是我们的重要客户,为我们贡献了多少营业额,筛选标准改为"平行结构"下第二栏的"富强公司",同样可以借助于数据筛选工具作类似的筛选。

灵活地结合运用这两种数据结构,软件的"主体插线板"部分就可以满足一般性的数据采集、提取和处理需求,如果还有其他个性需求,可以借助于定制的"软件插件"完成。例如,为了"现金流调度"模型的需要,在先收料后付款时,要事先记录下"到期日",在先发出商品后收款时,也要有"到期日"的备忘记录,这都只要有个输入日期的小插件程序就可完成。总之,事前的"数据流设计"是为了便于以后探索"赚钱方向",这些就是"现金流诊断顾问"所要做得相当有意义、也相当有趣的工作。

17.2 数据仓库与数据存取

会计最主要的数据采集入口是记账凭证,请见图17-1"一次性采集两种结构的数据"中的蓝色条走向。库存商品是"一级账户表"中的一条记录,"条"后接的"表"是"商品大类表",该表目前有两条记录,"衬衫系列"条后接的表是"衬衫系列商品名"。(至于"牛仔系列"条后是否接表,接的是什么表,只有蓝色条上移到这一条记录时才能看到)。就我们选择的这一条路径来说,主从结构的数据采集到"丝绸衬衫"为止。接下来的两个表"尺寸表"和"颜色表"与服装价格无关,只是日后可用于分析哪种尺寸、或哪种颜色更畅销,因此不必放在主从结构中,可设计为"表后接表"的平行结构。可以看到,通过事先的数据流设计,记账凭证完全有可能一次性完成两种结构的数据采集,形成一条流水记录。

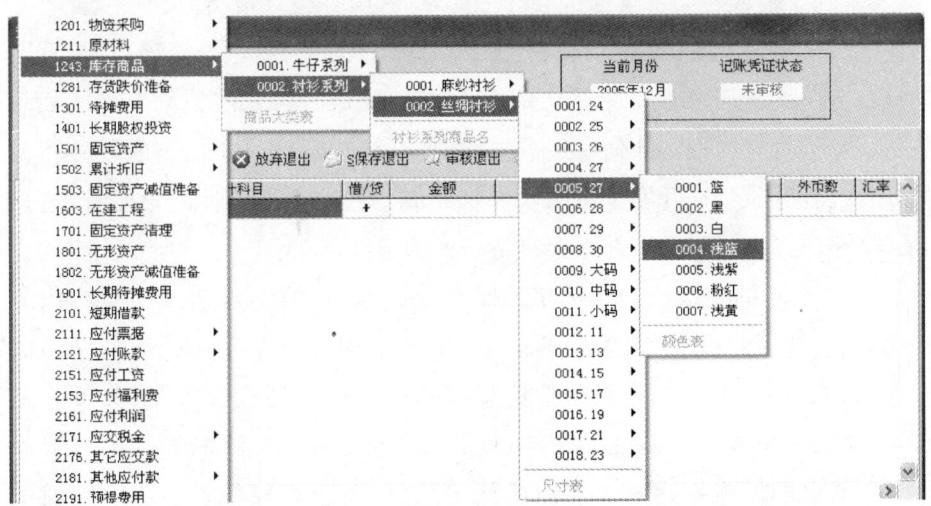

图17-1 一次性采集两种结构的数据

那么,这样采集的数据,以后怎么利用呢?限于篇幅,我们只能想象数据以表17-2的方式存储。假设连同必需的相应编码栏在内,"主从结构"下有 m 列,"平行结构"下有 n 列,此外还有这两种结构之外的其他数据若干,在表中仅以"到期日"1项来代表此类特殊数据,设也有 o 列,加上"+/−""金额""复合金额""数量"以及省略了的"凭证日期""凭证编号"和"摘要"等,假设有 p 列,那么就组成了具有 $m+n+o+p$ 列的大数据表,其中有些列是自动数据处理必备的(与人无关,可以隐藏起来),其余与人有关的列可以集中如表17-2所示。

表17-2 简化的记账凭证数据仓库

主从结构		平行结构		到期日	+/−	金额	复合金额	数量
库存商品	衬衫系列	丝绸衬衫	27	浅蓝		+	60 000	60 000	1 000

该表的基本特点是:

(1)主从结构的数据可以直接用于编制"赚钱与分配总表"和"现金流平衡表",以及组成各类常规性的会计账簿,这和财务会计很类似。

(2)基于这样的数据仓库,专题性诊断篇涉及的存货、投资项目、结算性项目、造血量责任中心和现金流调度等,如果确认有必要实施某一项或某几项专题管理,只要考虑如何筛选数据,在平行结构部分采集约定的各种相关标识,就有可能分别开发专用的软件来完成。从数据流设计的角度看,这只是些较大的"蚂蚁程序",并不会有特别大的难度。

(3)不同的一级账户下的信息结构是完全不同的,在表17-2"简化的记账凭证数据仓库"中,"库存商品"下平行结构的第1栏存储的是尺码信息,在"原材料"下可能是采购员信息,在"主营业务现金收入"下又可能是客户信息……表面上混乱无序,但我们只要结合作为"主关键字"的一级账户,看看该栏的文字内容,就知道什么意思,要怎么取数了。这里体现了人和计算机的区别,联系Excel来理解,计算机软件管理的是"单元格空表",人类注重的是"单元格内容",会计软件也是如此,人类的主导地位是无法取代的。

（4）除了预定的专题管理之外,管理上还会有各种临时性的现金流诊断要求,也有可能利用数据挖掘工具从数据仓库挖掘出来,这还需要有许多平行结构的数据。在业务发生时有预见性地采集数据以后,以图17-1为例,哪怕是想知道"浅蓝"的"丝绸衬衫"是否比"粉红"的在市场上更受欢迎,也是可以通过"数据挖掘工具软件"来给出回答的。简言之,这个挖掘工具可以根据划定期间,调用指定一级账户的流水数据,然后通过改变列排序,删除指定行,删除指定列,配接期初数,导出数据到Excel,记忆筛选操作步骤等功能,使数据利用效果丰富多彩。

主从结构下采集的信息直接列入会计核算,因此随时都有发生额和当前余额等可以查询。平行结构下采集的信息只存放在该条流水记录中,需要知道金额时再借助于数据挖掘工具,筛选出同类的流水记录进一步处理。例如,要考核销售人员的业绩,首先划定分析期间,表达要调入哪几个一级账户的流水记录,这里要的是"主营业务现金收入",筛选出该一级账户下的流水数据,把有销售员内容的那一栏拉到第1列,保留一级账户（关键字在筛选过程中必须保留）和"复合金额"栏,删除其他无关的列,把流水记录按不同销售员排序并分别合计"复合金额",反负为正,就得到基本符合要求的数据,然后导出到Excel后,删除一级账户栏,加上表的标题和时期等,结果如表17-3所示。

一般地说,会计所处理和反映的是一个个的事件,在围绕该事件发生的时空范围里,有许多有助于了解该事件的"特征说明",若能事先采集相关信息,对于"怎样才能更赚钱"往往有实质性的作用。举个冰淇淋生产企业的特例,如果在"主营业务现金收入"下的平行结构中也采集当天的气温信息,从中掌握产品销售数量与气温的相关性以后,就可以根据第二天的气温预报来决定第二天的产量,既保销量又保新鲜度。可见,在数据流设计时充分发挥想象力是很有必要的。当然,每个一级账户下可以采集到的数据都是各不相同的,需要采集的数据也和当前管理要求有关,采集的数据越多,成本越高,这里有个"成本/效益"的权衡问题,并不是越多越好。

表 17-3　　　　　　　　　销售员业绩表
（　　年　月　日—　　年　月　日）

销售员名单	本期销售金额
合　计	

17.3　账户信息结构表达方式

从图 17-1 可以很直观地感觉到，账户的数据采集框架是由一系列"连环"的资料表所构成的。我们设想确立简明准确的书面表达方式，称为"账户信息表达"。在此基础上，便于作数据流的"思想实验"，表达我们的数据结构设计，也便于讲授、理解和练习。在设计成型后，也能按软件具体的操作要求转换为可以自动解析的状态。

我们将"资料表"简称为"表"，表中的某一条记录简称为"条"，那么，账户信息表达方案要能够明确反映"表"和"表"之间，"表"和"条"之间，"条"和"条"之间的关系。试作如下约定：

（1）资料表名：直接写出，最后一律加上"表"的字样，以此将"表"和"条"区分开来。表名要尽可能定得清楚，从表名就可以想象每一条可能是什么内容。因为都是从一级账户表的某一条开始定义的，一级账户表可以不写。

（2）表中特定记录的内容：需要表现"条"时，在表名下直接列出该条的内容。

（3）表中的任选记录：不需要特别指定的条不逐一写出，用表名统一代表。

（4）某条记录后接另一表的任意记录：在"条"后通过"—"接"表名"，表示"条后接表"。

（5）某表的任意记录后接另一表的任意记录：在表名后通过"—"接表名，表示"表后接表"。

（6）某个表后或某条记录后需要接定制插件的，在其后通过"—××插件"来表达，如"—到期日插件"，并另行描述插件的功能需求。

（7）进入平行结构：树状结构与平行结构之间，约定以"//"分隔，表示开始采集平行结构信息。

这样，就形成约定的表达方式，可以准确无误地说明我们所要定制的账户信息，如表 17-4"主营业务现金收入的信息表达"所示。说明"主营业务现金收入"下的数据采集框架是：二级表"商品大类表"设置了"牛仔系列"和"衬衫系列"两条明细记录，并分别在条后接对应的品名表；约定在主从结构的最后一个表名之后，用"//"表明分界线，此后采集的是平行结构信息，即"推销员"和"顾客"数据。

表 17-4　　　　　　主营业务现金收入的信息表达

```
主营业务现金收入——商品大类表
              牛仔系列——牛仔系列商品表
                      牛仔裙——牛仔裙品名表//推销员表——顾客表
                      牛仔裤——牛仔裤品名表//推销员表——顾客表
              衬衫系列——衬衫系列商品表
                      麻纱衬衫——麻纱衬衫品名表//推销员表——顾客表
                      丝绸衬衫——丝绸衬衫品名表//推销员表——顾客表
```

有必要强调，这只是静态的账户分类框架，软件运行后，账户与账户之间的金额会互相流动，不断变化，读者将在本书后续内容、特别是第 20 讲《直接成本核算要义》的内容中加深体会。为了使计算机能够自动识别处理，在账户信息设计时就要有所考虑。例如，工商企业的账户设计有个约定，即"主营业务现金收入""主营业务直接成本""库存商品直接成本"和"发出商品直接成本"这四个一级账户，要保持一定的"同构性"，即除了一级账户不同之外，以下的主从结构都一致，如下例所示：

```
主营业务现金收入——化工类——化肥——氮肥——尿素
主营业务直接成本——化工类——化肥——氮肥——尿素
库存商品直接成本——化工类——化肥——氮肥——尿素
发出商品直接成本——化工类—化肥—氮肥—尿素
```

因为常规的做法是，要根据"主营业务现金收入"采集的已售商品数据，从"库存商品直接成本"注销已售商品，结转为"主营业务直接成本"，这样的同构性才能让计算机按要求自动识别和自动处理，具体做法如下：

（1）从"主营业务现金收入"的当期流水记录统计已销售并收款的某一明细品名及其数量；

（2）从"库存商品直接成本"账户当前余额中，查到已销售的该明细品名的单位直接成本；

（3）明细品名的单位成本与其销售数量相乘，得到应结转的销售成本金额；

（4）这样就可能自动编制结转的记账凭证，库存商品品种越多，越能发挥优势。如：

主营业务直接成本——化工类——化肥——氮肥——尿素　　10 000
库存商品直接成本——化工类——化肥——氮肥——尿素　　10 000

还要说明的是，所谓"资料表"，其实是专门开发的小程序，除了正常的记录以外，还设有一个"特殊记录行"，可用于许多用途，如：

（1）可能某一资料表的其他所有记录都是同一类型，但需要为某一特殊业务留下不同的处理可能性。例如，在原材料购进时要顺序采集采购员、供应商、产地等信息，但这只有在采购进库时才有这些信息，出库、盘盈或盘亏时就没有这些信息可采集，可以在进入平行结构后的第一个资料表（以表17-4的例子是推销员表）中，把"特殊记录行"定义为"非购进业务"，录入非购进业务时选择这一条，软件不要求录入平行信息，就可直接过关了。

（2）不具备统计意义的业务。例如，设立一个资料表"顾客名单"，用于统计重要顾客的购买力，但对于零星的销售业务，就没有统计分析意义，可以在特殊记录行定义为"零星销售业务"，用于统一代表此类零星购买的顾客群。

（3）杂项费用处理。例如，"制造费用"下事先开设了明细账，但总有一些无法预先分类的杂项费用发生，可以把特殊记录行定义为"其他制造费用"，用于归集此类费用开支，而此行在表中的排序编码最大，永远是最后一条记录，符合记录习惯。

（4）可用于其他不可预见的数据采集需求。

在这里要强调的，是通过"账户信息表达"，学会在脑海里"想象"和"运行"数据流做"思想实验"的能力。设计诸如此类的账户信息结构时应注意的事项,具体的管理会计软件操作说明中都会涉及的,在此点到即止。

17.4 常规账簿的基本形式

会计账户的具体表现就是会计账簿,在反映内容上,常规账簿取自"主从结构"采集的数据,大致有"单一金额"和"数量/金额双重登记"两种形式。

有些业务只和金额有关,如应收账款、管理费用等,采用"单一金额"的格式就可以登记了,想象一下人民币存款的存折格式,就是"单一金额"的常见例子。

有些业务就需要同时进行"数量"和"金额"的双重登记。例如,会计上对于外汇业务,不但要登记具体的币种和外汇数量,而且要同时登记它按汇价折算后的"人民币等值"。又如,对于库存商品等实物,也要采用"实物数量/金额"双重记录的账簿格式。表17-4就是最常用的库存商品账,假设该库存商品名称为A,计量单位是件,日期是假设的。

表 17-4　　　　　　　　　库存商品账格式
商品名称:A　　　　　　　　　　　　　　　　存放地点:　　　　　单位:件

日期	凭证编号	摘要	收入			发出			结存		
			数量	单价	金额	数量	单价	金额	数量	单价	金额
1/3	12	交库	1 000	140	140 000				1 000	140	140 000
1/15	14	售出				900	140	126 000	100	140	14 000
1/30	16	退库				−5	140	−700	105	140	14 700

在会计教学中,出于简便表达的考虑,通常采用"T式账户"来代表实际使用的账簿。也就是用T字将账户分割为左右两部分,分别登记不同的内容。例如,表17-3可以简化为如下的示意图(图17-2),左方记录收入商品的业务,右方记录发出商品的业务,记账凭证号标在括号里,然后列出该笔业务的金额。属于"数量/金额双重登记"的账户,还要在金额后面加一括号,标明实物数量。至于记账凭证上其他的信息,因为不会影响教学效果,也就可以忽略不计了。

库存商品 A

(12)140 000.00 (1 000)	(14)126 000.00 (900)
	(16)−700.00 (−5)

图 17-2　T 式账户实例

除了常规账簿之外，大管理会计还要涉及许多非常规的账簿，往往是专题性诊断的需要，如表 14-1"A 责任中心账簿"就是应造血量责任中心核算的要求设计的。由于格式灵活多变，无法一一列举。

17.5　大管理会计账户表

我们假设公司是新设的，从第一笔业务开始就实施内账核算，那么根据"大管理会计账户表"（表 17-5）就可以从零开始处理业务了。在账户表上，所有账户分为八类，前七类是"现金流平衡表"上的项目，第八类是"赚钱与分配总表"上的项目。这个表侧重于一级账户的"主从结构"部分，"平行结构"部分要采集什么信息，只在"备注说明"栏里适当提示。例如，在"短期借款"等账户后标明的"到期日"，提示输入该账户时可能还要采集"到期日"信息，前已述及，这对现金流调度是有用的信息。

表 17-5　　　　　　　　　　大管理会计账户表

一级账户码	一级账户名	建议下设的明细账户	备注说明
一、货币资金			
1001	库存现金		
1002	银行存款	——开户银行——账号	
1020	其他货币资金	——种类	
二、存货直接成本			
2001	原材料直接成本	——中间分类——物料描述	采购员、供应商和产地等平行信息。中间分类和品名规格尽可能同相关实物仓库，便于双方盘点对账
2002	生产直接成本	——中间分类——物料描述 ——料 ——工 ——其他	责任中心等平行信息。

(续表)

一级账户码	一级账户名	建议下设的明细账户	备注说明
2003	库存商品直接成本	——中间分类——物料描述	大小类和品名规格尽可能同相关实物仓库,便于双方盘点对账
三、投资项目			
3001	长效贵重资产	——房屋建筑物——明细 ——生产设备——明细 ——土地使用权——明细 ——其他无形资产——明细 ——其他长贵资产——明细	所属投资项目等平行信息。
3002	在建工程	——投资项目	
3003	工程物资	——中间分类——物料描述	
3004	长期股权投资	——子公司名	
3005	其他投资项目	——投资项目	
四、结算性债权			
4001	发出商品直接成本	——中间分类——物料描述	已经出库,处于发运结算中,还未收到货款的商品成本
4007	预付账款	——对方机构名	
4008	预付服务直接成本	——对方机构名	已经提供但还未结算得款的服务(或劳务)的直接成本
4020	其他结算性债权	——对方机构名	
五、筹资性负债			
5001	短期借款	——对方机构名	到期日
5002	长期借款	——对方机构名	到期日
5003	应付债券	——债券名称	到期日
5020	其他筹资性负债	——对方机构名	到期日
六、结算性负债			
6001	应交税费	——税费种类	
6002	应付利息	——对方机构名	到期日
6003	应付股利		
6004	应付职工薪酬	——明细	
6005	应付账款	——对方机构名	到期日
6006	应付票据	——对方机构名	到期日
6007	预收账款	——对方机构名	
6020	其他结算性负债	——对方机构名	

(续表)

一级账户码	一级账户名	建议下设的明细账户	备注说明
七、原始业主权益			
7001	实收资本		
7002	资本公积		
7003	库存股		收回的已外发股份,取负值
八、赚钱与分配			
8001	主营业务现金收入	——中间分类——物料描述	销售员、客户、市场等平行信息
8002	主营业务直接成本	——中间分类——物料描述	
8003	其他业务现金收入	——业务类型	
8004	其他业务直接成本	——业务类型	
8005	现金利息收入		
8006	现金股利收入		
8007	其他货币升溢	——明细分类	
8008	管理费用	——费用分类	责任中心
8009	销售费用	——费用分类	责任中心
8010	其他间接费用	——费用分类	责任中心
8011	其他货币亏绌	——分类	
8012	处置长贵资产货币升溢		
8013	处置长贵资产货币亏绌		
8014	财务费用	——明细分类	
8015	社会责任税费	——税费种类	统计已发生的税费(非增值税)
8016	分配现金股利		统计已发放的现金股利
8888	未分配总赚钱		

第 18 讲　左右平衡与会计分录

有了管理会计账户,就可以考虑用它来登记公司业务。在第 1 讲"1.2 会计核算中真实不虚的部分"中,我们已经推导出恒等式:资金占用＝资金来源。

会计的习惯做法是,当需要得到某种数据时,就为此专门开设一个账户进行统计归集,以便简捷地得到该数据。可以把所有的会计账户分为"占用"和"来源"两个大类,服从于"资金占用＝资金来源"会计恒等式,围绕这两个大类灵活运用会计账户,从静态和动态两方面来反映公司生产经营全貌。

18.1　账户的占用/来源分类

表 18-1 是"管理会计账户占用/来源分类表",建议读者对所有账户浏览几遍,理解其所归属的占用/来源大类,加深对前述的账户"望文知义"和"非此即彼"的印象,最好出声诵读账户名称。这样做的好处是,在以下学习业务的会计处理时,因为"望文知义"和"非此即彼"的特点。该用到的账户会自然而然地在脑海里浮现出来,提高学习效率。

表 18-1　　　　　管理会计账户占用/来源分类表

资金占用大类	资金来源大类
货币资金	短期借款
原材料直接成本	长期借款
生产直接成本	应付债券
库存商品直接成本	其他筹资性负债
长效贵重资产	应交税费
在建工程	应付利息
工程物资	应付股利
长期股权投资	应付职工薪酬
其他投资项目	应付账款
发出商品直接成本	应付票据
预付账款	预收账款

(续表)

资金占用大类	资金来源大类
预付服务直接成本	主营业务现金收入
其他结算性债权	其他业务现金收入
主营业务直接成本	其他结算性负债
其他业务直接成本	其他货币升溢
管理费用	处置长贵资产货币升溢
销售费用	实收资本
其他间接费用	资本公积
其他货币亏绌	库存股(以负值表现)
处置长贵资产货币亏绌	未分配总赚钱
财务费用	
社会责任税费	
分配现金股利	

18.2 复式簿记的左右平衡原理

想象有一个如图18-1所示的"会计天平"，会计恒等式左边的账户（占用大类）作为砝码放在左边的吊盘里，等式右边的账户（来源大类）作为砝码放在右边的吊盘里，账户金额代表砝码的重量，那么两边必须是相等的，这是第一层面的左右关系。

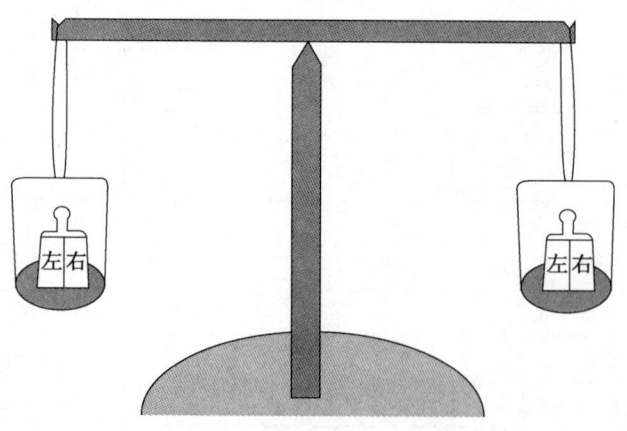

图18-1 复式簿记的平衡示意图

我们再看看吊盘中的砝码,在砝码上标出的 T 字形就代表我们"T 式账户",分为"左方金额"和"右方金额"两栏。具体记账时,知道用什么账户还不够,还需要很清楚地知道该把金额记在这个账户的"左方金额"栏,还是"右方金额"栏,这是第二个层面的左右关系。

复式簿记要求,处理经济业务时,必须同时在两个或两个以上的账户中进行登记,满足"金额相等"但"记账方向相反"的要求。表 18-2 是针对接受股东投资的业务单据(叫"原始凭证")所做的第一个会计步骤,叫编制"记账凭证"。可以看到,复式簿记的要求就体现在记账凭证上,对这样一笔投资业务的处理,"银行存款"和"实收资本"分属"占用"和"来源"两个大类,并且金额相等,满足了第一层面即会计天平的左右平衡;具体到账户的登记方向上,"银行存款"金额记在"左方金额"栏,"实收资本"金额记在"右方金额"栏,满足了第二层面的左右关系。

表 18-2　　　　　　　　　　记账凭证

凭证编号:1　　　　　　　　20013/01/01　　　　　　　原始单据张数:4

摘　　要	会计账户	左方金额	右方金额
股东投资	银行存款	1 000 000.00	
股东投资	实收资本		1 000 000.00
合　　计		1 000 000.00	10 00 000.00

会计实务工作中,记账凭证是要经受各类查账和审计,并作为档案长期保存的,所以填写要求很严格,必须循规蹈矩地按格式填写。在教学中则有所不同,为了提高效率,往往可以适当变通,所以常用"会计分录"来替代记账凭证,简明地表现记账凭证的主要内容,省略其他细节性的内容。这样,处理本例业务的记账凭证(表 18-2),可以用"会计分录"约定俗成地简洁表现为:

　　银行存款　　　　　　　　　　　　　　　　　　1 000 000.00
　　　　实收资本　　　　　　　　　　　　　　　　　　1 000 000.00

账户排列习惯是,先列出左方的账户和金额,再向右缩进一格,列出右方的账户和金额,金额也相应地向右缩位排列。在教学中可以根据账户的左右位置,读为:

左：银行存款　　　　　　　　　　　　1 000 000.00
　　　右：实收资本　　　　　　　　　　　　　1 000 000.00

18.3　编制会计分录的四个步骤

　　怎样从分析原始业务开始，编制出会计分录，其实是有一定之规的，可以分为四个步骤，严格地按这四个步骤进行，形成习惯后，就算学会了，以后即使有更多的具体业务，也是这样"按谱炒菜"就能应付过来。这四个步骤如下：

　　第一，分析业务时，联想到该用什么账户，这个账户属于"占用大类"还是"来源大类"。

　　会计账户是望文知义的，它所记录的业务内容也非此即彼，不会互相交叉的。所以，只要熟悉会计账户，根据业务内容很容易联想到该用什么账户，该账户属于哪个大类。初学者通过实践，不断地加深理解和记忆，会很快掌握这种本事的。

　　第二，判断有关账户的金额是增加还是减少。

　　围绕着"会计天平"和砝码的关系来想象，为了保持"占用大类＝来源大类"恒等式的平衡，所有业务不外导致四种变化：

　　（1）两边的账户同时增加相同的金额；
　　（2）两边的账户同时减少相同的金额；
　　（3）占用类账户互相置换（金额一增一减）；
　　（4）来源类账户互相置换（金额一增一减）。

　　第三，根据记账口诀指明的左右方向，按先左后右的排列，写出会计分录涉及的账户名称。

　　这里先要熟悉我们编制会计分录时将用到的"主要口诀和辅助口诀"它们的意思和具体用法在表 18-3 中已经说明。

　　主要口诀只有 4 条，在已经完成一、二步骤分析的基础上，利用主要口诀快速确定有关账户的记账方向，就可以写出会计分录了，习惯上是先写左方账户，后写右方账户。

　　另有 2 条辅助口诀不太常用，只有在涉及备抵账户、金额为负数时才作为补充的指导规则。

表 18-3　　　　　　　　　　主要口诀和辅助口诀

复式簿记口诀		运用说明
主要口诀	两类同增,占左来右	两类科目金额都增加时,占用大类记在账户左方,来源大类记在账户右方,即占左来右
	两类同减,来左占右	两类科目金额都减少时,来源大类记在账户左方,占用大类记在账户右方,即来左占右
	占用互换,增左减右	同为占用类科目,金额增加的账户记在左方,金额减少的账户记在右方,即增左减右
	来源互换,减左增右	同为来源类科目,金额减少的账户记在左方,金额增加的账户记在右方,即减左增右
辅助口诀	备抵账户,当成另类	当一个账户是备抵账户时,属于和主体账户相反的大类 以"应交税费—应交增值税"的账务处理为例,这个二级账户下有两个很重要的三级账户,分别是"进项税额"和"销项税额",从"销项税额"里扣除"进项税额",作为计算应交增值税的依据。"进项税额"表面上是"来源大类",实际它是应交增值税的"备抵账户",所以,要作为等式左边的"占用大类"处理。
	金额负数,左右实反	记在账户左方的负数金额,视同账户右方的正数金额,反之亦反。

第四,填写会计分录中各账户的金额,并确认会计分录"左方金额 = 右方金额",就完成了。

一般情况下各账户的金额都是从业务资料就现成可得的。只有少数业务,如增值税的"销项税额"和"进项税额"等才需要专门计算。

18.4　"四步法"的实际操练

以下,我们通过几项具体的业务处理过程,来说明编制会计分录时怎样严格地遵照四个步骤进行,怎样灵活运用记账口诀。假设某公司在 2014 年 1 月份发生了如下业务:

(业务 1)股东投资 1 000 000 元,已存入公司的银行账户。

分析过程:

(1) 这笔业务涉及"银行存款"账户,占用大类;"实收资本"账户,来源大类;

(2) 两个账户的金额均是增加;

(3) 根据主要口诀"两类同增,占左来右",写出会计分录;

(4) 填写各账户的金额,令"左方金额 = 右方金额"。

| 银行存款 | | 1 000 000 |
| | 实收资本 | 1 000 000 |

在第一和第二步骤完成时，初学者可以备好草稿纸，记下当前分析结果，用一两个字代表账户，属于"占用大类"写在左，属于来源大类写在右，并用"＋/－"标明其金额增减，本业务的分析结果如下：

记录分析结果的草稿

占用大类	来源大类
银＋	实＋

看着这样的草稿，两类同增，占左来右是不是就脱口而出了！有了草稿，还能知道会计分录中共有哪些账户，便于第三步骤书写时的账户左右定位。当然，熟练以后就可以省略了。

（业务2）向银行申请短期借款500 000元，已打入公司的银行账户。

分析过程：

（1）这笔业务涉及"银行存款"账户，占用大类；"短期借款"账户，负债大类；

（2）两个账户的金额均为增加；

占用大类	来源大类
银＋	短＋

（3）根据主要口诀"两类同增，占左来右"，写出会计分录；

（4）填写各账户的金额，令"左方金额 ＝ 右方金额"。

| 银行存款 | | 500 000 |
| | 短期借款 | 500 000 |

（业务3）支付银行存款117 000元，购买原材料100 000元，增值税率17%，已入库。

在这里先简要介绍我国目前征收的增值税，它要对企业商品在流转过程中增值的部分课征17%的税。在本业务中,购买原材料的100 000元是购进的"净价",假设将来这一批原材料卖出120 000元,就叫销售的"净价"。那么,怎么知道有多少增值额?在会计的理解上,是在"购进"和"销售"两个环节上分别记录的:商品售出时,将商品净价全额的17%,作为"应交纳的销项金额";同时,原材料购进时,也将商品净价全额的17%,作为"可抵扣的进项税额"。"应交纳的"减去"可抵扣的",就是企业在增值部分上应当交纳的增值税了,用数学式表示就是:

$$应交增值税 = (销售净价总金额 - 购进净价总金额) \times 17\%$$
$$= (120\ 000 - 100\ 000) \times 17\% = 340(元)$$

当然,现在还不知道将来的销售"净价"会是多少,因此,在会计上先用"应交税费——应交增值税——进项税额"账户来记录待抵扣的金额,以后若有销售,就有了"应交税费——应交增值税——销项税额"账户,从后者减去前者,就是该交纳的增值税了。所以,这前者是主体账户"应交税费"的备抵账户。对于备抵账户,适用的辅助口诀是备抵账户,当成另类,意思是:

当一个账户是备抵账户时,属于和主体账户相反的大类。

主体账户"应交税费"属于来源大类,那么被"当成另类"的备抵账户"应交税费——应交增值税——进项税额"就是占用大类。

分析过程:

(1) 这笔业务涉及"原材料"账户,占用大类;"应交税费——应交增值税——进项税额"账户,占用大类;"银行存款"账户,占用大类;

(2) "原材料"金额增加,"应交税费——应交增值税——进项税额"金额增加,"银行存款"金额减少;

占用大类	来源大类
原+ 应进项+ 银-	

(3) 根据主要口诀 占用互换,增左减右,写出分录;

(4) 填写各账户金额。"原材料"按净价登记,100 000元,"应交税费——应交增值税——进项税额"按净价的17%计算,17 000元;"银行存款"117 000元。

原材料	100 000
应交税费——应交增值税——进项税额	17 000
银行存款	117 000

第19讲　常见业务处理指南

介绍完会计分录的编制方法,就可以开始具体业务的处理了。但应当承认,这是非常繁琐复杂的工作,各种业务或平行、或交叉地发生,往往不知道目前这样做是为什么,已经走到哪一步了,下一步又该干什么。对偏于"管理应用"的读者来说,更会觉得犯不着"陷进去"而萌生退意。所以,最好给出一个"旅游路线图",让读者能随时知道目前在干啥,最终目的地在哪里,也就不至于因一叶障目而"找不着北",知其然不知其所以然了。本讲就以供、产、销三环节俱全,在所有行业中最具代表性的制造业为例,围绕其典型业务的账务处理,让读者得以避开过多细节,先从高处"鸟瞰",得到核算规程的总体印象。

本着先易后难,从简到繁的顺序,在本讲所列的会计分录中,如果不影响理解,只用一级账户表现,金额也不表现出来。开宗明义地说,会计分录大致上可以分为"存该两分""物款配合"和"内部流程"三类,分别适用于不同类型的业务。

19.1　资金到位:"存该两分"的登记方式

"存"和"该"是中式簿记常用到的两个术语。公司开办伊始,最紧要的是有资金到位。这时"存该两分"的会计分录就起作用了,它把业务分为"存于何处"和"该属何人"的两个方面,同时进行登记。

股东的投入登记为:

银行存款
　　实收资本

银行的贷款登记为:

银行存款
　　长期借款(或短期借款)

当现金资源退出公司时,"存该两分"的会计分录也是适用的。回收股

份时,登记为:

 库存股
  银行存款

偿还银行贷款时,可以反向登记为:

 长期借款(或短期借款)
  银行存款

19.2　购进业务:"物款配合"的登记方式

  现金到位后,公司会开始对外交换业务,这种业务表现为实物和现金的"逆向而行"。例如,购进时是"收到实物/支付现金",售出时是"交付实物/收到现金",所以要把相关的"物款"双方配合在一起,本节先介绍购进业务的处理。

  购进业务的标准形式是"验收入库并随即付款",在账务处理时,假设没有增值税计算的要求,会计分录本应是很简明的。

  购买原材料时,编制会计分录:

 原材料直接成本
  银行存款

  购置投资项目时,编制会计分录:

 长效贵重资产——办公楼
  银行存款

  这两组都是典型的"物款配合"分录,很容易理解。当然,还要附带上增值税计算的要求,就不那么简明了:

 原材料直接成本
 应交税费——应交增值税——进项税额
  银行存款

  不过,由于购进业务是需要一定时间才能完成的,在账务处理时,就会遇到只完成单边业务,物款还"配合"不上的情况,此时需要用到一些账户来起到过渡作用,这些账户分别属于"结算性债权"和"结算性负债"。

(1) 先收货,后付款:要先用"应付账款"等结算性负债账户来过渡,付款后再注销:

 原材料直接成本
 应交税费——应交增值税——进项税额
  应付账款(或应付票据)

 应付账款(或应付票据)
  银行存款

(2) 先付款,后到货:要先用"预付账款"等结算性债权账户来过渡,收货后再注销:

 预付账款
  银行存款

 原材料
 应交税费——应交增值税——进项税额
  预付账款

  顺便指出,会计并不是完全"见钱不见物"的,会计独家使用的"复式簿记"就是保护资产的利器,它要求作"数量/金额"的双重登记。道理很简单,数量才是会计人员和实物保管者之间相互对账的共同基础。例如,会计上对1 000美元外币,既登记了美元数量,又登记了换算后的"人民币等值",此后,随汇率不断变化,为了反映外币的当前价值,会计也要在账上不断改变其"人民币等值",却仍然能知道出纳手里保管着这1 000美元,就是因为同时登记了美元数量。对存货也是如此,会计在自己账上登记存货数量,才能对仓库管理员账上的存货数量作"后台平行监控",通过双方核对来发现问题。

19.3 生产直接成本:"内部流程"的登记方式

  如上所述,公司的对外交换业务,首先是"付款/收料",最后是"收款/交货",都要借助于"物款配合"的会计分录来反映和控制。但是,在这两个环节之间,资源在企业内部还会有各种各样的运动变化。例如,从甲仓库被运送到乙车间;原料进入管道中不见了,却改头换面出现在大老远的半成品库里;某种物料经过加工成为另一种在制品;几种零配件以某种方式被装配起来;一种原材料被分解为几种产出品;等等。既然从实物形态上不容易把握,只有以不变的货币金额形式来表现了。

  试想想这样的问题:车间领用原材料投入生产过程,仓管员登记了这一领料业务,减记库存量,这批原材料以后到哪去了,就与仓管员无关,当然也不反映在仓库管理系统,到此为止了。而原材料所进入的制造过程,是实物不断变换和不断转移的过程,生产部门也只能掌握零散的物流原始数据,不可能负起直接的保管责任。那么,既然没人管,是不是想领多少就领多少,想用在哪里就用在哪里呢?当然不是,还在惦记着它,并且能从总体上把握的,只有以货币作为主要计量单位,"一切向钱看"的会计!本节就以存货直接成本的核算为例,引入"内部流程"会计分录,说明它是怎样保护实物资产的。

  所谓"存货三要素",指的是原材料直接成本、生产直接成本和库存商品直接成本。在处理内部流程时,是假设现金出现了"虚收虚付"。例如,原始购进成本为1 000元的原材料在投入生产过程后,变成"生产直接成本",是假设把"原材料"卖了,从中得到1 000元,又把这1 000元支付到接受了这些原材料的"生产直接成本"上。"生产直接成本"在归集了所有开支后,也要转移到"库存商品直接成本"上。用会计分录简化表达如下。

(1) 原材料投入生产时:

生产直接成本	1 000
原材料直接成本	1 000

(2) 发放工资时:

生产直接成本	200
银行存款	200

(3) 产成品验收入库时:

库存商品直接成本	1 200
生产直接成本	1 200

直接成本核算的特点是,设立一些代表各种物流环节的账户,并追踪实物的流转组合等运动变化,通过会计分录标明转移方向(从右方账户到左方账户)和转移金额,在转移前后的总金额是不变的。生产过程中有许许多多的环节,许许多多的流程,无论这中间有多少环节和流程,都是类似地办理的。结果,直接成本就被赋予了一种"流动性",可以不断追踪实物的运动变化,转移到下一环节上,直到"收款/交货"这个环节为止,"库存商品直接成本"就可以与现金收入对比,作为判断是否赚钱的参照,这是很重要的内容,将在第 20 讲《直接成本核算要义》中展开讨论。

19.4　售出业务:"物款配合"+"存该两分"的登记方式

(1) 售出业务的标准形式是"交付实物并随即收款",在账务处理时,如果整个过程均已完成,会计分录是:

银行存款	1 200 000
长效贵重资产——办公楼	1 000 000
处置长贵资产货币升溢	200 000

(2) 由于售出业务是需要一定时间才能完成的,在账务处理时,可能会有只完成半拉子进度,物款"配合"不上的情况,就需要用到一些账户来过渡,这些账户分别属于"结算性债权"和"结算性负债"。

第一,先交付实物,后收到现金。要用"其他结算性债权"来记录实物已交付的状态,收款后再注销:

其他结算性债权	1 000 000
长效贵重资产——办公楼	1 000 000
银行存款	1 200 000
其他结算性债权	1 000 000
处置长贵资产货币升溢	200 000

第二,先收到现金,后交付实物。要用"预收账款"来记录收到现金的状态,实物交付后再注销。

银行存款	1 200 000
预收账款	1 200 000

预收账款	1 200 000
长效贵重资产——办公楼	1 000 000
处置长贵资产货币升溢	200 000

很容易注意到，与购进业务不同，售出业务的账务处理，物款是"配合"在一起了，但是将收到的金额和原来的购进成本对比，可能会有个差额，本例中是"处置长贵资产货币升溢"20 000 元。怎么理解这个问题呢？

考察"物款配合"的标准分录：

银行存款	1 200 000
长效贵重资产——办公楼	1 000 000
处置长贵资产货币升溢	200 000

我们不妨分解为如下的两组会计分录：

银行存款	1 000 000
长效贵重资产——办公楼	1 000 000
银行存款	200 000
处置长贵资产货币升溢	200 000

就会发现，它其实是两组分录构成的"复合分录"，分解后的前一组分录是"物款配合"类型；至于后一组分录，因为从"赚钱与分配总表"上可以看到，"处置长贵资产货币升溢"最终会归结到"未分配总赚钱"上，所以这是"存该两分"登记的一种新形式，表明股东的权益除了从外部投入外，还可以因为"内生性"的货币升溢，即因为公司自己赚到钱而增加了。

还要说明的是对"主营业务"即库存商品销售的账务处理。假设排除增值税计算和其他考虑，最直接的账务处理本应是：

银行存款	
库存商品直接成本	
未分配总赚钱	

所以,它也是复合分录,也可以分解为"物款配合"和"存该两分"的两组会计分录,这是最本质的理解。读者将从下节看到,这样的分解和理解极其重要。

19.5 三层主从结构的"实物核算鸟瞰图"

在对上述各种登记方式作了分析后,应该把它们联系在一起来形成总体印象了。假设某制造商只有两个生产车间,金加工车间负责生产各种零部件,总装车间将其装配为整机,最后结果是直接成本为 80 万元的机器以 100 万元卖出。在以下的"实物核算鸟瞰图"(图 19-1)中,依次列举了从业主投资到销售收现的 7 项业务。并假设期末除现金外没有其他资产,通过该图来表现三种类型的会计分录之间的基本关系。

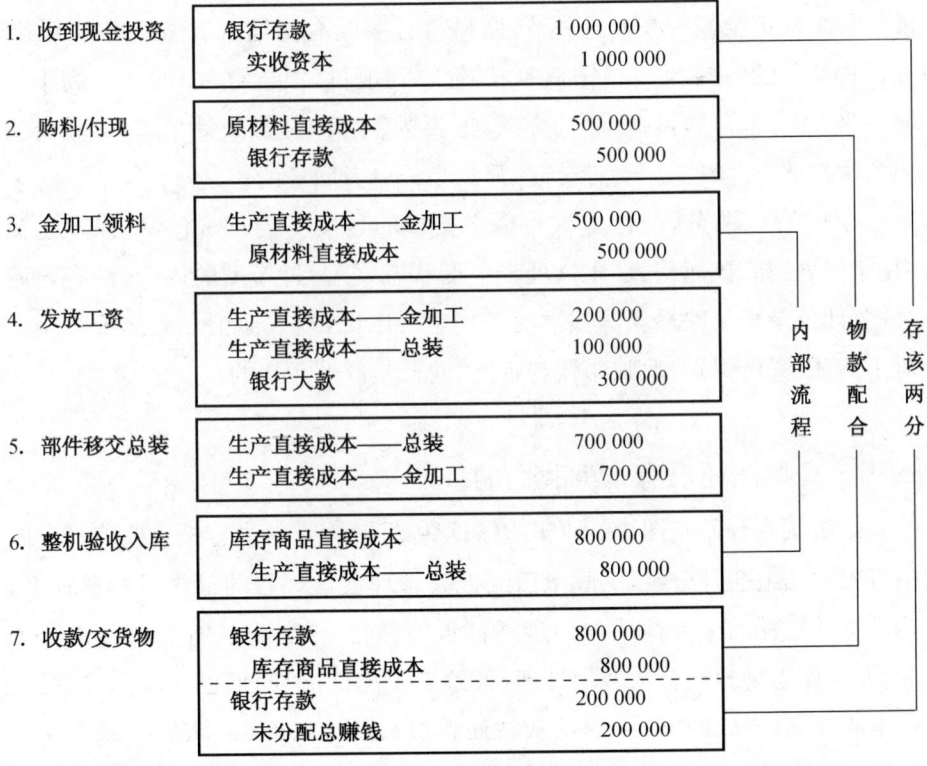

图 19-1 实物核算鸟瞰图

可以看到，三种类型的会计分录自然地形成了大致具有主从关系的嵌套结构，即"存该两分"最高，"物款配合"次之，"内部流程"最低，分述于下。

（1）"内部流程"登记方式。要处理各种费用开支，以及购进时通过"物款配合"所确定的原材料直接成本，并以实际物流方向为依据，指明直接成本运动方向和要向下游账户转移的金额，主要目标是计算出"库存商品直接成本"，为销售时的再一次"物款配合"服务。

（2）"物款配合"登记方式。最主要目的是在对外交换中维护受托资源的完整。由于"存该两分"登记已经形成"现金池存该表"左右方金额的平衡，"物款配合"会计分录只涉及"存于何处"一方的账户，为服从这既定的左右平衡，基本计量原则是"收到方金额＝放弃方金额"，即收到的项目按放弃的项目来确定金额。在购进环节，原材料直接成本就是由付出的现金决定；在销售环节的"物款配合"分录中，尽管收到项目（银行存款）的金额高于放弃项目（库存商品直接成本）的金额，也要按后者的金额来计量，从而就分离出内生性的"存该两分"会计分录，显见是为后者服务的；

（3）"存该两分"登记方式。最主要目的是反映经营责任，确保现金池"存于何处"和"该属何人"永远处于平衡状态，并通过新型的内生性"存该两分"会计分录来反映最新赚钱情况。完全可以说，复式簿记在其运行机制上对于"着眼资产保护，反映赚钱与否"的迎合是<u>丝丝</u>入扣的。

19.6 鸟瞰图还没有告诉我们的

本讲从一开始到图 19-1"实物核算鸟瞰图"为止的内容最重要。通过图中有限的几组会计分录，实际上已经把大管理会计规程的最终目标是什么，达到这一目标的主要途径如何走通都说清楚了。没说到的，只有往来账处理（大致属于物款配合）、费用处理（大致属于内部流程）而已。所以，这是直达本质的、最基础的描绘，一旦从高处看清目的地所在，道路的大致走向也就显而易见了。"我在哪里，接着要去哪里"的困惑感就会有所缓解，接下来只需要近距离地"边走边看"，属于操作层面的事了。所以，读者若觉得有必要,不妨"温故而知新",再回头重新浏览以上这部分内容。

当然,由于只是"鸟瞰图",有些"游客须知"它也还没有告诉我们。关于大管理会计核算规程,要补充说明以下方面。

(1) 出于提供"充分知情权"目标的考虑,核算规程是经过精心的通盘设计的。在一些具体业务的账务处理上,可能会因此有些"变形"。所以,读者只要从该图有所受益,建立起整体印象了,也就不必太较真,不必时时以鸟瞰图去对照实际账务处理。举个例子,在19.4节阐述售出业务时,曾提及对"主营业务"即库存商品销售的账务处理。当时假设排除增值税计算和其他考虑,最直接的账务处理本应是:

银行存款
　　库存商品直接成本
　　未分配总赚钱

但是要承认实际上并非如此。其他业务(如处置长效贵重资产)是偶发性的,直接这么处理就行了,以后要分析也不难查询到,对于主营业务就不同了。正由于它是"主营业务",是持续不断地重复发生的,需要有详细连续的统计数据以供决策分析,出于这样的考虑,对这个分录作了"变形",用"主营业务现金收入"来替代"收到款项",因为银行存款增加并不全是主营业务的收入,也有银行贷款增加等因素;同时,用"主营业务直接成本"来替代"交付实物",因为库存商品减少并不全是被主营业务售出了,也有可能是报废等原因。这样的替代才能确保是主营业务的专项统计数。而且,如此双向替代后,在"赚钱与分配总表"上才分别"赚/亏"两种情况完成"配合",那时才有"未分配总赚钱",才看得到"存该两分"的踪影。这又是出于向公司高管随时提供动态报表的考虑,计算机自动配合当然更快。变形后,再加上"应交税费——应交增值税——销项税额"代表增值税计算的要求搅和进来,实际的账务处理就显得"云遮雾罩"了。

(2) 主营销售业务的账务处理规则需要有更详细的说明。

(3) 不是整批进库又整批出库时,要说明计算出库金额的方法。

(4) 要有关于职工薪酬的处理规则。

(5)"鸟瞰图"只谈及直接成本,间接费用业务的处理规则也有待说明。

(6)要有关于社会责任税费的处理规则。

本讲的以下内容就属于处理具体业务的"指南",具有一定的"备查"性质。读者以看懂原理为主,不必强记,需要时再来查阅,或跳过去不读也行。

19.7 主营销售业务的处理规则

主营的商品销售业务,主要参与者有顾客、销售员、仓管员、出纳和会计五个方面的人员。相关的销售单据主要有增值税发票及与其配套的提货单,提货单是公司自制的单据,作为发票的附件,可以提供更详细的信息,更灵活地运用,这两者是发货的依据;另外还有银行单证,是收款的依据。这些销售单据都是多联式的,所以参与的各方可根据同样的内容作各自的记录,并因有同样的数量金额而相互核对得上。

为了有效地保护资产,通俗的说法是"管钱物的不管账,管账的不管钱物",即出纳和仓管员是管钱物的,由于存在"监守自盗"的潜在可能性,他们虽然也记账,但他们的账还不能由他们说了算。要由"只管记账不管钱物"的会计来主导核对工作,判断对某个顾客的销售业务是否"钱物两清",才能最终确认。所以,会计要把相关的销售单据分别每个顾客有序地存放,随时检查每一份增值税发票"钱是否收足了,货是否发足了",只有这两个条件同时满足,这一票业务才算执行完毕。最简明的情况是,记账时已经"钱货两清"了,要在一份记账凭证里同时作"双向替代"的两组会计分录:

银行存款
　　应交税费——应交增值税——销项税额
　　主营业务现金收入

同时,以库存商品的单位直接成本乘以售出数量,计算出金额后编制:

主营业务直接成本
　　库存商品直接成本

这样作了"双向替代"后,就一次性地完成了对某位顾客销售业务的账务处理。

以上的账务处理,适用于"钱货两清"交易的顾客,一次性对清楚了,过后无需再相互对账,工作量最小。但对于常年多次交易的顾客来说,就不一样了:既有发货在前,收款在后的;也有收款在前,发货在后的;甚至更复杂,同一份增值税发票,货是无规则地分批发出的,钱是无规则地分次收到的。和财务会计可以先放着大堆票据,到每月末再统一处理不同,内账是要保证天天都可以出报表的,要求及时记账。所以,需要有结算过程的具体业务指南,留有充分的往来记录,对外确保双方可以相互对账,对内确保最后能完成"双向替代"。这里就话分两头,分别"发货"和"收款"两方面来说明。

一、按发票数量如数发货的账务处理

先要强调,只有事先得到本公司信用授权、或经过特别批准的顾客,才可以在未收款时对其先发货。仓库管理员只要出了货,都会留下提货单(仓库联)作为记账依据,减记仓库自己的存货实物账。会计收到提货单(财务联)后,也要在会计自己的存货账上及时注销对应的库存商品,使会计的库存账实物数量和仓库实物账数量保持一致,可以相互对账,这样就解脱了仓管员的保管责任。在按发票数量发足商品后,会计分录是:

发出商品直接成本——A 客户
　　库存商品直接成本

同时,对应该收到的货款,在账外为 A 客户留下备忘记录(表 19-1)。

表 19-1　　　　　　　　应收款项的备忘记录

对应记账凭证:	到期日:	客户名:
主营业务现金收入		
应交税费——应交增值税——销项税额		
合计应收款项		

注:如果已知公司要进行现金流调度工作,"到期日"就不能为空,必须事先采集。

这样就表明已经进入结算过程,待收款后再作进一步的账务处理。

在财务会计领域,有些行业已经形成的纳税惯例是,发货后直接确认增值税纳税义务,使得钱还没收到而税要先交,加大了结算风险,而且有违"尽可能推迟支付现金"的原则,对理财工作也是不利的。管理会计采用正确的账务处理方式,两者之间的纳税额差异表明外账应该改进的方向。

二、收款业务的账务处理

收到顾客付款后,增值税发票、提货单和收款凭证等单据的"财务联"最后都会送交财务部,会计人为了将"物/款"配合在一起,需要逐个顾客、逐份增值税发票(及提货单)地核对相关单据,判断收到的现金是否与发票总金额相等,每一品名规格的发货数量是否与发票上的数量相符,等等。对于常年交易的顾客,需要保留完整的往来记录,所以要利用上述备忘记录,作收款的账务处理:

银行存款
  主营业务现金收入
  应交税费——应交增值税——销项税额

同时,以负数记录消除原有的备忘记录(格式同表19-1)。

特殊情况的处理:

(1) 如果从客户实际收到款项少于备忘记录中的应收欠款,就以负数记录按比例部分抵消原来的备忘记录。

(2) 如果从客户实际收到款项超过备忘记录中的应收欠款,多收的部分登记为预收账款。

19.8 存货出库金额的计算

当存货出库时,只要不是整批进整批出的,原材料、半成品和库存商品都会有个出库金额如何计算的问题,以原材料为例说明如下。

原材料账上的金额是由购进时所决定的。假设某项存货已有多次的进货记录,每次的购进单价和购进数量都可能不同。如果只是部分出库,要出库投产的这部分存货,应该按哪个购进单价计算,并转移到"生产直接成本"账户上呢? 大管理会计采用的是叫"移动加权平均法"的计算方法。

每一次进货后,都把当前结存的总金额除以总数量,得到当前的平均单价,就是以数量为"加权因素","移动平均"地确定当前的单价的方法。这样,不管什么时候领料出库,把本次出库数量乘以当前的平均单价,就是本次出库的成本金额了。表 19-2 是虚构的原料账页,请看"收入""发出"和"结存"各栏的数字,期初结存的单价是 20 元,第一次领料出库 150 件时按此单价计算;后来又经过 3 次采购进库,每次结存的平均单价依次是 21.84 元、21.34 元和 22.10 元,第二次领料出库 1 920 件时,平均单价已经移动到 22.10元,就按此单价计算出库金额了。

表 19-2　　　　　　采用移动加权平均计价的某原料账页　　　计量单位:件

收入			发出			结存		
数量	单价	金额	数量	单价	金额	数量	单价	金额
						200	20	4 000
			150	20	3 000	50	20	1 000
600		13 200				650	21.84	14 200
950		19 950				1 600	21.34	34 150
530		12 720				2 130	22.10	46 870
			1 920	22.10	42 432	210		4 438

19.9　职工工薪的处理

处理职工工薪时要做两件事:

(1) 登记向职工发放的工薪;

(2) 到了月末,把职工工薪处理为直接成本或间接费用。

常会遇到的问题是,这两者不但时间点不同,金额也可能不同。例如,企业常在上半月(例如每月 10 日)就发放本月全月的工资,而其时并不知道全月的出勤情况,所以常是以职工上个月的出勤记录为依据来计算本月工资的。到了月末,因为已经知道职工全月出勤情况了,将本月实际应发的金额处理为本月生产直接成本或间接费用,当然是对的。同时,这个出勤记录又成为下月发放工薪的依据。为了反映因时点不同和金额不同而产生的临时性差异,可以用"应付职工薪酬"账户。向职工发放工资时编制:

　　应付职工薪酬(以上月出勤记录为依据)
　　　　银行存款

实务中这两个账户的金额还可能不一致，因为还要顺带收回职工个人欠公司的借款、收回职工住公房的租金，等等。

到了月末，将职工工薪分别处理为"生产直接成本"或间接费用时，编制：

生产直接成本(——中间环节)——物料描述——直接人工

管理费用——管理人员工薪

销售费用——销售人员工薪

其他间接费用——车间管理人员工薪

  应付职工薪酬(以本月出勤记录为依据)

"应付职工薪酬"账户左右方发生额之间的差额，就代表了临时性的差异。出于大管理会计提供动态报表的要求，很可能工资还没有实际发放，就需要以工薪合同作为计算依据，先处理为生产直接成本或间接费用了，这个账户所起的过渡作用更加明显。分录中，对"生产直接成本(——中间环节)——物料描述——直接人工"的理解，请见第 20 讲"20.4 生产直接成本的账户结构"。

19.10　间接费用的处理规则

根据"常态运营赚钱额"计算式，除了将要和"主营业务现金收入"配合的"主营业务直接成本"，将要和"其他业务现金收入"配合的"其他业务直接成本"以外，还会发生各种间接费用：

(1) 管理费用；

(2) 销售费用；

(3) 财务费用；

(4) 其他间接费用。

根据其特点，都要分别设置明细账户，如"其他间接费用"主要指制造现场的管理费用，要分设管理人员工资、水电费等，有助于分析费用的构成，分别施加控制。间接费用分别归集后，各账户的发生额一直累计下来，只在"赚钱与分配总表"计算总赚钱时，作为报表上的扣除项。

19.11 社会责任税费的处理规则

"社会责任税费"是专用于统计性质的账户，表达企业对社会所作出的贡献（增值税采用的计征方式不同，不通过本账户核算）。在具体内容上包括：消费税、营业税、所得税、资源税、土地增值税、城市维护建设税、房产税、城镇土地使用税、车船税、教育费附加、矿产资源补偿费用和助残基金等，以及虽与职工个人有关，但须交由社会支配的代扣代交个人所得税、社会保险费、养老保险、住房公积金等。所采用的会计分录形式，除了二级明细账户不同以外，都是增记"社会责任税费"，增记相关的应交项目，形成结算性负债：

社会责任税费
　　应交税费

偿付时的处理，都是减记银行存款，减记结算性负债。

应交税费
　　银行存款

以代扣代缴职工个人所得税为例，尽管是"以职工的名义"支付的，实际上最终还是公司承担的社会责任。在计算应付职工薪酬时，代扣的个人所得税金额不在"应付职工薪酬"核算，而是另外编制：

社会责任税费——职工个人所得税
　　应交税费——代扣代缴职工个人所得税

实际缴交时作：

应交税费——代扣代缴职工个人所得税
　　银行存款

"社会责任税费"发生额一直累计下来，便于分时期段查询，只在"赚钱与分配总表"计算赚钱额时，作为报表上的扣除项。

不过，由于目前财务会计还占据税法和社会观念认可的主流地位，出于一致性，内账所使用的某些数据是完全由外账计算结果决定的，例如，应交所得税额，可以分配多少现金股利等。外账计算并实行了，内账只有照办的份，这是无可奈何的事。尽管这些数据与内账计算结果对比，可能显得荒谬。例如，有可能内账得出公司已经"亏钱"的结论，根据外账却有"未分配利润"，还在交所得税，还在用股东自己投资的钱向股东发放现金股利。但这既然属于历史遗留问题，同样需要等待相关的利益集团博弈后，让时光来冲走这些历史谬误。在只有外账没有内账时，这是在"自欺欺人"，现在有了内账，先捅破这一层窗户纸，至少不再"自欺"了，总是好事。

第 20 讲　直接成本核算要义

"省钱就是赚钱",在产能普遍过剩的行业大环境下,降低直接成本、减少间接费用甚至是公司能生存并胜出的唯一途径。其中,降低产品直接成本是重中之重。它是产品定价的底线,如果产品的不含税售价低于其直接成本,这个产品就是"现金黑洞",做得越多,亏得越多,对公司只有负贡献,要立既叫停。在清仓拍卖时,也要尽可能让价格高于直接成本,过低价格就是人们常说的"跳楼价",连本钱都收不回来,没法维持下去了。

在各行业中,典型的制造业是"供、产、销"三个环节俱全,典型的商品流通业只有"供、销"两个环节,典型的服务业则只有"销"一个环节了。所以,讲清制造业的事,其他行业的事就可以举一反三了。

20.1　制造业直接成本剖析

什么才是产品的直接成本？商业上无非是"买进卖出,低买高卖",要判断直接成本并不难。难的是制造业,不太好办的是,在财务会计实践中,有从不同角度理解的产品成本,而且看起来都有道理,从而引起认识上的困惑。

第一种是完全成本法,公司的全部费用开支都算是产品成本的一部分。销售产品的现金收入只有高于产品的完全成本,才叫做赚钱了。只要设想公司只生产一种产品,这种做法是很容易理解并被认同的。

第二种是制造成本法,顾名思义,只把制造过程的成本作为产品成本。除直接材料和直接人工外,生产管理现场发生的间接费用也算是产品成本。其余的开支,如管理费用、财务费用等,都作为当期费用,不算产品成本。销售产品的收入只要高于产品的制造成本,这个产品就算赚钱了。只要设想公司有两个或以上的制造部门,分别生产两种产品,这也是很容易理解并认同的。

第三种是变动成本法,假设有某些开支是随产量(业务量)变动而同方向变动的。例如,生产量越大,原料采购资金也越大,和产量表现为线性关系,称为变动成本。其他开支则不会随产量变化而变化,如房屋租金是个不变的金额,称为固定成本。把变动成本算作产品成本,而把固定成本作为当期的费用,不算产品成本。如果销售某种产品的收入高于其变动成本,该产品就算赚钱了。只要设想公司有多个制造部门,同时生产多种产品,产量又各有不同时,这样的做法算是"快刀斩乱麻",极为简明,很容易理解并认同的。

不过应当说,这些看待成本的角度又各有各的麻烦。

采用完全成本法时,要回答:如果公司同时生产两种或两种以上的产品,这全部的费用开支该怎么在这些产品之间划分?

采用制造成本法时,同样要回答:如果公司的某个制造部门同时生产两种或两种以上的产品,该部门发生的全部费用开支该怎么在这些产品之间划分?显然,除直接材料和直接人工之外,公司还存在看不出与产品有何关联的各种间接费用,这些如果硬要作为产品的成本,难免要主观武断地行事,甚至歪曲产品成本。严重的是,管理决策是要用到成本数据的,不实的成本就可能导致错误的判断。曾有美国某公司关闭了产品成本高于售价的低密度电路板生产线,以为从此可以止损,不料发现亏得更多。后来才知道,真正应该停产的是另一种高密度电路板,由于本该由它承担的间接费用被主观地转嫁给了被停产的产品,使被停产产品在账面上的成本很高,当了替罪羊。这就是成本真相有误,使管理层作出了方向完全相反的错误决策的典型案例。

采用变动成本法时,则很难回答这样的疑问:实际的费用开支往往不是理论假设那样"非此即彼"的,而是可能同时包含变动成本和固定成本的因素在内,怎么把两者截然划分开来?从可操作性上看,这显然又是个大难题。

有鉴于此,大管理会计核算推荐采用有别于上述各法的"直接成本法"。在具体构成上,直接成本由直接材料、直接人工和其他直接成本(如产品设计费、专用模具费、可认定电费等)所构成,可以说,直接成本大致介于变动成本和制造成本之间，比制造成本更具灵活性，比变动成本更具可操作性。不过有必要指出，直接成本核算的精确度还取决于管理基础工作，通过改变条件，提高管理的精细化程度，原来的"不能认定"也会转化为"能够认定"。例如，在没有用电表计量各产品用电量时，电费无法认定到产品上，想要借助"理论用电量"等来分析就属于牵强附会了，只能作为间接费用处理。但如果在生产过程相关环节安装了电表，并保持相应记录，电费就可以直接认定到产品上，成为直接成本，那就更准确了。这说明，要不断采取有效措施，向精细化管理发展，促使直接成本越来越符合实际情况，越来越准确，也就更有助于正确的决策，具有"可进化性"。

20.2 成本收入配比度

在第6讲《赚钱与分配总表》提出的计算式"常态运营赚钱额＝∑（业务现金收入－业务直接成本）－间接费用"，实际上对于成本核算是有指导意义的，这里表达了直接成本对收入计价模式的"配比度"或"迎合度"，以及直接成本与间接费用之间此长彼消的关系。

我们以酒楼业务为例来说明。酒楼是按顾客的点菜单来收费的，每一点菜单上分别有多少道菜，各是多少元，合计应收多少元，等等。每天营业结束时，怎么知道赚没赚钱？最粗略的算法是从酒楼今天的全部收入减去今天的全部费用，就知道赚多少了。但是，由于每天剩下没有用到的食材、酒水等实际上是属于"存货"，这样计算的赚钱额没有考虑存货每天会有变化，是不准确的。所以，还可以改进一下，"以存定耗"地确定本日费用：

$$本日费用＝上日盘存＋本日费用开支－本日盘存。$$

虽然把今天赚了多少钱算出来了，对照着"常态运营赚钱额计算式"来评判，这种算法下的所有开支都是"间接费用"，而没有"直接成本"。收入是按点菜单收取的，却没有提供每一菜单的直接成本，直接成本对收入计价模式不存在"配比"关系，结果是，基本上不知道钱是从哪里赚出来的。为了多赚钱，谁都知道要"增收节支"，却不知道该从何下手，这是管理上最大的问题所在。

　　一笔业务是不是赚到钱，赚到了多少钱，常识告诉我们，要从现金收入里减去直接成本以后才能知道。所以，我们组织成本核算的目的就很明确了，现金收入是怎么计算来收取的，所提供的直接成本就应该尽可能地迎合该收入模式，这才便于分析。酒楼收入既然是从每一拨消费的客人那儿取得的，至少粗略算出他们所耗用的主要食材酒水的"直接成本"也好，就可以判断从他们身上赚到多少钱了，不同消费水平的客人会带来不同的"赚头"，这当然是有市场分析价值的。因为收入是按菜品价格计算的，如果能进一步，核算出每一道菜的"直接成本"就更好，这还对菜品设计和菜品定价都有重要参考作用，有助于创新。以制造业为例，如果收入是按单位产品售价乘以数量计算的，成本核算就该提供每单位产品的直接成本。

　　总而言之，组织成本核算时，要尽可能提高"直接成本对现金收入的配比度"，简称"成本收入配比度"。而由于"此长彼消"的原因，直接成本占比提高了，不易分析的间接费用占比也会降低，这意味着管理基础工作更坚实，管理精细化的水平进一步提高了。

　　不过，这里加了个"尽可能"，是要承认，理想和现实是有差距的，存在着"不必满足""难以满足"、甚至"根本无法满足""成本收入配比度"要求的各种情况。

　　（1）组织成本核算是要有人去做的，会因此发生新费用，在"成本/效益"的权衡下，如大排档出于经济实力有限而暂不实施，也是可以理解的，属于"不必满足"的情况。

　　（2）我们以"联产品"成本问题为例，来说明有些情况下确实"难以满足"配比度要求。在自然界广泛存在着物质的"伴生"或"共生"现象，如铅锌伴生矿，化合物石油等。制造过程有时就是分解物质的过程。例如，在氯碱行业，饱和食盐水经过电解，分解成氯气、氢气和氢氧化钠（烧碱）。那么在生产过程中就有一个"分离点"，分离点以前是"联合生产过程"，经过这点以后，原来投入的原料变成了两种或两种以上的不同产品，这些产品就叫"联合产品"或"联产品"。在会计看来，分离点以前投入的开支叫"联合成本"，分离点之后投入的开支就是各联产品自己的后续加工成本了。现在的难题是,怎么把"联合成本"让各种"联产品"来联合承担,分摊为其各自的成本?换个容易理解的实例,假设肉类联合加工厂收购1头毛猪用了1 000元,加上屠宰费用200元。这1 200(1 000+200)元就叫"联合成本"。"宰杀分离点"以后,就有猪脑髓、猪头皮、猪大肠、猪脚、里脊肉、五花肉等五花八门的"联产品"同时产生,分离点以后追加的加工费用都是不难直接跟踪认定的(如火腿肠的淀粉成本),难的是怎么处理联合成本,各种联产品应当分摊多少联合成本?传统上是依靠"职业判断"来解决这一问题的,可供选择的分配标准有许多,例如,根据联产品的产量、重量、成分比例、在市场上的售价、扣除后续加工成本之后的净售价,等等,认为哪个更重要就选哪个作为分摊标准,据此把联合成本分摊到联产品上。例如,原化工部会计司就曾作出统一规定,在电解食盐水的联合成本中,气氯要分摊60%,气氢分摊4%,氢氧化钠分摊36%,然后加上分离点后发生的成本(例如,氯和氢析出后留下的"电解母液",还要经过提纯才是氢氧化钠),就是各自的产品成本,一锤定音,皆大欢喜。可是,严格地说,联合成本如何分配的问题,在本质上是无解的,因为只有"造物主"才知道,他在形成每一个原料成分时,各投入了多少"成本"。会计人员这么做,岂非"替天行道",也太狂了吧?!何况,如此主观武断处理,随意性太大。

假设换个说法,规定分摊比例是气氢40%,气氯20%,氢氧化钠40%,谁又能说错了?同样,你可以说里脊肉好吃卖价高,应当多分摊些成本,但在创意产业兴旺的今天,"吃啥补啥",猪脑髓浓缩了猪们的"思考结晶",难道就不贵重?这样形成的联产品成本数据,又如何有理有据地支持管理决策?!

(3) "完全无法满足"的情况也是有的。最典型的例子如,移动通信公司是按发送短信条数收费的,却不愿提供发送每一条短信的"直接成本",以证明这高收费是有道理的,而是只管自己"闷声发大财",这曾经引发社会的广泛质疑。其实这是实情,因为在发射基站等"长效贵重资产"投资完成后,发送短信的"直接成本"低到可以忽略不计,移动通信公司当然不好意思公布了。

由于降低产品直接成本是重中之重，需要作多角度的分析测算，归纳出改进思路，达到不断降低的目的。除了以上所述的特例，"成本收入配比度"的要求适用于大多数行业环境，也是大管理会计成本核算的主要目标。

作为理解"成本收入配比度"的案例，我们还可以"迎难而上"，对联合生产过程作进一步剖析。

根据直接成本的定义，确实无法将联合成本认定为分离点后任何一个产品的直接成本，似乎只能作为本期间接费用。但由于少了联合成本这一大块，产品直接成本只包括分离点后自己发生的部分，与现金收入自然有较大"脱节"，两相比较也没有多大的分析价值。不过要承认，这个生产过程本来就是各种联产品相互捆绑，"一损俱损，一荣俱荣"的过程，就是发现里脊肉很畅销，也别指望杀一头猪能切出更多的里脊肉。也就是说，只有考察整个生产过程全部货币收入与全部直接成本的关系，如研究整头猪该不该杀，才是靠谱的，有分析意义的。

这样，如果把眼光放长远些，把生产过程看成是没有中断的一个整体，那么，联合成本和分离点后产品上所发生的各种成本，其地位就是完全相同的，都是为了该生产过程取得现金收入而发生的直接成本。联合成本就是分离点前的"联合生产过程"的直接成本，是完全可以认定的。只不过，这个联合生产过程具有特殊性，往往在分离点之后才可能销售产品，那时才能有现金收入，但已经不算是它的收入了，它是没有现金收入却有直接成本的特殊"产品"，如表20-1所示，可以将二级账户设置为"联合加工产品"，将"联合生产过程"视为其下的"特殊产品"，与其他分离点后的产品并列看待，那么在二级账户层面上来比较"全部现金收入"和"全部直接成本"的大小，整个生产过程对公司有多少直接贡献，就可以有明确结论了。这样处理，在形式上还是符合认定成本费用的"游戏规则"的，只不过作决策分析时要有"高度"，别陷进细节里出不来就行了。以本期只杀一头猪为例，联合生产过程的现金收入为0元，直接成本为1 200元，同期内分离点后产品的现金收入与直接成本数据都是账上就有的，这头猪该不该杀，在"联合加工产品"二级账户层面上比较后就明白了。

20-1　　　　　联合生产过程的收入与成本账户设计

联合生产过程的现金收入账户设计	联合生产过程的直接成本账户设计
主营业务现金收入——联合加工产品——联合生产过程(本账户可能空置)	主营业务直接成本——联合加工产品——联合生产过程
主营业务现金收入——联合加工产品——产品A	主营业务直接成本——联合加工产品——产品A
主营业务现金收入——联合加工产品——产品B	主营业务直接成本——联合加工产品——产品B
主营业务现金收入——联合加工产品——产品C	主营业务直接成本——联合加工产品——产品C
……	……

"主营业务现金收入——联合加工产品——联合生产过程"账户虽然是为了与直接成本配对而设置的,但是在实务中也可能有其用途,未必全是当摆设用的。例如,饱和食盐水电解后有一种叫"次氯酸钠"的副产品,某厂原来当废物排进下水道,常因污染环境而被罚款,在2003年"非典"流行时却被加工为"空气消毒剂"而大卖,这偶发性的现金收入就不妨记在该账户上。又如,肉类联合加工厂也不妨将与其他产品无关,但与宰杀过程直接有关的猪鬃、猪毛、农家肥等各种杂项收入记在该账户上,这也是符合"成本收入配比度"的精细化做法,尽管有点"不雅"的感觉。

联合成本不能认定到联产品上,是客观存在的,就要实事求是地承认、变通处理。可见,"成本收入配比度"思想有广泛的应用前景。

20.3　从现金流视角看直接成本核算

现金流动只出现在"现金出/实物进"采购节点和"现金进/实物出"销售节点上,在这两个节点之间,并没有实际的现金流动,只有内部的实物流动,不过,既然生产过程中的实物都是要用现金投入的,具体表现为直接材料、直接人工和其他直接成本,经过会计处理,实物流就同时表现为现金流了,所谓的成本核算,就是追踪实物流的运动变化,让附于其上的现金流也产生相应变化的过程。

在生产过程内部发生着错综复杂的、各种各样的实物"微运动变化"。例如,从原材料变成加工过的半成品,实物从甲生产车间运送到乙半成品仓库,一种原材料分解为几种联产品,几种零件以某种方式装配为部件,几种部件以某种方式总装成整机,产品正在包装,产品经过质量检验办理进仓,某种在制品在反应罐中,等等。这些运动变化表现为一个个从"起点"到"终点"的事件,形成以原材料为起点、以最终产成品为终点的公司内部物流网络。这些不断变换、令人眼花缭乱的生产加工过程,因为属于工艺技术范畴,实际上是常人难以看懂的。更难以形成总体印象,对于公司高级管理层而言,是个极大的挑战。

根据中式现金收付思想,对此是用现金出现了"虚收虚付"来解释和理解的。例如,成本为1000元的原料投入生产,相当于把原料卖了1000元,又以这1000元支付在生产成本上,结果原料少了,生产成本增加了;产成品交库也类似,是生产成本少了,库存商品增加了……中间都有"现金"在流动着。也就是假设发生了"现金买卖",不间断地"一收一付",用金额变化来追踪表现实物的运动变化,所以,内部的实物流仍然可以用"广义的现金流"来表达。管理会计用许多不同的"生产直接成本"账户来与内部物流相对应,不妨把这些账户看作"现金池",账户的"期初余额"代表现金池的期初存量,"本期增加"代表现金池的本期流入量,"本期减少"代表现金池的本期流出量,"期末余额"代表现金池的期末存量,实物运动变化就转化为没有实质性差别的、"现金池"两两之间的金额流动。而"现金池"两两之间的现金流向,与实物流动的"起点"和"终点"是基本一致的,最终组成以原材料为起点、以产成品为终点的大"管道网"。如此,现金流就完成了对实物运动变化的紧密跟踪。

20.4 生产直接成本的账户结构

尽管由于科技进步等因素,实际物料在产品成本中所占的比重可能会越来越小,制造业在本质上总是对实际物料进行加工的行业,所以我们要先强调生产直接成本账户中的一个重要名词,即"物料描述":在作为其上级的一级账户和主从结构配合下,能独一无二地辨识与说明某种物料的表达方式,就是"物料描述"。例如,在主从结构"生产直接成本——有色金属——

钢材——碳素钢——φ100钢管"中,"生产直接成本"是一级账户,其后是必要的大小三层分类,最后的"φ100钢管"就是物料描述,代表外径为100毫米的钢管。物料描述可能以两种或以上特征组合在一起的方式表达,如"φ100钢管";也可能以单一的品名特征出现,如"钢管",在这种情况下,"φ100"就要上升为多出来的一层分类,即"生产直接成本——有色金属——钢材——碳素钢——φ100——钢管",才能仍然独一无二地辨识与说明这种物料。至于物料描述如何表达,是以"单一特征形式"还是"多种特征组合形式"出现,往往要迎合企业或行业的习惯用法。

在"生产直接成本"一级账户下,"物料描述"是必有的内容,而两者之间代表大小分类的主从结构账户层级,可以通称为"中间环节"。它可以是某种起辅助说明的物料特征,可以是表明物料加工进程的某一加工工序或加工车间,也可以是表明物料所在位置的某半成品库,等等,总之是有助于表明物料描述正处在某种"状态"。例如,服装企业可能用服装款号作为物料描述,如"2016153",表明是2016年第1季度第53款的产品,而服装产品生产过程大致可以分为"裁床""车工"和"后整"三个阶段,那么"生产直接成本——车工——某款号"就说明该款号已经完成衣片裁切,正处于车工缝制过程中。当然,如果"生产直接成本+物料描述"就能独一无二地辨识某种物料状态,"中间环节"并不是必有的账户组成部分。

此外,为服务于主生产过程,往往会有些辅助性的工序如供水、供电和供气等,其所提供的服务与物料一样可以明确地计量,尽管可能以"生产直接成本——供水车间"之类来命名账户,仍可视为特殊的"物料描述"。在现金流诊断思维里,它们都是没有实质性差别的现金池之间的金额流转。

物料描述还不是生产直接成本的最低级账户,一般地说,"生产直接成本"的三个最低级明细账户是"直接材料""直接人工"和"其他直接成本",它们是依附于具体物料描述下的分类,有助于事后的成本分析。"直接材料"和"直接人工"很容易理解,除这两类以外,"其他直接成本"用来记录可以认定为与该物料直接有关的其他成本,具体的例子如产品能耗费、产品专用设计费、产品专用模具费,等等。

有个疑问需要略作澄清,归入"其他直接成本"的某些项目,虽然可直接认定是直接成本，其效用有时却是更为深远的。以服装设计费为例，某一款式服装的设计费发生了，也作为该款式第一批产品的"其他直接成本"了。但是，由于受市场欢迎，后来又连续生产若干批，虽同样受益于该设计，就不必再负担设计费了，这样的处理似乎对第一批产品不够"公平"？应当说，在第一批产品生产时，这样的账务处理是反映了客观事实的。至于以后又生产时，不妨就事论事地看待，过去的设计费已经花出去了，此时并未发生新的设计费，管理会计认为那是"沉落成本"，也不必再去回顾了。对产品专用模具费也会有类似的疑问，为第一批产品而制作后，只要该模具不损坏，后来的产品均可受益。对此，除了和产品专用设计费同样的解释理由外，还可以这么想，该模具如果价值足够高，作为"长效贵重资产"处理就没疑问了，正是因它自身不符合"长效且贵重"的标准，才作这样的简化处理的。

在这三个底级账户的成本归集中，直接材料领料业务较为复杂，下节对此作专门介绍。

20.5 直接材料的账务处理

从实物流的角度看，直接成本核算是从领用原材料投入生产开始，到产成品交库为终止的，所以领料业务是很重要的起点。在手工处理环境中，典型的领料单是"一料一单"的形式，格式如表20-2所示。领料单提供了关于"起点"和"终点"的信息，即"什么原材料，用到什么产品上"的信息。

表20-2 领料单

领料单位：		用途：		日期：		发料仓库：	
材料编号	材料类别	品名	规格	计量单位	数量		成本	
					请领	实发	单价	金额

发料人： 领料人： 领料单位负责人： 主管

直接材料发出的特点，是随生产需要持续性地多次领用，从而要开具许多领料单。仓库发料后，领料单的财务联也会送到会计手里。为了避免每一张领料单逐笔输入的工作量，往往要先编制"领料汇总表"，假设企业只生产甲、乙两种产品,也没有中间的成本环节,只需要用到 A、B 两种原材料,领料汇总表如表 20-3 所示。领料单采取"一料一单"格式的好处,就在于便于"洗牌"操作,按要求对领料单进行分类和汇总,具体填表过程如下:

(1) 先将领料单按材料品名规格划分开来,本例可划分为原材料——A 和原材料——B 两类单据;

(2) 对 A、B 领料单进一步按用途划分,以原材料——A 为例,细分为直接生产成本——甲、直接生产成本——乙两类;

(3) 加计属于"生产直接成本——甲"耗用"原材料直接成本——A"的所有领料单数量,将合计数 40 填入;

(4) 加计属于"生产直接成本——乙"耗用"原材料直接成本——A"的所有领料单数量,将合计数 18 填入;

(5) 加计属于"生产直接成本——甲"耗用"原材料直接成本——B"的所有领料单数量,将合计数 1 填入;

(6) 加计属于"生产直接成本——乙"耗用"原材料直接成本——B"的所有领料单数量,将合计数 5 填入;

(7) 从会计的"原材料直接成本"账上查到每一材料品名规格,查找其"移动加权平均"的当前单位成本,并计算相应的直接材料成本。

以"生产直接成本——甲"所耗用的"原材料直接成本——A"为例,设查到当前单位成本是 10 元,相应材料成本是 400。

表 20-3　　　　　　　　　领料汇总表

	生产直接成本——甲		生产直接成本——乙		合计	
	数量	金额	数量	金额	数量	金额
原材料直接成本——A	40	400	18	180	58	580
原材料直接成本——B	1	20	5	100	6	120
合计		420		280		700

完成汇总表上所有项目的计算和填列后,即可据以编制记账凭证了。

生产直接成本——甲——直接材料 420
生产直接成本——乙——直接材料 280
　　原材料直接成本——A 580
　　原材料直接成本——B 120

在自动处理环境中，手工处理的方式完全可以借鉴，只要设计一个类似的电子汇总表格，有足够的信息，计算机便可自动生成记账凭证。至于电子汇总表数据的来源，在库存管理已经计算机化的情况下，可以自动调用领料单数据，按要求自动生成领料汇总表，作为记账凭证的附件。在这种情况下，计算机对每个原材料账户的计算基本上与上文所说的手工编表过程类似，不再赘述。在库存管理尚未计算机化的情况下，只能由人工汇总后填入电子表格。

20.6　存量与流量的关系

大管理会计的报表是动态报表，指定起始日期和终止日期，就可以编出这一时期的"赚钱与分配总表"和"现金流平衡表"，这就需要做到"今日事，今日清"，每天发生的收入、成本费用业务都要及时处理了。不过即使这样，有些时间差还是难以避免地会出现。例如，产品生产出来并卖出去了，现金收入已经到手，却在出报表时，由于直接成本还不能同步地计算出来，以至于现金收入与直接成本无法及时地配比。为了包容这种正常的时间差，编表时可以做主营业务现金收入与主营业务直接成本的配对检测，还没有对应直接成本的现金收入就不表现在"赚钱与分配总表"上，而是暂时作为预收账款，表现在"现金流平衡表"上。

就生产直接成本的每个账户而言，可以视为一个"现金池"，基本关系式是：

$$期初余额＋本期增加－期末余额＝本期减少$$

在直接成本核算时需要知道"本期减少"的金额，"本期减少"就是现金池要向其他现金池分配的"流出量"。从上式可见，期初余额和本期增加额都是账上可以查到的，如果期末余额为 0，就可以很方便地从账上得到"本期减少"的金额了。由于制造业日益向多品种、小批量生产、乃至大规模定制生产发展,分批成本核算成为常态要求,在每批产品交库后,期末余额当然为0,再来核算直接成本,顺理成章地成为主流的方式,这是非常高效的。不过,在连续式大批量生产方式下,还是需要用期末余额代入上式,从而知道本期减少的金额的。直接材料底级账户的期末余额,可以通过对在制品实物的盘点并计价而得到。

在某个生产直接成本账户中,当所有金额归集完毕,要向下游账户流动时,如果工序中还有未完成加工的在制品,就要根据其不同的投料程度,事先确定每单位直接材料成本,然后分别盘点其数量,所有在制品的"盘存数量×单位直接材料成本"之和,就是该账户的存量金额,"盘存金额表"如表20-4所示。

表 20-4　　　　　　　　盘存金额表

在制品名称	在制品盘存数量	每单位直接材料成本	直接材料盘存金额
合计			

有些行业由于生产设备容量的限制,任意时点上的已投料量是大致不变的,如化工反应罐、管道与玻璃熔窑等,可以通过工艺分析,确定一个不变的金额作为盘存金额,俗称"铺底金额",省却每次成本计算时要重复盘点的工作量。

从"直接材料"底级账户上所归集的当前总金额中扣除了存量金额后,其余的金额都作为流量,按一定的标准(通常是各下游账户的领用量)向下游的直接材料账户转移,成为这些账户要归集的直接材料。假设物料描述A直接材料账户记录为:

期初余额　1 000
＋本期增加 10 000
－期末余额　3 000
　──────
　本期减少　8 000

即 A 待分配的流量是 8 000 元,又假设领料单据表明 B 和 C 各领用了 A 产出品的一半,常见的"内部流程"会计分录是

生产直接成本——(中间环节)——物料描述 B——直接材料　　　4 000

生产直接成本——(中间环节)——物料描述 C——直接材料　　　4 000

生产直接成本一(中间环节)——物料描述 A——直接材料　　　8 000

说明 A 处于实物流转的上游,B 和 C 处于实物流转的下游,哪个账户处于上游,哪个账户处于下游,并不是任意的,而是由实际的生产工艺过程所决定的,本例中从领料单据就可以断定。会计分录的金额代表两个账户间的"流量",那是要由处于物流下游的其他账户接手的,实物流向决定了直接成本金额的流向。既然一个节点上的"流向"和"流量"都有了,想象一下,所有节点上的直接成本核算分录,合起来就向我们描绘了一个以资源投入为起点,以库存商品交库为终点的"现金流管道网络"。

至于"直接人工"和"其他直接成本"底级账户,因为都是"虚"的,一般来说,只要依附于直接材料底级账户的算法,也象征性地确定各自的"存量金额"就行了。方法是:

(1) 先计算直接材料底级账户的"存量占比"。也就是"存量金额"占转移前总金额的百分比,即:

$$\text{直接材料底级账户存量占比} = \frac{\text{直接材料底级账户期末存量金额}}{\text{直接材料底级账户分配前总金额}}$$

以 A 为例,是 $3\,000 \div 11\,000 = 0.272\,7$

(2) 这部分材料之所以还不能作为流量向下游账户转移,主要原因当然是在本工序还没有完成预定的全部加工,换言之。还没有全额吸收直接人工和其他直接成本。加工程度低的,近乎尚未吸收,加工程度高的,近乎全额吸收,简化的做法是统一按 50% 计算,即"直接人工"和"其他直接成本"底级账户的存量金额,按"直接材料底级账户存量占比"的一半来计算确定。计算式分别是:

$$\frac{\text{直接人工底级}}{\text{账户的存量金额}} = \frac{\text{直接人工底级}}{\text{账户总金额}} \times \frac{\text{直接材料底级}}{\text{账户存量占比}} \times 0.5$$

$$\frac{\text{其他直接成本底级}}{\text{账户的存量金额}} = \frac{\text{其他直接成本底级}}{\text{账户总金额}} \times \frac{\text{直接材料底级}}{\text{账户存量占比}} \times 0.5$$

以 A 为例,这两个账户的存量占比都是 $0.5 \times 0.2727 = 0.1364$。

(3) 从这两个底级账户的总金额中分别减去其"存量金额",就可以确定要向下游账户转移的"流量金额"了。

据说各种流量计(水表、电表、燃气表等)在设计原理上都是有误差的,不过同样的误差前后一致,久而久之也就没感觉了。借助直接材料存量占比来确定另外两个底级账户的存量金额,当然有一定假设性,象征性地只承担部分成本金额,确保其相对稳定。如此简化处理,是为了成本核算的统一性和及时性,完全可能会有误差,但这误差是由流量金额给吸收了。

从理论上说,当然可以对盘存的各种在制品逐一分析,确定哪种加工状态已经吸收了多少直接人工和其他直接成本,从而确定其"单位直接人工成本"和"单位其他直接成本",然后也是"盘存数×单位成本",得到其"存量金额",管理基础工作扎实,管理精细化程度高的公司不妨一试。不过,这样做即使可操作,也总有"事倍功半"之嫌。

20.6 流量分配表的基本格式

为了对外分配某账户的流量金额,需要有"流量分配表",以便在表中完成分配的计算。流量分配表一般格式见表 20-5。假设公司有一配电车间,"生产直接成本——配电车间"所归集的成本费用,大致包括向供电局缴交的电费和本车间发生的费用,因没有存量金额,全部都是流量金额。将这一金额填在"分配的金额"栏的"合计"行,相关物料和部门的电表读数填在"用电量"栏,作为分配标准,该表计算完成后,就可据以编制分配的会计分录:

```
生产直接成本——(中间环节)——物料描述 A——其他直接成本    9 499.20
生产直接成本——(中间环节)——物料描述 B——其他直接成本    4 749.60
生产直接成本——(中间环节)——物料描述 C——其他直接成本    6 332.80
管理费用——水电费                                      3 166.40
    生产直接成本——配电车间                                  23 748
```

表 20-5　　　　　　　　　流量分配表(电费)

用 电 单 位	用电量	分配的金额
生产直接成本—(中间环节)—物料描述 A—其他直接成本	6 000	9 499.20
生产直接成本—(中间环节)—物料描述 B—其他直接成本	3 000	4 749.60
生产直接成本—(中间环节)—物料描述 C—其他直接成本	4 000	6 332.80
管理部门	2 000	3 166.40
合计	15 000	23 748

至于"分配标准表"的计算方法有两种,即"计算分配率"(表 20-6)和"计算分配百分比"(表 20-7)的方式,从乘法交换率可知,两者完全相同。

(1) 计算分配率。待分配的流量总金额为 B_0,即分配标准合计为 A_0,先计算出"分配率"即"B_0/A_0",然后每个接受分配账户的流量乘以分配率,就得到各自应该承受的金额了。

表 20-6　　　　　　　　以计算分配率的方式填表

分配标准	乘以统一的分配率	分配的金额
A_1(已知)		B_1
A_2(已知)		B_2
A_3(已知)		B_3
A_0(已知)	B_0/A_0	B_0(待分配)

$A_1 \times B_0/A_0 = B_1$
$A_2 \times B_0/A_0 = B_2$
$A_3 \times B_0/A_0 = B_3$

(2) 计算分配百分比。先计算出每个接受账户要承担的"分配百分比",再以这百分比去乘待分配的流量总金额即可。

表 20-7　　　　　　　以计算分配百分比的方式填表

分配标准	各自的分配百分比	分配的金额
A_1(已知)	$A_1/A_0\%$	B_1
A_2(已知)	$A_2/A_0\%$	B_2
A_3(已知)	$A_3/A_0\%$	B_3
A_0(已知)	100%	B_0(待分配)

$A_1/A_0 \times B_0 = B_1$
$A_2/A_0 \times B_0 = B_2$
$A_3/A_0 \times B_0 = B_3$

无论是"分配率"还是"百分比",实务中都要求精确到小数点后第4位。而且,由于分配金额计算中"四舍五入"的原因,最后一个账户接受的金额计算有所不同,不用乘法,而是从待分配的总金额减去前面其他账户的分配金额之和得到的,以保流量金额全部分配完毕。

20.7 直接成本自动核算与自动分析

根据大管理会计系统的要求,每当有现金收入时,要随同注销相应的库存商品直接成本,而生产制造是天天都在进行的,就对直接成本核算提出了"每天报送"的要求,纯手工操作是难以胜任的。但产品成本核算以其牵涉面之广、过程之繁琐复杂而令人生畏,传统"财务软件"普遍不具备自动核算能力,会计人员在每一环节上,不得不以各种电子表格完成计算,再以记账凭证录入系统,经常因某些环节延误,影响到全局成本的及时性。更不利的是,虽然最终也完成了成本核算,中间过程的数据却零散存放在无规则的电子表格中,难有后续自动分析的可能性。所以,只有产品直接成本全过程自动核算了,才能使成本数据以有序的规范形式保留在"数据仓库"中,才有可能对成本数据实时地自动分析和利用,需要先解决产品直接成本自动核算的难题。

正如上文所提及,经过生产成本账户的高度抽象,整个错综复杂的实物变化过程,已经转化为没有实质性差别的"从账户到账户的金额流转"。具体做法是,顺应实际生产经营过程的方向。例如,"A环节加工后转移到B环节继续加工",让直接成本金额在代表"起点"和"终点"的一系列账户间进行零和的摊配与重组合,所谓"汇总,分配,再汇总,再分配"是也,最终目的,就是要确定库存商品的直接成本。

这种账户形式上的一致性,非常适合计算机,意味着成本全过程自动核算的可能性。我们的理想是:在完成各生产直接成本物料描述账户的费用归集工作后,让计算机像一个人独自完成核算任务那样,从第1个账户开始,处理完了再第2个账户地依次进行,可以事先编制一个"物料描述分配顺序表"(见表20-8),让计算机顺序进行。这样一个个账户处理下来,直至算出最终产成品直接成本为止。

表 20-8　　　　　　　　　物料描述分配顺序表

顺序号	待分配物料描述账户	摘要内容	盘存金额表	流量分配表

对"物料描述分配顺序表"的各栏内容说明如下：

"顺序号"栏：首先表达账户之间的分配顺序，计算机便能按顺序号逐一执行。生产的实物流动先验地决定了哪些物料描述账户要先行对外分配；哪些物料描述账户要先承受上游物料描述转来的成本，归集后再对外分配，而不是相反。

"待分配物料描述账户"栏：账户主从结构定义到"物料描述"为止，计算机可以据此自动查找该账户的流水记录，并先后处理其底级账户。

"摘要内容"栏：事先指定自动生成的记账凭证上，摘要应填写什么内容。如"分配(待分配物料描述)的成本"。

"盘存金额表"栏：计算机可以根据所填写的表名调出对应的"盘存金额表"，读取存量金额，如果该栏为空，则默认无存量金额；

"流量分配表"栏：计算机可以根据所填写的表名调出对应的"流量分配表"，自动计算处理，顺序如下。

1. 处理直接材料级底级账户

汇总直接材料底级账户当前金额；

确定直接材料底级账户存量金额(从"盘存金额表"读取)；

确定直接材料底级账户要对外转移的流量金额(当前金额——存量金额)；

计算并保存直接材料底级账户存量占比(直接材料底级账户的"存量金额/账户当前金额")；

调用"流量分配表"，计算各下游账户分别要承接的流量金额；

编制分配直接材料底级账户流量金额的记账凭证，其中承受账户底级的"直接材料"是自动加上的。

2. 处理直接人工底级账户

汇总直接人工底级账户的当前金额；

确定直接人工底级账户的存量金额,即 0.5(直接人工底级账户当前金额×直接材料底级账户存量占比);

计算直接人工底级账户要对外转移的流量金额(当前金额－存量金额)

调用"流量分配表",计算各下游账户分别要承接的流量金额;

编制分配直接人工底级账户流量金额的记账凭证,其中承受账户底级的"直接人工"是自动加上的。

3. 处理其他直接成本底级账户

汇总其他直接成本底级账户当前金额;

确定其他直接成本底级账户的存量金额:0.5(其他直接成本底级账户总金额×直接材料底级账户存量占比);

计算其他直接成本底级账户要对外转移的流量金额(当前金额－存量金额)

调用"流量分配表",计算各下游账户分别要承接的流量金额;

编制分配其他直接成本底级账户流量金额的记账凭证,其中承受账户底级的"其他直接人工"是自动加上的;

再进入下一个待分配物料描述的处理……直到最后一个处理完毕。

在以上说明中,"汇总……账户的当前金额"是有所指的,因为从第 2 个待分配物料开始,有可能承受了上一个物料分配过来的金额,也要汇总在内。

若有可能,让相关的计量设备自动产生"盘存金额表"和"流量分配表"是最理想的,可以减少人工干预,提高核算的可靠性。在上述数据准备完整的前提下,系统不断地解析"物料描述分配顺序表"上的信息,就有可能像一个人独自完成核算任务那样地顺序进行,直至算出产成品成本并结转进仓为止。当然,这只是对数据流的大致描述,还有些略而未谈的技术细节,要结合软件工具开发才能厘清。

可见,直接成本自动核算的好处,一是保证了天天出报表的管理要求;二是能够以计算机可以解析的数据仓库方式,有序地保留全部的成本核算数据,以备自动分析;三是大大减轻了会计人员的劳动强度。他们只要整理出"盘存金额表""流量分配表"等数据,由现金流诊断顾问一次性定义"物料描述分配顺序表",便可完成全过程核算,自动生成记账凭证,自动保存各环节分配计算表(作为附件),并自动生成明细账簿。

第 21 讲 模拟案例的账务处理

为使读者对管理会计核算过程有较全面的感性认识,本讲模拟一家公司的业务,展现管理会计是如何作账务处理,如何编制"赚钱与分配总表"和"现金流平衡表"的,为简明起见,案例不涉及平行结构信息的采集与运用。该公司 2012 年为筹建期间,2013 年 1 月 1 日正式投产。该案例的数据是虚构的,未必符合真实情况。在业务模拟中,考虑到数据完整性及简化需要,一些业务可能以汇总分录表现。

21.1 筹建期间业务的会计处理

(1) 2012 年 1 月 1 日,龙华集团以银行存款投资 50 000 000 元,存入工商银行。

会 计 账 户	左方金额	右方金额	数量
银行存款——工商银行	50 000 000		
实收资本——龙华集团		50 000 000	

(2) 2012 年完成基建建设,于 2012 年年底交付使用。建设厂房及购置设备以银行存款支付 42 000 000 元,其中厂房 24 000 000 元,机器设备 18 000 000 元。

会 计 账 户	左方金额	右方金额	数量
长效贵重资产——房屋建筑物	24 000 000		
长效贵重资产——机器设备	18 000 000		
银行存款——工商银行		42 000 000	

(3) 2012 年建设期间,以银行存款支付杂项费用 4 800 000 元。

会 计 账 户	左方金额	右方金额	数量
其他间接费用——开办费	4 800 000		
银行存款——工商银行		4 800 000	

关于开办费。在还没有投入生产经营前，公司筹建期也会发生各种不形成资产的杂项费用，如注册登记、学习考察、操作培训、差旅招待等等，称为开办费，可以先行登记在"其他间接费用"下的"开办费"账户，正式营业前再注销为零。

间接费用注销后的结果是，公司还未投入生产经营，就已经有负的"未分配总赚钱"，这是必须如实反映的事实。在筹建期间结束时，2012年12月31日的账户余额如表21-1所示。

表21-1　　　　　　　筹建完成后的账户余额

银行存款	3 200 000	实收资本	50 000 000
长效贵重资产	42 000 000	未分配总赚钱	-4 800 000
合计	45 200 000	合计	45 200 000

公司在筹备期间的会计记录常被称为"基建账"，以上会计分录都属于基建账。正式的账务处理是从某个预定的"初始日期"开始的，本例是以2013年1月1日为"初始日期"，2012年12月31日的账户余额表同时也是年初建账时的"现金流平衡表"。

21.1　投产后的业务及其会计处理

以下为2013年建账后的业务。

（1）1月1日，购入材料碎玻璃5 000吨，单价450元/吨，计2 250 000元。供货商：万德工贸公司，账期1个月。

会计账户	左方金额	右方金额	数量
原材料直接成本——主要材料——碎玻璃	2 250 000		50 000 000
应交税费——增值税——进项税额	382 500		
应付账款——万德工贸公司		2 632 500	

（2）1月1日，购入材料硅砂500吨，不含税单价380/吨，计190 000元；纯碱100吨，不含税单价1 800/吨，计180 000元。供货商：万德工贸公司，账期1个月。

会 计 账 户	左方金额	右方金额	数量
原材料直接成本——主要材料——硅砂	190 000		5 000 000
应交税费——增值税——进项税额	32 300		
原材料直接成本——主要材料——纯碱	180 000		1 000 000
应交税费——增值税——进项税额	30 600		
应付账款——万德工贸公司		432 900	

增值税率是不含税价的17%。以硅砂为例,增值税进项税额＝190 000×17%＝32 300。

(3) 1月3日购入重油1 000吨,不含税单价3 800元/吨,计3 800 000元。供货商:四龙石油公司,账期1个月。

会 计 账 户	左方金额	右方金额	数量
原材料直接成本——燃料——重油	3 800 000		1 000 000
应交税费——增值税——进项税额	646 000		
应付账款——四龙石油公司		4 446 000	

(4) 1月3日,购入包装材料收缩带16 000个,不含税单价25元/个。供货商:鑫宇工贸有限公司,账期1个月。

会 计 账 户	左方金额	右方金额	数量
原材料直接成本——其他材料——收缩带	400 000		16 000
应交税费——增值税——进项税额	68 000		
应付账款——鑫宇工贸有限公司		468 000	

(5) 1月3日,购入周转材料木托盘10 000个,不含税单价20元/个。供货商:鑫宇工贸有限公司,账期1个月。

会 计 账 户	左方金额	右方金额	数量
原材料直接成本——其他材料——木托盘	200 000		10 000
应交税费——增值税——进项税额	34 000		
应付账款——鑫宇工贸有限公司		234 000	

(6) 1月3日,购入涂料3 000千克,不含税单价110元/千克。供货商:鑫宇工贸有限公司,账期1个月。

会 计 账 户	左方金额	右方金额	数量
原材料直接成本——其他材料——涂料	330 000		3 000
应交税费——增值税——进项税额	56 100		
应付账款——鑫宇工贸有限公司		386 100	

(7) 1月10日,向工商银行借款5 000 000元,半年期,年利率4.8%。

会 计 账 户	左方金额	右方金额	数量
银行存款——工商银行	5 000 000		
短期借款——工商银行		5 000 000	

(8) 1月15日,生产部购入各种低值易耗品120 000元,以银行存款支付。

会 计 账 户	左方金额	右方金额	数量
其他间接费用——车间杂费	120 000		
银行存款——工商银行		120 000	

(9) 1月1~25日,原材料消耗994 000元,其中碎玻璃2 000吨,硅砂200吨,纯碱10吨。

会 计 账 户	左方金额	右方金额	数量
生产直接成本——熔制——直接材料	994 000		
原材料直接成本——主要材料——碎玻璃		900 000	2 000 000
原材料直接成本——主要材料——硅砂		76 000	2 000 000
原材料直接成本——主要材料——纯碱		18 000	10 000

原材料如果不是"整批进整批出"的,就有个出库时成本如何计算问题。以碎玻璃为例,从业务1的会计分录可见其单位成本是450元/吨,乘以本次消耗数量2 000吨,即得本次出库投产的原材料直接成本为900 000元。在实务中,是有库存明细账可查到的。

(10) 1月1~25日,重油消耗171 000元,数量450吨。

会 计 账 户	左方金额	右方金额	数量
生产直接成本——熔制——其他直接成本	1 710 000		
原材料直接成本——燃料——重油		1 710 000	450 000

(11) 1月1～25日，消耗电费250 000元，附有各部门的用电量抄表数量。

会 计 账 户	左方金额	右方金额	数量
生产直接成本——熔制——其他直接成本	60 000		
生产直接成本——成型——其他直接成本	100 000		
生产直接成本——检验——其他直接成本	30 000		
生产直接成本——包装——其他直接成本	20 000		
管理费用——水电费用	20 000		
销售费用——水电费用	10 000		
其他间接费用——水电费用	10 000		
其他结算性负债——华融电力公司		250 000	

各成本环节分摊的电费是其各自的用电量乘以每度电的单价得到的，具体计算从略。业务(11)用的"其他结算性负债"账户，是假设根据电表读数可以计算确定，已经欠了电力公司的钱。

(12) 1月1～25日，辅助材料消耗280 000元。

会 计 账 户	左方金额	右方金额	数量
生产直接成本——检验——直接材料	55 000		
原材料直接成本——其他材料——涂料		55 000	500
生产直接成本——包装——直接材料	125 000		
原材料直接成本——其他材料——收缩带		125 000	5 000
其他间接费用——周转用木托盘	100 000		5 000
原材料直接成本——其他材料——木托盘		100 000	5 000

木托盘属于可回收的周转用具，领用时作为费用一次性处理，但要另做行政性登记管理。

(13) 1月25日，计提1月份工资890 000元。

会 计 账 户	左方金额	右方金额	数量
生产直接成本——熔制——直接人工	150 000		
生产直接成本——成型——直接人工	240 000		
生产直接成本——检验——直接人工	60 000		
生产直接成本——包装——直接人工	90 000		
其他间接费用——车间管理人员工资	120 000		
管理费用——管理人员工资	150 000		
销售费用——销售人员工资	80 000		
应付职工薪酬		890 000	

(14) 1月1~25日，车间管理人员办公杂费40 000元，以银行存款支付。

会 计 账 户	左方金额	右方金额	数量
其他间接费用——车间杂费	40 000		
银行存款——工商银行		40 000	

(15) 1月1~25日，销售部办公杂费用20 000元，以银行存款支付。

会 计 账 户	左方金额	右方金额	数量
销售费用——办公杂费	20 000		
银行存款——工商银行		20 000	

(16) 1月1~25日，管理部办公杂费用32 000元，以银行存款支付。

会 计 账 户	左方金额	右方金额	数量
管理费用——办公杂费	32 000		
银行存款——工商银行		32 000	

(17) 1月1~25日，产品入库3 634 000元。

会 计 账 户	左方金额	右方金额	数量千克
库存商品直接成本——啤酒瓶——330 ML 玉门冰纯绿	2 520 000		5 600 000
库存商品直接成本——啤酒瓶——600 ML 清源	990 000		1 800 000
库存商品直接成本——啤酒瓶——600 ML 九华山纯生	124 000		200 000

（续表）

会计账户	左方金额	右方金额	数量
生产直接成本——熔制——直接材料		994 000	
生产直接成本——熔制——直接人工		150 000	
生产直接成本——熔制——其他直接成本		1 770 000	
生产直接成本——成型——直接人工		240 000	
生产直接成本——成型——其他直接成本		100 000	
生产直接成本——检验——直接材料		55 000	
生产直接成本——检验——直接人工		60 000	
生产直接成本——检验——其他直接成本		30 000	
生产直接成本——包装——直接材料		125 000	
生产直接成本——包装——直接人工		90 000	
生产直接成本——包装——其他直接成本		20 000	

本例中，由于熔窑生产没有留存的在产品，所归集的全部生产直接成本由各种产品全部承担了，计算过程从略。

(18) 1月1~25日，登记330 ML玉门冰纯绿发出商品，欠款100%，总价3 042 000。已按发票如数发足商品，同时作应收账款的备忘记录。

会计账户	左方金额	右方金额	数量
发出商品直接成本——啤酒瓶——330 ML玉门冰纯绿	1 800 000		4 000 000
库存商品直接成本——啤酒瓶——330 ML玉门冰纯绿		1 800 000	4 000 000

应收款项备忘记录

对应记账凭证号：18	到期日：	客户名：玉门啤酒厂
主营业务现金收入		2 600 000
应交税费——应交增值税——销项税额		442 000
合计应收款项		3 042 000

如果企业需要作现金流调度，则"到期日"不能为空。

(19) 1月1~25日，600 ML清源销售欠款100%，计982 800元，以1个月期银行承兑汇票支付。已如数发出商品。

会 计 账 户	左方金额	右方金额	数量
发出商品直接成本——啤酒瓶——600 ML 清源	660 000		1 200 000
库存商品直接成本——啤酒瓶——600 ML 清源		660 000	1 200 000

并作了备忘记录。

对应记账凭证号:19	到期日:	客户名:清源啤酒公司
主营业务现金收入		840 000
应交税费——应交增值税——销项税额		142 800
合计应收款项		982 800

(20) 1月1～25日,600 ML 九华山销售欠款100％,总价计64 350元。已如数发出商品。

会 计 账 户	左方金额	右方金额	数量
发出商品直接成本——啤酒瓶——600 ML 九华山纯生	62 000		100 000
库存商品直接成本——啤酒瓶——600 ML 九华山纯生		62 000	100 000

并作了备忘记录。

对应记账凭证号:20	到期日:	客户:九华山啤酒厂
主营业务现金收入		55 000
应交税费——应交增值税——销项税额		9 350
合计应收款项		64 350

(21) 1月1～25日,收到50％的330 ML 玉门冰纯绿销售款,计1 521 000元。先处理这一半钱货两清的商品。

会 计 账 户	左方金额	右方金额	数量
银行存款——工商银行	1 521 000		
主营业务现金收入——啤酒瓶——330 ML 玉门冰纯绿		1 300 000	2 000 000
应交税费——增值税——销项税额		221 000	
主营业务直接成本——啤酒瓶——330 ML 玉门冰纯绿	900 000		2 000 000
发出商品直接成本——啤酒瓶——330 ML 玉门冰纯绿		900 000	2 000 000

并以负数修订原来的备忘记录。

对应记账凭证号:18	到期日:	客户名:玉门啤酒厂
主营业务现金收入		-1 300 000
应交税费——应交增值税——销项税额		-221 000
合计应收款项		-1 521 000

（22）1月1~25日，收到600 ML九华山纯生销售欠款100%，计64 350元。

会 计 账 户	左方金额	右方金额	数量
银行存款——工商银行	64 350		
主营业务现金收入——啤酒瓶——600 ML九华山纯生		55 000	100 000
应交税费——增值税——销项税额		9 350	
主营业务直接成本——啤酒瓶——600 ML九华山纯生	62 000		1 000 000
发出商品直接成本——啤酒瓶——600 ML九华山纯生		62 000	1 000 000

并以负数修订原来的备忘记录。

对应记账凭证号:20	到期日:	客户名:九华山啤酒厂
主营业务现金收入		-55 000
应交税费——应交增值税——销项税额		-9 350
合计应收款项		-64 350

（23）2月5日，用银行存款支付鑫宇公司货款500 000元。

会 计 账 户	左方金额	右方金额	数量
应付账款——鑫宇工贸有限公司	500 000		
银行存款——工商银行		500 000	

（24）2月8日，用银行存款支付四龙石油公司货款2 000 000元。

会 计 账 户	左方金额	右方金额	数量
应付账款——四龙石油公司	2 000 000		
银行存款——工商银行		2 000 000	

(25) 2月8日,用银行存款支付1月份工资890 000元。

会 计 账 户	左方金额	右方金额	数量
应付职工薪酬	890 000		
银行存款——工商银行		672 000	
银行存款——工商银行		80 000	
银行存款——工商银行		138 000	

(26) 2月10日,用银行存款支付1月电费。

会 计 账 户	左方金额	右方金额	数量
其他结算性负债——华融电力公司	250 000		
银行存款——工商银行		220 000	
银行存款——工商银行		10 000	
银行存款——工商银行		20 000	

(27) 2月10日,用银行存款支付万德工贸公司货款1 500 000元。

会 计 账 户	左方金额	右方金额	数量
应付账款——万德工贸公司	1 500 000		
银行存款——工商银行		1 500 000	

(28) 2月10日,用银行存款支付工商银行借款利息20 000元。

会 计 账 户	左方金额	右方金额	数量
财务费用——利息费用	20 000		
银行存款——工商银行		20 000	

(29) 2月11日,收到设备转让款220 000元。设备原价350 000元,转让价格220 000元。

会 计 账 户	左方金额	右方金额	数量
银行存款——工商银行	220 000		
处置长期资产货币亏绌——机器设备	130 000		
长效贵重资产——机器设备		350 000	

(30) 2月12日,用银行支付废水池改造工程进度款150 000元。

会计账户	左方金额	右方金额	数量
在建工程——废水池改造	150 000		
银行存款——工商银行		150 000	

(31) 2月15日,用银行存款买入1个月理财产品1 000 000元。

会计账户	左方金额	右方金额	数量
其他投资项目——理财产品	1 000 000		
银行存款——工商银行		1 000 000	

(32) 2月16日,用银行存款支付捐赠救灾款100 000元。

会计账户	左方金额	右方金额	数量
其他货币亏绌——捐助支出	100 000		
银行存款——工商银行		100 000	

(33) 2月16日,收到财政技改扶持款项600 000元。

会计账户	左方金额	右方金额	数量
银行存款——工商银行	600 000		
其他货币升溢——接受补助奖励		600 000	

(34) 2月16日,向新申达购买机器设备3 850 000元,开具3个月期银行承兑汇票。

会计账户	左方金额	右方金额	数量
长效贵重资产——机器设备	3 850 000		
应付票据——新申达公司		3 850 000	

(35) 2月16日,用银行存款支付银行承兑汇票手续费19 250元。

会计账户	左方金额	右方金额	数量
财务费用——利息费用	12 950		
银行存款——工商银行		12 950	

(36) 2月17日,废料出售款32 500元解交银行。

会 计 账 户	左方金额	右方金额	数量
银行存款——工商银行	32 500		
其他业务现金收入——废料出售		32 500	

(37) 2月18日,银行收到330ML玉门冰纯绿上月销售的另一半余款1 521 000元。

会 计 账 户	左方金额	右方金额	数量
银行存款——工商银行	1 521 000		
主营业务现金收入——啤酒瓶——330 ML玉门冰纯绿		1 300 000	2 000 000
应交税费——增值税——销项税额		221 000	
主营业务直接成本——啤酒瓶——330 ML玉门冰纯绿	900 000		2 000 000
发出商品直接成本——啤酒瓶——330 ML玉门冰纯绿		900 000	2 000 000

并以负数修订原来的备忘记录。

对应记账凭证号:18	到期日:	客户名:玉门啤酒厂
主营业务现金收入		-1 300 000
应交税费——应交增值税——销项税额		-221 000
合计应收款项		-1 521 000

(38) 2月18日,收到清源啤酒公司银行承兑汇票款982 800元。

会 计 账 户	左方金额	右方金额	数量
银行存款——工商银行	982 800		
主营业务现金收入——啤酒瓶——600 ML清源		840 000	1 200 000
应交税费——增值税——销项税额		142 800	
主营业务直接成本——啤酒瓶——600 ML清源	660 000		1 200 000
发出商品直接成本——啤酒瓶——600 ML清源		660 000	1 200 000

并以负数修订原来的备忘记录。

对应记账凭证号:19	到期日:	客户名:清源啤酒公司
主营业务现金收入		−840 000
应交税费——应交增值税——销项税额		−142 800
合计应收款项		−982 800

(39) 1月31日,计提所得税4 500元。

前已述及,当前税务部门还是按利润计算企业所得税的,所以这个所得税数字是照抄外账的计算结果。

会 计 账 户	左方金额	右方金额	数量
社会责任税费——企业所得税	4 500		
应交税费——企业所得税		4 500	

(40) 2月10日,用银行存款支付所得税4 500元。

会 计 账 户	左方金额	右方金额	数量
应交税费——企业所得税	4 500		
银行存款——工商银行		4 500	

21.3 编制"赚钱与分配总表"和"现金流平衡表"

所有业务的记账凭证制作完成后,就可编制"赚钱与分配总表"(见表21-1)和"现金流平衡表"(见表21-2),在这两份报表中,"未分配总赚钱"都是根据报表内的数据钩稽关系,直接计算出来的,请参见第6讲《赚钱与分配总表》和第7讲《现金流平衡表》的相关内容。

表 21-1　　　　　　　　赚钱与分配总表

2013年01月01日—2013年02月28日

项目	期初累计	本期发生	期末累计
一、货币升溢			
1. 主营业务货币升溢		980 000	980 000
附:主营业务现金收入		3 440 000	3 440 000
主营业务直接成本		2 460 000	2 460 000

(续表)

项目	期初累计	本期发生	期末累计
2. 其他业务货币升溢		32 500	32 500
附:其他业务现金收入		32 500	32 500
其他业务直接成本			0
3. 现金利息收入			
4. 现金股利收入			
5. 其他货币升溢		600 000	600 000
货币升溢合计		1 612 500	1 612 500
二、货币亏绌			
1. 主营业务现金亏绌		7 000	7 000
附:主营业务现金收入		55 000	55 000
主营业务直接成本		62 000	62 000
2. 其他业务现金亏绌			
附:其他业务现金收入			
其他业务直接成本			
3. 销售费用		110 000	110 000
4. 管理费用		202 000	202 000
5. 其他间接费用	4 800 000	390 000	5 190 000
6. 其他货币亏绌		100 000	100 000
货币亏绌合计	4 800 000	809 000	5 609 000
三、常态运营赚钱额	-4 800 000	803 500	-3 996 500
加:处置长贵资产货币升溢			
减:处置长贵资产货币亏绌		130 000	130 000
四、息前税前赚钱额	-4 800 000	673 500	-4 126 500
减:财务费用			32 950
五、息后税前赚钱额	-4 800 000	640 550	-4 159 450
减:社会责任税费		4 500	4 500
六、本期未分配总赚钱	×××	636 050	×××
加:期初未分配总赚钱	×××	-4 800 000	×××
七、可供股东分配总赚钱	×××	-4 163 950	×××
减:现金股利		0	0
八、期末未分配总赚钱	×××	-4 163 950	-4 163 950

表21-2

现金流平衡表

2013年2月28日

项目	资金占用				项目	资金来源			
	期初余额	本期增加	本期减少	期末余额		期初余额	本期增加	本期减少	期末余额
一、货币资金					一、筹资性负债				
现金					长期借款		0	0	0
银行存款	3 200 000	9 941 650	6 639 450	6 502 200	应付债券		0	0	0
其他货币资金					短期借款		5 000 000	0	5 000 000
货币资金合计	3 200 000	9 941 650	6 639 450	6 502 200	其他筹资性负债		0	0	0
二、存货直接成本					筹资性负债合计		5 000 000	0	5 000 000
原材料直接成本		7 350 000	2 984 000	4 366 000	二、结算性负债				
生产直接成本		3 634 000	3 634 000	0	应交税费		598 650	1 254 000	−655 350
库存商品直接成本		3 634 000	2 522 000	1 112 000	应付利息		0	0	0
存货直接成本合计		14 618 000	9 140 000	5 478 000	应付股利		0	0	0
三、投资项目					应付职工薪酬		890 000	890 000	0
长效重资产	42 000 000	3 850 000	350 000	45 500 000	应付账款		8 599 500	4 000 000	4 599 500
在建工程		150 000	0	150 000	应付票据		3 850 000	0	3 850 000
工程物资		0	0	0	预收账款		0	0	0
长期股权投资		0	0	0	其他结算性负债		250 000	250 000	0
其他投资项目		1 000 000	0	1 000 000	结算性负债合计		14 188 150	6 394 000	7 794 150
投资项目合计	42 000 000	5 000 000	350 000	46 650 000	三、原始业主权益				
四、结算性债权					实收资本	50 000 000	0	0	50 000 000
发出商品		2 522 000	2 522 000	0	资本公积				
预付账款					减库存股				
其他结算性债权					原始业主权益合计	50 000 000	0	0	50 000 000
结算性债权合计		2 522 000	2 522 000	0	四、期末分配总赚钱	−4 800 000	636 050	0	−4 163 950
资金占用合计	45 200 000	32 081 650	18 651 450	58 630 200	资金来源总计	45 200 000	19 188 150	6 394 000	58 630 200

战略
管理篇

有些大中型公司,或管理水平较高的公司,还会有些更高的管理需求未能得到满足。所以,本篇涉及的三个论题,即《预算决算一体化研究》《组织公司集团核算》和《未变现权益的估值》,均属于公司战略管理层面的课题。由于每个课题展开来都是大文章,需要充分应用大局观来把握,需要有坚实的管理基础工作,更需要有管理会计软件工具的深度介入才能实现。限于篇幅,只作了概念性的阐述,展示其实现的可能性而已。

第22讲　预算决算一体化研究

关于生产经营全面预算，一向以来，除了些不知所云、虚无缥缈的"宏大叙事"以外，我们只能见到众多的局部性设想和实践，虽然有的相当精致，但是缺乏总体的框架性结构，也提不出应变的手段。要想使全面预算达到最后纳入财务预算的高度，提供"预计赚钱与分配总表"和"预计现金流平衡表"，需要为此建立完备的理论模型，从技术上说明全盘该怎样做，并通过得心应手的数据处理手段来充分应变，这是本讲所要介绍的内容。

22.1 "所有权"与"管理权"的结合部

管理当局是有任期限制的。在换班交替时，前任总经理作出的长期投资决策，往往直接影响到后任的业绩。而且，前后任的管理思路难免是不连续的。这种情况下，只有董事会能代表股东来弥补这种由于总经理任期交替而产生的前后思路不连贯，从而确保平稳发展的延续性，这就明确区分了董事长和总经理两类高管在使命上的联系与区别。

公司董事会不可推卸的职责是公司"长期可持续赚钱"的前景，加强对长期投资决策的监管和审批。常说公司董事会管的是"战略"，实际上，最重要的战略思考莫过于此。在所有权与管理权相对分离的模式下，拥有"管理权"的公司高管出于各种考虑，往往会有不同程度的"投资饥渴症"。公司董事会站在与之不同的"所有权"立场上，也应当关注并纠正可能过度发展的倾向。生产经营全面预算应该是董事长与总经理共同关注的领域，是相对分离了的"所有权"与"管理权"实现结合的重要工具。

以长效贵重资产投资作为分析案例。长期投资大致有两种类型，一种是本身就能独立产生赚钱效用的，如储备土地、对子公司长期股权投资、购置投资性房地产、购买金融资产等。对于这些投资项目，只要以原始购置金额或原始投资金额登记在账上，到实际处置时，再据以和收入对比，计算是否赚钱就行了，其监管是较为简明的。另一种是自营的生产经营投资，往往需要先投资一些长效贵重资产,这些长效贵重资产本身不具备独立赚钱效用,而是作为生产经营配套设施而起作用的,它们只是生产经营的必要条件,并非充分条件,如办公楼、厂房、生产设备和管理软件系统等。一旦过量投入或过分昂贵,实际上并无助于生产经营,却会在当期产生巨额的现金支出,伤及公司造血量。从董事会的立场,当然必须严格控制。对办公楼和厂房等生产经营场所,以足够维持现有规模周转,并有一定发展空间为宜。对生产设备,购置前要先有可行性研究,根据现有规模作需用量分析,数量确实不足时,才能批准购置。所以,对于长效贵重资产的投资,应该是能省则省的。

另一个战略问题是研发方向的决策。研发项目大致可分为应用性研究和基础性研究两类。应用性研究的目的性较明确,如开发某种新产品、新工艺,因此周期较短,成功率较高。基础性的研究则较厚重,周期长,成功率也低,不过一旦成功会影响一大片。但目前科学与技术的界限、基础研究与应用研究的区别都有所模糊,企业核心竞争能力所依托的往往是厚重的基础性研究,以此为源头,才能不断地扩散到新的应用领域,派生或嫁接出各种新成果,保证持续的竞争力。因此,来自企业的科研投入必将占有越来越大的比重,这直接转化为"短期赚钱"和"长期可持续赚钱"矛盾,如何权衡特别重要,这也是董事会要深度介入全面预算制定的原因。

生产经营全面预算是公司战略的周期化、具体化和常态化表达,设计良好的全面预算是公司所有知识和智慧的集大成者,是高层管理最有效的工具,可用于预见未来、配置资源和目标管理等。所以,这是个美好的公司梦,是值得为此不断努力的。

22.2 组织全面预算制定工作

我们在"全局性诊断篇"描绘了公司的整体情况,在"专题性诊断篇"进一步讨论了如何从各个不同视角随时发现问题,提出改进建议。根据这些方法,很多问题渴望出现后很快得到纠正,使公司处于不断改进、不断提升的状态。例如,钱是要从一个个投资项目里赚到的,与此同时,投资项目的资源是要由责任中心来管理和调度的,造血量责任中心制度激励员工"尽可能多收现金,尽可能早收现金;尽可能少付现金,尽可能迟付现金",使公司造血量最大化,不过那主要是在预定的项目约束条件下的短期经营决策。全面预算主要关注长期投资决策,是从公司战略的高度,盘点当前和未来的投资项目,仔细研究"供产销三环节,人财物三要素"的关系,为我们提供了全面反思并再作布局的重要机会。

这里需要明确公司高管和现金流诊断顾问的关系,全面预算编制是认识问题并解决问题的过程,需要作出很多的决策,特别是长期投资决策。例如,如果已投产的某种商品已经赔钱,就要作出"是去是留"的决断。所以现金流诊断顾问只能从专业角度发现问题,提出建议,解决问题则是管理层的权限。尽管现金流诊断顾问可以牵头组织各部门参与编制,实际上只是以其专业知识起参谋作用,所谓"当家不做主",要由预算委员会作最后的拍板,所以需要成立由有董事会参与的、由最高管理层领导的预算委员会来主其事。

按照管理会计教科书的经典要求,所有业务职能领域的预算,最终都要纳入公司的财务预算,形成严谨的预计报表体系,为管理层提供前瞻的视野,实际上,在全面预算中,财务预算才是真正高屋建瓴的部分。如果没有起到"最后总其成"作用的财务预算,就还处在较低的层面上,只是各部门审批资源配置时的有效控制工具而已,所以整个编制过程需要借助现金流诊断的思维。

22.3　用会计方法描绘未来

我们想象有个专门"处理"未来业务的账套,可以针对未来期间的虚拟业务编制记账凭证,并录入这个系统。例如,经过预测,A产品在明年1月份能卖出1 000 000元,加上增值税项目,用记账凭证来表达就成了:

货币资金　　　　　　　　　　　　　　　　　　　　　1 170 000

　　应交税费——应交增值税——销项税额　　　　　　　　170 000

　　主营业务现金收入　　　　　　　　　　　　　　　　1 000 000

再如，经测算，明年1月份共需要采购原材料1 000 000元，加上增值税项目，用记账凭证表达为：

原材料直接成本	1 000 000
应交税费——应交增值税——进项税额	170 000
货币资金	1 170 000

把有关明年1月份的所有现金收入和现金支出都测算到了，也编制了虚拟的记账凭证录入这个"未来账套"了，预计的报表当然也能编制出来了，有账还真是不一样，用会计方法描绘未来，应该是走得通的。也许读者马上会联想到很多问题：未来期间的数据如何取得，未来期间的记账凭证如何编制，未来期间的财务报表如何表现，等等，但是在进一步深入之前，有必要把这一系列疑问暂且搁置一旁，先引入"决算账套"的想法。

22.4　预算账套与决算账套

有"预算"必然有"决算"，当预算进入执行期后，就开始要求作决算，需要先说明预算账套与决算账套的区别与联系。

所谓决算，就是如实地表现已经发生的实际生产经营活动的另一套账，理解为我们日常所进行的核算账套（如本书第21讲的模拟案例）就可以了，并没有什么本质的不同。只不过，因为它与"预算账套"有一种平行的关系，要反映预算期间的实际执行结果，而被叫成了"决算账套"，以示"虚实有别"而已。它们都是相对独立的账套，可以不受影响地进行各自的核算。

两者的联系则在于，进入预算执行期，决算账套也启动核算后，还需要把两套账拉在一起考察，从对比中来了解预算的执行情况。在核算特点上，预算账套是按日历月度划分的，其记账凭证反映的是整个月的虚拟业务；决算账套则是随实际业务地发生不间断地进行处理的，要与预算账套对比时，才划分出属于该月度的记账凭证。这样的联系，可以确保回答诸如"时间过半，赚钱目标是否也已完成过半？"之类的问题。所以，预算的账户体系和决算的账户体系是要有某种对应关系的。既然决算账套面对的是实际生产经营，已经有了现成的账户体系，预算账户就要以决算账户为

蓝本来设计,其特点是:

(1) 因为不到未来时点上,无法预测细节性的内容。如何说得清明年此时谁欠了多少应收账款,谁欠了多少应收票据?存货会以哪种具体形式存在?所以,决算账套所用的账户,有些在预算账套中仍可继续使用,有些则只能合并在一起,是相对粗略的。

(2) 但是,预算账户与决算账户之间,要保留严格的对应关系。例如,决算账户的"原材料直接成本""生产直接成本""库存商品直接成本"和"发出商品直接成本"等均属于预算账户的"存货直接成本",这样才可能进行两者的对比。这种严格对应可以通过对照表建立起来,表 22-1 是"预算/决算账户对照表"的简例。在 IT 技术上的说法,这是两个系统之间的"数据接口",使它们建立起可靠的数据对应关系。表中,"本期预决算总差异"是预算账套独有的,下文会提及其作用。

(3) 决算账套在实际运行中还可能启用新的账户,"预算/决算账户对照表"也要及时纳入此类变化,否则会出现缺漏的盲区。

表 22-1　　　　　　　　　"预算/决算账户对照表"简例

预算账户	决算账户
货币资金	库存现金
	银行存款
	其他货币资金
存货直接成本	原材料直接成本
	生产直接成本
	库存商品直接成本
	发出商品直接成本
……	
本期预决算总差异	

可以想象,有了"预算/决算账户对照表",要编出如表 22-2 的"财务预算差异分析表"也就不难了,它的特点是针对每一预算账户,"预算数"是从预算账套取数的,"实际数"是根据"预算/决算账户对照表",从决算账户数据转换过来的,两者之间的差异是监控和分析的依据。

表 22-2　　　　　　　　　　　财务预算差异分析表

预算账户	期初余额		本期增加		本期减少		期末余额	
	预算数	实际数	预算数	实际数	预算数	实际数	预算数	实际数

22.5　实际编制的操作过程

除非有明确迹象，如经济危机已然发生，提示将出现剧变的拐点，一般可以认为"未来是过去历史的合理延伸"。所以，预测未来期间的最可靠方法，就是在过去生产经营活动的基础上，努力体认未来将发生什么重大的变化，这些变化会对公司产生多少影响，然后据此对过去期间的实际业务进行修订。或者说，在过去业务的基础上融入预期的未来变化，所以历史数据即所谓的"决算账套"数据是很重要的。

全面预算一般是按日历年度编制的，但真正进入预算期后，如果第 1 个月的预算执行完了，就要补上 1 年后那个月度的预算，以便保持 12 个月的前瞻视野，从而自然有了持续滚动的年度预算。对历史数据的利用，最好采用"预算月度参考往年同月度实际业绩"的方式。例如，在编制明年 1 月份预算时，主要参考的是今年 1 月份的实际业绩。这是因为，人们感觉到的所谓产品销售有"淡季旺季"之分，原料采购价格有"周期性涨落"等，往往表明市场存在某种或明或隐的规律性。这样做，在无形中会使预算更符合外部市场变化，更具准确性。所以，全面预算最好是在大管理会计核算已经实施 1 年后，在此基础上开始编制。这时，过去的业绩已经在账上核算了，有了翔实的历史数据可供利用，也可以"同月对同月"地利用。假设公司已经有了从今年 1 月份开始的大管理会计核算数据，从今年 10 月份开始编制明年的全面预算。

这需要有个编制预算的工作底稿。调用今年 1 月份的所有记账凭证数据，并取得其备份数据。这个可以任意修改的备份数据，可以称为"预算工作底稿"，我们要在这个底稿中不断修改，最后形成明年1月份的预算账套数据，可以有如下几步骤。

第一步，去除预算月份不复发生的业务。

由于预算工作底稿数据是今年1月份的实际业务，有必要在其中查找预算年度1月份不会再发生的业务，主要是已经结束并在账上注销了的业务。例如，某种理财产品在今年1月份已卖出，已知明年1月份不可能再有此类收入；某种产品因为赔钱已经停产，明年不会再发生这种损失；某项业务是偶发性的，在未来期间未必再次发生，或已经采取措施防止其再次发生，等等，查清后可以直接剔除反映这些业务的记账凭证。

第二步，调整在历史上已经发生，但预算月份还可以优化的业务。

如前所述，专题性诊断为如何优化现有业绩提供了重要启示，可能会发现某些业务还有通过努力来调整的空间，还有各种可行的优化措施可以考虑。例如：

有可能削减某些间接费用开支；

有可能通过促销等手段来提高产品售价；

有可能通过技术改革等手段来降低产品直接成本；

通过组织机构调整，特别是造血量责任中心的归并或划分，有可能提高考核和激励效果；

……

总而言之，在现有业务的基础上，充分设想未来的预算期间可以作什么改进，并经预算委员会决策落实后，就在很大程度上确定了未来的改进，在工作底稿中修订相关记账凭证的金额数量等，以反映预算月份会优化的未来业务。

第三步，加入预算月份需要列入预算的新增项目。

例如：新增的投资项目要开始投资，需要预估其现金支出；

基建安装中的某生产线将投产，也需要预估其未来的现金收支；

……

在对这所有的想得到的业务作了预估之后，也要编制相应的记账凭证，录入预算工作底稿。

根据"预算/决算账户对照表"的对应关系,将工作底稿的数据,转换为预算账套的数据。转换后,可能出现左右双方都是同一账户的记账凭证,如现金与银行存款对转业务,因为同属于预算账户"货币资金"。转换后左右双方都是货币资金,可以删除。

这时就可以编制"预计赚钱与分配总表",由预算委员会评估该月度的预计业绩,如果满意,可以继续明年 2 月份的预算编制;如果还不满意,可以设想更多的改进与新增措施,根据相应决策,回头继续修订预算工作底稿,然后再次转换为预算账套的数据。

这个过程可以不断地重新进行,直到整个预算年度所有月份的预算初步形成(如表 22-3 所示),等待真正进入预算年度的年初时点。这时已经完成了预算编制的大多数任务,但还没有期初余额。而且,因为本期增加和本期减少数在进入预算期后也还可以酌情修订,并未完全定稿。

表 22-3　　　　　　　　　　初步形成的预算数据

预算账户	1月份		2月份		3月份		(略)		12月份		年度合计	
	本期增加	本期减少	本期增加	本期减少	本期增加	本期减少	本期增加	本期减少	本期增加	本期减少	本期增加	本期减少

22.6　对未来的预见性和洞察力

在预算进入执行期以前,还没有实际业务发生,当然不可能启动决算账套核算,决算账套也就还没有实际数据。但是,预算账套一旦录入了未来期间的虚拟业务数据,就可以利用这些数据,独立地想象公司的未来前景了。在预算账套中不断地改变虚拟业务数据,就可以反复地作种种测算,回答"如果某些参数变化,那么会对公司产生什么影响"之类的问题。例如:

如果某产品销售单价降低 10%,全年总赚钱将减少多少万元?

如果花费 100 万元的广告促销费,使某产品销售数量提高 20%,全年会多赚多少钱,是否合算?

如果叫停某条亏本的产品线,全年将减亏多少万元?

……

可见,这正是传说中的"What-if"模型,用作企业应对未来环境变化的有效工具,就能够大大提高管理层的预见性和洞察力,是管理层求之不得的。

预算账套还可以用来测算预算期间的货币资金需要量。如前所述,在预估了现有业务的未来业绩,以及新增业务的未来业绩之后,最需要知道的是,是否有充足的货币资金来支持预算期间的所有业务顺畅进行,以避免出现"理想很丰满,现实很骨感",或者"小马拉大车"的现象。要回答这个问题也很简单,对预算账套中特定月度的所有记账凭证,直接统计本月货币资金收支的净额,如果结果是负数,就代表了该月的现金收入小于现金支出,会有资金短缺。如果预计在该月月初可用的货币资金余额不足以弥补这一缺口,就要提前筹措,设法吸收新的股权投资或长期性的负债,以免届时资金链断裂。这对理财工作是极有用的信息。如果发现在预算期内资金供应过分充裕,就要寻求新的投资机会。

22.7 预算进入执行期后

在进入预算执行期之前,录入预算账套的所有记账凭证所反映的,都是预算期间的业务,此时既不可能有"期初余额",也不可能有"期末余额"。实际过了预算年度的年初时点后,就可以从决算账套的"期初余额",根据"预算/决算账户对照表",加工出预算账套的"期初余额",并得到预算期初的"现金流平衡表"。预算与决算两套账就可以从同一起点上开始,平行地各自核算。

在进入预算年度执行期后,根据市场环境变化等因素,往往还有必要对原规划的业务作必要的调整。例如:

当发现某产品因特别热销而需要扩大规模时,就可以修订原来规划的业务规模,并据以在预算账套中录入记账凭证,描述新扩大的业务;

从预算期初"现金流平衡表"的基础上开始运行,可以估算现有资源是否足够,需要追加多少输血量投资,并据以在预算账套中录入;

......

这样,生产经营全面预算就具备了充分的应变能力。

预算年度 1 月份执行完毕,要进入预算年度 2 月份的运行时,同样要求有个 2 月份预算账套的期初余额。

首先要根据根据"预算/决算账户对照表",将决算账套的 2 月份期初余额转换为用预算账户表达的数据,由于两个账套是平行记录的,它会不同于预算账套里 2 月份期初余额的数据。为了使两个账套 2 月份的期初余额一致,要在 1 月份的预算账套里,编制一份记账凭证,列出每个预算账户"决算的复合金额余额－预算的复合金额余额"的差异,差异为正的列在左方,差异为负的列在右方,并用"本期预决算总差异"账户轧平,这样就处理了预算账套和决算账套在 1 月份产生的差异。请见表 22-4。此时,除预算账套里的"本期预决算总差异"外,两个账套的 2 月份期初余额已经一致,可以继续预算年度 2 月份的执行了。

表 22-4　　　　　　　　处理预算决算账套差异的记账凭证

预算账户	左方金额	右方金额
账户 A		
账户 B		
账户 C		
本期预决算总差异		

22.8　进入预算年度后的资源耗费控制

"预计赚钱与分配总表"回答了预算年度生产经营的愿景,预算委员会一旦确定这个战略目标,就会面临着在预算年度如何管控具体业务的问题。由于内账核算是一种后台核算,是业务发生后才进行的,不能指望内账核算来实施预算控制,必须将控制点往前设置,在前台业务发生前就施加直接影响。

在资源的耗费方面,就和"银行借记卡上没钱就领不了"一样,理想的控制原则是:事先有预算才可以领用或支出,实际超预算了也一样,要先补上预算,然后才允许开支。大体上,可以具体化为"实物预算控制"(如生产工序领用原料)、"金额预算控制"(如行政部门发生费用)和"金额/实物双重预算控制"(如贵重物品的严格管理)三种形式,并在相应的前台业务预算控制点实施这些控制。

至于预算允许开支或领用的具体数据,在预算定稿后,理论上是可以从"预算工作底稿"直接提取出来的,这还有待于管理会计软件系统投入运行后,由数据挖掘工具来完成这一任务,暂付阙如。

第 23 讲　组织公司集团核算

由于股权投资、托管等原因而同属于某个控制意志管理，这样的两个或两个以上公司组成的相互依存结构，就是公司集团。公司集团不是法律实体，长期以来，其管理的特殊性未能得到特别重视，往往只是依附在母公司管理之上，借助于不太可靠可信的各类业务报告来形成"模糊印象"，进行"模糊管理"，两者毫无章法地混同在一起，其管理手段也就格外单薄，还存在许多有待补强的薄弱环节，因此更需要会计核算的支持。

23.1　公司购并的三种主要形式

现代公司出于各种考虑，大多会进行对外购并业务，一般而言，公司合并有三种形式：

新设合并：现有的几家公司以其净资产换取新成立公司的股份，原来的公司都宣告解散。新设合并的结果，仍然是一个单一的经济主体、法律主体和报告主体。

吸收合并：一家公司取得其他一家或几家公司的净资产，而后者即告解散。吸收合并的结果，也仍然是一个单一的经济主体、法律主体和报告主体。

控股合并：一家公司通过长期股权投资取得另一家或几家公司的控制性权益，所谓控制，是指统驭一家公司的财务与经营决策，并借此从主体的活动中获得利益的权力。控股合并之后，各家公司仍是单一经济主体、法律主体和报告主体，但同时，以控股公司为主持者，要编制几家公司的合并财务报告。

在"新设合并"和"吸收合并"方式下，一旦完成合并时的相关账务处理，以后就作为单一的会计主体来处理账务和对外报告，所用的还是传统的会计方法，也就不会产生新的会计问题。但在"控股合并"下，一家公司取得另一家或几家公司的控制性股权，除各自继续经营外，它们之间还形成了新的关系,也由此带来全新的问题。

23.2　公司集团的范围界定

控股合并之后,发生了些什么变化?表面上,似乎是一切如常,没有任何变化。从法律上看,它们还是各自独立的法人;从经营上看,它们还是按原模式处于正常运作中;从会计上看,它们还是要通过核算,提供自己对外的财务报告。

唯一重要的变化是潜在的,那就是参与投资或被投资的公司,从此有了共同的主人。我们从"投资谱系示意图"(图 23-1)来直观地理解,在图中,B 是拥有 E 和 F 的控制股权的母公司,D 是拥有 I 和 J 的控制股权的母公司,它们对自己的子公司可以实施控制行为。在更高层次,A 则拥有 B 和 D 的控制股权,由于处于 A

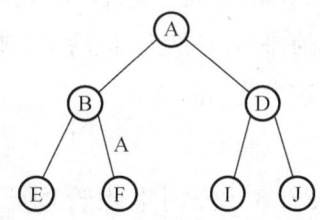

图 23-1　投资谱系示意图

的地位的,有可能是公司法人,也可能是自然人,为准确严密起见,我们对于拥有被投资公司控制股权的投资者,均以"控制意志"来表述。在图 23-1 中,B 是 E 和 F 的"控制意志",D 是 I 和 J 的"控制意志",A 则是所有公司的"控制意志"。

当 A 公司对 B 公司投资并拥有后者的控制股权时,A 公司是母公司,B 公司是子公司,两者共同构成"公司集团",服从"控制意志"的统一指挥。可见,公司集团是因为投资等纽带的作用,而相互关联在一起的"一篮子"公司。一般地,公司集团以拥有对外股权投资的母公司为核心,但有时甚至会有两个或两个以上的母公司(例如两家公司相互地交叉持股),所以母公司不同于公司集团,严格地说它只是"众多独立法人公司所构成的集团"中的普通一员,用"母公司本部"来代表,可能更准确些。"母公司本部"和"子公司"共同构成的"一篮子公司"是真正意义上的公司集团。

在工商管理登记中,有一种"集团公司"的提法,它也不是"公司集团",实际上还是"母公司本部",只不过因为符合有关规定,被允许登记为"集团公司"以示其资本雄厚、规模宏大、拥有众多分公司或子公司而已。当此类集团公司的旗下都是全资分公司时,该集团公司实质上还是从上到下无缝的"单体公司"。

对于两个公司之间是否有关联,常用的判断标准如股权投资份额是否过半,等等,并非总是有效。例如,"控制意志"通过托管协议,不因股权投资而取得对某公司的管理权,是可能的;通过血缘、亲情等较为隐蔽的纽带关系,实质性地控制挂在别人名下的公司,也是可能的。所以公司集团的范围,就是"统一意志"所能施加实际控制的范围。事实上,能够拥有"意志"的,只有自然人,但除了"神龙见首不见尾"的操盘者自己,外人是很难看清这个范围的。

23.3 公司集团管理要独立于母公司管理

虽然公司集团的掌门人一般仍是母公司老总,尽管他精于母公司本部的业务,也精于母公司本部的管理,在他转而思考公司集团的全局性问题时,应当充分意识到,公司集团管理不是对单体母公司的管理,而是对"一篮子公司"的战略性管理,自己已经不可能直接插手所有成员公司具体的生产经营,也不可能具备集团成员所在的全部行业的管理技能,所以应当从对"母公司本部"的管理思维中超脱出来,自觉地改换立场。公司集团管理的特殊之处在于:

在投资决策上,更关注的不是专业工艺方面,而是行业性的投资方向以及项目的可行性研究,特别是关于净现金流的研究;

在业绩考核上,更关注的不是净利润,而是具体地考察每家成员公司是否真正赚钱了,整个集团是否真正赚钱了;

在资金管理上,更关注的不是成员公司的资金情况和融资能力,而是集团整体的融资能力和利用效率;

在组织结构上,更关注的不是直接管理单家成员公司,而是通过事业部制来分别进行多元化的管理;

在物流管理上,更关注的不是成员公司的情况,而是围绕事业部建立整体性的供应与销售平台,以充分发挥规模经济效应……

这种管理上的超脱性和独特性,正是以"货币为计量单位",最具综合表现力的会计信息优势之所在,所以,公司集团管理在很大程度上是"基于会计信息的管理"。

23.4　关联交易可能造成假象

当公司作为独立的市场主体时,当然会从自身利益出发来"讨价还价",因此,双方的行为要互相牵制,在价格和交易条款的形成等方面是客观的。在此基础上所作的账务处理、所编制的会计报表也就具有相当的真实可信性。

一旦企业间形成控制与被控制的关系,情况就不同了,原本在法律上相互独立的企业群体,转而共同服从于"控制意志"。在其调控下,它们的权益被捆绑在一起,相互之间的交易都要服从于全新共同体——"公司集团"的最高利益。从而,它们原有的定价权、财产权等独立权力荡然无存。在交易时,可以从相互"讨价还价"变成由控制意志确定的"不二价"。例如,某上市公司连同"母公司本部"在内,共有10家成员公司,在统一授意下,从第1家成员公司开始,将手中价值1 000万元的存货加价100万元,售予第2家;第2家又加价100万元,售予第3家……最后,第1家又以2 000万元的总价(相关税收忽略不计),从第10家手中购回,"笑纳"为自己的"库存商品"。结果是,存货还是那些存货,实际上并没有卖出去,各成员公司却能经过互相捧场,"净利润"都各有所得,达到"纸上富贵"。这就是通过"关联交易"来造假。

关联交易造假的实质是"以独立法人之名,行统一行动之实"。所有成员公司从自身立场看都盈利了,而且它们原本独立的法律主体外壳并未因此而变化,容易使人们误以为:交易仍然是基于平等的市场契约关系,独立决策完成的,其财务报表仍然是客观可信的。实际上,这些交易都是公司集团"内部"的流转,就像从一个人的左边口袋转到右边口袋一样毫无意义。但外人要辨别哪些是有意造假的关联交易,哪些才是独立公司之间的正常交易,就需要事先知道哪些公司都听命于某位操盘者,这却是难上加难的。

关联交易造假要有两个前提,一是以净利润为核心业绩指标;二是认可应收款项也算是公司的"资产"。从而,假的资产"应收款项"增加,假的业绩"未分配利润"也随之增加,通过两者同时增加,想要多少就有多少。由于难以辨识公司集团的边界,也就难以辨识"造假的关联交易"与"正常的市场交易"之间的差异,这成为极难抑制的会计造假手法之一。

只要改变公司业绩的定义,改变公司间交易的游戏规则,就能简明地还原真实。在大管理会计中,核心业绩指标已是总赚钱,只认收到手的真金白银;应收款项也被认定不是现金买来的资产,上述两个造假前提已不复存在,所反映的事实当然会可靠得多。

23.5 公司集团操盘者更需要真相

就公司集团操盘者而言,内部关联交易有时也不是好事,公司集团的成员之间一旦有交易,原来简明的关系便因而扑朔迷离。最典型的是,若以净利润作为子公司业绩考核指标,子公司同样可以互相捧场做大"净利润",共享"纸上富贵",母公司同样难以识别,"儿子联手也可以骗老子"。有一系列的疑问,操盘者自己也需要知道"真相":

如何考核下属公司的真实业绩,而不被忽悠了?

自己手头究竟能调度多少资产,盘子有多大?

在自己掌控下究竟赚了多少钱?

在全部的总赚钱中,自己实际可以分得多少?

……

要回答这些问题,必须知道,公司集团管理是全局性的管理,有着不同于母公司管理的特点,需要依靠准确充分的全局性信息。所以,公司集团尽管不是法律主体,在客观上它是一个会计主体,要有相应的会计方法来完成集团财务报表的编制问题。所幸的是,大管理会计就是直接服务于"操盘者"的,其真实的控制力所及,在做内账时当然已经不再神秘,可以公布纳入合并范围的成员公司名单，作为识别关联交易的依据。我们需要要关注的，只是集团财务报表如何编制的纯技术性问题。例如，以上操盘者自己的实际所得是多少的问题，根据所有成员公司在同一期间的"赚钱与分配总表"上的"期末未分配总赚钱"，以及操盘者在各该子公司的股权份额，可以简捷地计算如下：

∑（成员公司期末未分配总赚钱×操盘者在该成员公司的股权份额）

23.6 "$n+1$"个分部的集团会计系统结构

公司集团既然是一个会计主体，就需要有服从自己立场的会计记录，理论上虽可以脱离下属成员公司的会计记录，自己另起炉灶地逐笔登记集团范围内的所有会计业务，但显然有很大部分是重复工作，也难以解释这样的记录与下属成员公司记录之间的差异。出于这样的考虑，对于公司集团的会计系统，作者推荐采用"$n+1$"个账套的结构，其结构与运作方式说明如下：

(1) 原封不动地完整保留各成员公司自身的记录，每个账套都是公司集团会计系统的组成部分；

(2) 母公司可以将其直属的"模拟独立核算"的分公司，与独立核算的子公司一样，均视为公司集团的"分部"，就可以突破公司法律主体的边界，更有利于全盘管理。所以，每个账套都统一称为"分部账套"。

(3) 另设一个"删除调整分部"的账套。针对各分部账套中涉及关联交易的记录，从公司集团也是独立会计主体的立场，编制相应的删除记账凭证（同样内容但金额反正为负）来抵消其影响，以及公司集团主体应编制的其他调整记账凭证；

(4) 设公司集团有 n 个分部，那么连"删除调整分部"在内，共有"$n+1$"个账套，所有的这些账套的记账凭证，都是公司集团总账套的有效记账凭证，最后就可以汇总所有会计记账凭证，编制公司集团的"赚钱与分配总表"和"现金流平衡表"。

这样，如表 23-1 所示，这样的会计核算分为"集团会计"和"分部会计"

两个层面,既有各分部的原始记录,又有"剔除调整分部"的记录,保留了充分的审计线索,公司集团的两大报表编制,就是从这 $n+1$ 个核算分部取数完成的。

表 23-1 　　　　　　　$n+1$ 个分部的公司集团核算系统

分部 1	分部 2	分部 3	分部 4	…	分部 n	剔除调整分部

核算所要用到的一级账户由集团会计统一规定,其中若有需要各分部统一采用的信息结构(如"管理费用"要求统一分类),事先确定后由各分部共享;除此之外,各分部所用的一级账户下的信息结构则由各分部自行设计,完成后上报集团会计,并可供其他分部共享为自己的账户信息结构。所有 n 个分部所有账户的信息结构,就是第 $n+1$ 个的"剔除调整分部"所用账户的信息结构。各分部核算所产生的记账凭证流水要在数据仓库中标上各该分部的标志,通过分部核算软件,只能查看自己生成的流水记录。通过集团核算软件则可以查看全部的流水记录。这样,从集团会计的角度看,某个一级账户(如"应付账款")最多可能有 n 种信息结构,必要时,集团会计软件可以自动组装为如表 23-2 所示的信息结构,也就不会混淆了。

表 23-2 　　　　　公司集团"应付账款"的信息表达示例

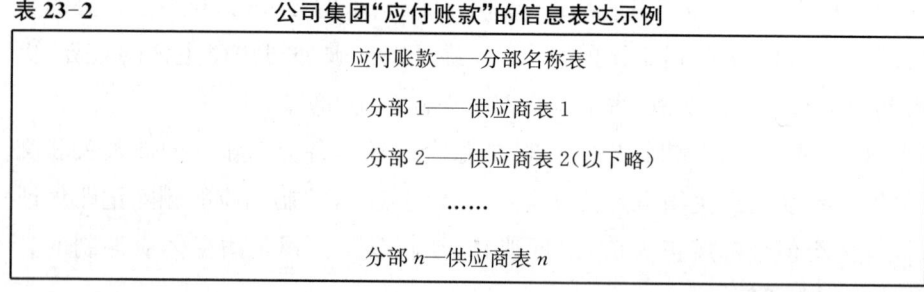

23.7　剔除调整原则

"剔除调整账套"是个有特殊使命的账套,因为前述的分部账套是从自身立场出发来处理业务的,作为单体的会计主体,并无不妥。但是从集团的角度,作为另一个更大的会计主体,其中就可能有相互重复或冗余的部分,从而需要剔除或调整,都在这个账套里进行。可见,这种处理方式是从集团会计主体的角度来检视,"合则留,不合则去",能用的记账凭证数据就直接利用,不能用的就当场剔除了。具体流程如下:

(1) 公司集团公布纳入合并范围的分部名单,作为各分部识别关联交易的依据。

(2) 各分部定期将本分部处理关联交易记账凭证的电子数据上报公司集团。

(3) 公司集团对上报的关联交易作"配对检查"。除个别特殊情况外,关联交易必有双方存在,配对的基本原则是将关联交易双方上报的记账凭证两两对应起来,以发现、协调并处理不相吻合的项目。

(4) 未达账项的处理。在只有一方上报关联交易而另一方未报的情况中,除了未报者可能疏漏(通过配对检查就可发现,并要求补充上报)以外,可能就是正常的未达账项了。如出售方已开票入账,而对购进方来说,也许实物已进入实际周转过程,但有关单证还未到达会计部门手中,会计部门尚未登记,因此购进方上报的数据就是不含关联交易在内,也属正常。集团会计对未达账项的处理原则是:

● 已上报的一方,说明该成员公司报上来的数据已含有内部交易在内,应予剔除。

● 还未上报的一方,一旦查明确属未达账项,说明该成员公司报上来的数据确实不含该内部交易在内,当然也无须剔除了。

● 不过,已上报的一方提示了"关联交易已经发生"的重要信息,在下期要注意跟踪,如果过了若干个期间,另一方还一直处于"未达"状态,就有问题,应当查明了。

(5) 汇总这 $n+1$ 套账的所有记账凭证,就可以直接编制"集团赚钱与分配总表"和"集团现金流平衡表"了。

以下是一些典型业务的示范性处理。

第一,投资/被投资。

当一家公司对另一家公司直接投资时,在投资公司和接受投资公司的账上都作了记录。如果由于这个投资,两家公司组成公司集团,需要建账核算。那么,从公司集团会计主体的角度,经过配对检查,就会发现双方的记录都是多余的。因为银行存款总量并没有变化,投资公司账上"长期股权投资"和被投资公司账上对应的"实收资本"都是内部的,也会使集团"现金流平衡表"上的这两个项目同时虚增。所以,只要在剔除调整账套里,自动产生同样的记账凭证,但金额反正为负,就可以分别剔除其影响了。

投资公司	接受投资公司	剔除调整账套	备注说明
长期股权投资 银行存款	银行存款 实收资本	将双方记账凭证分别反正为负	

第二,从第三方购得股权。

另一种是投资公司从第三方手中购得被投资公司的股权,只有投资公司作了账务处理,被投资公司只要登记股权转手,不必编制记账凭证。从集团会计主体的角度,银行存款确实是少了,但投资公司账上"长期股权投资",和被投资公司账上原来已登记的、对应于该股权份额的"实收资本"和"资本公积"都是内部的,也会使集团"现金流平衡表"上的这两个项目同时虚增。所以在剔除调整账套中,要编制负号记账凭证来剔除。其中,投资公司"长期股权投资"与被投资公司相应股权份额账面金额若有差额,登记为"商誉"。

投资公司	被投资公司	剔除调整账套	备注说明
长期股权投资 银行存款		长期股权投资 实收资本 资本公积	剔除分录金额为负左右若有差额,用"商誉"账户来平衡

第三,商品在集团内部现金购销。

对于分部之间的商品现金购销,双方均作了登记。从集团会计主体的角度,税法是刚性的,一旦形成法律义务,不能因第三方立场而改变。除此之外,都是从一个口袋转到另一个口袋的行为。所以,简明的做法是在剔除调整账套中,将双方的记账凭证原样反号剔除后,另编有关增值税的记账凭证。

销售商品公司	购进商品公司	剔除调整账套	备注说明
银行存款 　主营业务现金收入 　应交税费——应交增值税——销项税额 　主营业务直接成本 　库存商品直接成本	库存商品直接成本 应交税费——应交增值税——进项税额 　银行存款	双方原凭证均反号剔除。然后，另编： 应交税费——应交增值税——进项税额 　应交税费——应交增值税——销项税额	

第四，商品在集团内部赊销赊购。

对于成员公司之间的商品现金购销，双方均作了登记。从集团会计主体的角度，税法是刚性的，一旦形成法律义务，不能因第三方立场而改变。除此之外，都是从一个口袋转到另一个口袋的行为。所以，简明的做法是在剔除调整账套中，将双方的记账凭证原样反号剔除后，另编有关增值税的记账凭证。

销售商品公司	购进商品公司	剔除调整账套	备注说明
银行存款 　主营业务现金收入 　应交税费——应交增值税——销项税额 　主营业务直接成本 　库存商品直接成本	库存商品直接成本 应交税费——应交增值税——进项税额 　应付账款	双方原凭证均反号剔除后，另编： 应交税费——应交增值税——进项税额 　应交税费——应交增值税——销项税额	

第五，资金在内部互通有无。

由于同属集团的成员公司，常会有资金互通有无的情况。从集团的立场，包括利息在内，都是从一个口袋转到另一个口袋的行为。所以，将双方的记账凭证原样反向剔除即可。

提供资金公司	接受资金公司	剔除调整账套	备注说明
其他筹资性债权 　银行存款 银行存款 　利息收入	银行存款 　其他筹资性负债 财务费用 　银行存款	双方凭证均原样反号剔除	

第六，内部买卖资产。

从集团的立场,都是从一个口袋转到另一个口袋的行为。所以,将双方的记账凭证原样反向剔除即可。

买方公司	卖方公司	剔除调整账套	备注说明
长效贵重资产 银行存款	银行存款 长效贵重资产	双方凭证均原样反号剔除	

23.8　集团资金"收支两条线"管理

公司集团有时会出现银行存款高、银行贷款高、财务费用也高的"三高"现象,原因在于现金过于分散,未能合理利用。假设某公司集团有 10 家成员公司,每家成员公司有 10 个银行账号,每个账号下有 5 万元存款,那么就有 500 万元现金是利用不到的,需要时还要另行贷款。所以,现代公司集团常对下属成员公司实行"收支两条线"式的管理,即以"集团资金中心"为核心(或商业银行提供的现金池服务),通过成员公司专门开设的"银行存款——资金中心内部存款——收入户",及时将成员公司的收入"上划"到集团统一使用;也根据成员公司的申请,及时向其专门开设的"银行存款——资金中心内部存款——支出户"进行资金"下拨"。理论上,每次资金上划业务后,成员公司要作:

其他筹资性债权——资金中心内部存款
　银行存款——资金中心内部存款——收入户

每次资金下拨业务之后,成员公司要作:

银行存款——资金中心内部存款——支出户
　其他筹资性负债——资金中心内部存款

"其他筹性资债权——资金中心内部存款"和"其他筹资性负债——资金中心内部存款"的余额对冲后,余额为左方时,说明该成员公司用的是自有的现金,并有多余的现金上划了;为右方时,则说明自有的现金不足,已经从资金中心下拨补充了,是很清晰的。

但是,假设有一家成员公司,实际上一直在自己的额度内使用现金,仅仅是因为有了资金中心的频繁调度,现金不断进出,不断地随之立即作账户处理的结果,会表现为流入量和流出量都大大增加,反而是统计上的虚增流量。此外,每一次上划下拨业务都立即作账务处理,工作量也是难以承受的。

因此,上划下拨时,可以不必立即作相应的账务处理,而是到了期末(如每天结束时),统计资金中心与该成员公司之间的"上划数"和"下拨数",并计算其差异。就某成员而言,当本期的"上划数＞下拨数"时,作"左:资金中心往来 右:银行存款——资金中心存款",金额就是前者减去后者的差额;当本期的"上划数＜下拨数"时,作"左:银行存款——资金中心存款 右:资金中心往来",金额则是后者减去前者的差额。

公司集团资金中心也是如此,按同一期间(如每天)的口径,分别统计各成员公司资金"上划下拨"的数据,如表17-1所示。然后根据"差异额"栏的数据,差异额大于零的,作"左:银行存款——资金中心存款 右:成员公司往来",差异额小于零的,则作"左:成员公司往来 右:银行存款——资金中心存款"的记账凭证。

表 23-3　　　　　　　　成员公司资金上划下拨汇总表
年　月　日

成员公司名称	上划数	下拨数	差异额
母公司本部			
成员公司 A			
成员公司 B			
……			
合计			

第 24 讲　未变现权益的估值

前已述及,"赚钱与分配总表"计算某一期间的总赚钱及其分配状况,所谓赚钱,就是收到的现金要高于原始购置成本;而"现金流平衡表"以原始购置成本表现尚待卖出的各种资源,为以后总赚钱的计算保留了"成本标尺"。为了精准计量管理层"短期内赚出钱来"的业绩,这两份报表是实实在在的,都不容许想象空间的存在。

不过,除了已经实现的短期赚钱以外,还要关注管理层在"长期可持续赚钱"方面的努力,本讲拟讨论如何反映公司"软实力"方面的变化。

24.1 "未变现权益表"

除了到目前为止已经赚出来的钱以外,公司可能随时发生着各种有利或不利于股东权益的各方面变化,表现为:

已知某些资产在市场上价值已经大变化,虽然还没有卖出去变现,即有了"浮盈浮亏"。例如,500万元购进的房地产项目,据估计行情价已经达1 000万元,可称为"公允价值变动收益"。

公司的各类应收款项,如应收票据、应收账款、应收利息和应收股利等,如果都能收到手的话,公司能赚到更多钱。

公司的品牌营销工作大见成效,品牌的市场价值大涨。

公司与某大客户建立了长期友好的合作关系。

……

诸如此类的变化确实可能存在,只不过还没有变现,因此较为"虚泛",只能是"信不信由你"而已。现代财务会计错在没有处理好虚实之间的关系,在"资产负债表"的左右两边虚构了各种"同增同减",企图让人们也信以为真,结果反而作茧自缚,一直没多大进展。例如,美国财务会计准则委员会(FASB)从1990年代开始,用了十几年时间来为"公允价值变动收益"鼓吹论证,好不容易让人们相信真有这回事,却在2008年世界金融危机中翻了船,颜面俱失。其实,不必硬要靠复式簿记的"同增同减"来忽悠,直接指出可能有这些潜在的变化,这些变化可能带来多少增值,"不管你怎么看,反正我是信了",才是实事求是的态度。

为了表现"赚钱与分配总表"未能反映的这些潜在变化,可以设想通过"未变现权益表"(表24-1)来总括反映。表中的项目,有的是尚未实现的浮盈/浮亏,有的是无形资产的增值,有的是公司各项工作改进带来增值,等等。如果能够对这些变化以货币额来表现的话,当然是一种有益的补充。可以分别各种要素来估值和编表,以"管理层组合增值"为例,假设公司聘请到某个著名职业经理人,名气大振,应当是"管理层组合增值"添了"正能量",如果能够以金额估算出这一变动的价值,这个要素就可以列为"本期变动"。当然,如果某一期间此君出了"××门"事件,"管理层组合增值"的"本期变动"也可以相应地反正为负。

表 24-1 未变现权益表
年 月 日— 年 月 日

要 素	改进或变动的描述	期初价值	本期变动	期末价值
长期股权投资				
应收款项				
公允价值变动收益				
品牌经营增值				
研究开发(R&D)增值				
营销渠道增值				
人力资源增值				
管理层组合增值				
股东组合增值				
经营流程增值				
战略合作增值				
……				
合计				

"未变现权益表"与两大报表之间的关系可以用矿藏来比喻:"赚钱与分

配总表"所反映的"本期开采量"当然重要,但并不能代表其总蕴藏量。从金额上说,巧用投资有时能取得意想不到的效果,所以"现金流平衡表"上开采权的"取得成本"也未必就代表"矿藏总价值"。在管理层的努力下,各种要素"聚合反应"的结果,使得内在价值处于不断的动态变化之中,还需要有新的报表来担当这一任务,这正反映了公司为"长期可持续赚钱"所作的战略性努力,代表公司的"后劲"。与两大报表配合,虚实互补,真实与幻想齐飞,"婉约派"与"豪放派"共舞,可说是相得益彰。

14.2 报表要素的估值技术初探

当然,如何对表中的各个项目估值,是有待引起广泛关注并开发完善的技术。笔者仅能就其中的个别项目略作讨论。

一、长期股权投资

子公司赚钱后,如果对外发放现金股利,母公司自然将按股权比例收得的现金计入自己的"未分配总赚钱"。而对于还在账面的"未分配总赚钱",这个增值的份额虽然是实实在在的,但毕竟还没有落入母公司手中,无论如何不同于母公司自己赚到的,所以,不宜直接并入母公司的"赚钱与分配总表"中,恰当的做法可能是,按自己持股比例应当享有多少,母公司将此在"未变现权益表"中反映,但这还只是没有想象力的"基数",子公司如果业绩优越,不妨继续发挥想象力,估计母公司持有的这部分股权的价值;

二、应收款项

(1) 应收票据与应收账款。在"现金流平衡表"中,这两项已经表达为"发出商品直接成本"了,进入本表的部分,只能是:

$$应收款项总金额(1-增值税率)-发出商品直接成本$$

(2) 应收股利与应收利息。全额进入本表。

(3) 分期付款销售的长期应收款。分期进入本表。

三、公允价值变动

美国 FASB 已经就此作了许多探讨,提出具体处理方式了,可以采纳。

四、品牌价值

品牌的价值，代表取得高于平均报酬率的超额回报的能力，理论上可以将这一系列未来时点上的超额现金流入折算为现值。实务中，也常见有机构在从事这一方面的工作了。

五、研究开发(R&D)增值

针对某种产品的应用性研究开发成果，通过对销量、销价和成本等的预测，其价值是相对容易估算的。但是，现代意义的研究开发成果常是基础性的研究，有广泛的应用前景，如果公司有此类成果已经接近完成的话，对其价值的想象空间就相当巨大。

六、对公司整体的估值

假设公司的原始业主权益为100万元，经营若干时期后，有人愿意出1 000万元取得其中10％的股权，那么理论上公司的估值是1个亿了。以后每次的融资，公司估值都会抬升一次。"有人愿意花钱买"当然是一种事实依据，还是显得比较靠谱的。有时加上媒体炒作，这估值多少亿都打不住，有助于"互联网＋"之类的新兴公司在风口中起飞。

……

大致上，"未变现权益表"可以反映公司运作模式的改善，无形资产的增值等软实力的变化，表现除已赚到的钱之外尚未变现的其他价值，可作为内部工作的自我总结。也可以提供给有意向合作或接手的新投资者，尽管作为预测性报表，只是"信不信由你"，总是能让他们对公司有更充分的整体了解，有利于公司在谈判中"讨价还价"的。

附录一

2014年非金融类上市公司赚钱诊断指标 TOP100

股票代码	股票名称	总赚钱（亿元）	净赚钱（亿元）	年初未分配总赚钱（亿元）	赚钱综合值（亿元）	每股赚钱综合值（元）
600519.SH	贵州茅台	161.67	58.71	403.79	52.12	14.47
600694.SH	大商股份	15.15	7.26	37.27	5.18	5.37
002304.SZ	洋河股份	50.62	−4.97	153.29	14.34	4.72
000651.SZ	格力电器	133.14	191.19	34.28	41.67	4.48
600697.SH	欧亚集团	8.09	−17.43	10.94	−2.39	4.25
002745.SZ	木林森	5.86	3.32	3.18	0.98	3.88
601021.SH	春秋航空	12.61	−14.10	24.03	−0.42	3.74
300433.SZ	蓝思科技	25.01	−28.32	43.90	−1.27	3.61
600585.SH	海螺水泥	170.56	131.12	401.15	66.34	3.50
600104.SH	上汽集团	384.08	200.15	627.94	102.83	3.37
000661.SZ	长春高新	4.74	1.74	6.92	1.04	3.32
000550.SZ	江铃汽车	19.67	34.14	71.84	14.01	3.22
601088.SH	中国神华	588.02	221.43	1 755.19	219.80	3.17
000626.SZ	如意集团	8.79	1.14	−0.89	0.14	3.11
600436.SH	片仔癀	4.37	3.20	11.03	1.74	2.98
600612.SH	老凤祥	11.55	22.96	21.37	6.73	2.83
000513.SZ	丽珠集团	8.04	−0.40	23.50	2.27	2.70
600382.SH	广东明珠	9.39	4.92	12.27	2.21	2.57
600742.SH	一汽富维	4.07	2.44	20.80	2.57	2.56
300485.SZ	赛升药业	2.16	2.23	2.99	0.75	2.51
002783.SZ	凯龙股份	1.53	0.36	4.26	0.50	2.51
300471.SZ	厚普股份	1.52	0.68	1.92	0.33	2.46

(续表)

股票代码	股票名称	总赚钱（亿元）	净赚钱（亿元）	年初未分配总赚钱（亿元）	赚钱综合值（亿元）	每股赚钱综合值（元）
000423.SZ	东阿阿胶	14.37	10.98	35.59	5.75	2.42
600295.SH	鄂尔多斯	27.04	12.12	35.72	6.00	2.41
000966.SZ	长源电力	15.71	13.20	−3.46	2.30	2.40
000789.SZ	万年青	11.24	2.85	12.64	1.83	2.37
300386.SZ	飞天诚信	2.61	0.41	3.13	0.39	2.34
002749.SZ	国光股份	1.31	1.05	2.67	0.48	2.32
000338.SZ	潍柴动力	15.66	90.83	172.87	35.45	2.32
002737.SZ	葵花药业	3.46	2.27	5.15	0.97	2.32
600182.SH	S佳通	8.37	9.96	−0.40	1.95	2.30
002792.SZ	通宇通讯	2.09	2.57	0.54	0.57	2.26
000002.SZ	万科A	166.14	383.25	554.54	132.10	2.25
600389.SH	江山股份	4.16	2.91	9.48	1.53	2.24
600335.SH	国机汽车	18.29	−43.38	12.44	−7.43	2.24
000895.SZ	双汇发展	48.23	25.10	102.60	15.28	2.23
000786.SZ	北新建材	17.59	−9.92	32.53	1.27	2.20
603611.SH	诺力股份	1.06	1.33	3.12	0.58	2.20
002039.SZ	黔源电力	8.89	−5.74	4.78	−0.67	2.19
600486.SH	扬农化工	5.63	2.39	11.18	1.60	2.14
600469.SH	风神股份	8.52	6.43	7.77	2.06	2.14
002756.SZ	永兴特钢	2.97	0.70	9.93	1.13	2.14
600271.SH	航天信息	17.14	14.81	46.19	7.58	2.12
002762.SZ	金发拉比	0.94	1.07	1.90	0.40	2.08
000333.SZ	美的集团	115.63	−32.82	61.17	−0.45	2.06
600009.SH	上海机场	28.84	31.74	128.87	19.24	2.05
600897.SH	厦门空港	5.69	−5.38	19.90	0.91	2.01

(续表)

股票代码	股票名称	总赚钱（亿元）	净赚钱（亿元）	年初未分配总赚钱（亿元）	赚钱综合值（亿元）	每股赚钱综合值（元）
600050.SH	中国联通	450.17	132.60	827.46	109.27	2.00
603898.SH	好莱客	1.53	1.07	1.83	0.40	2.00
300384.SZ	三联虹普	1.28	−1.71	1.66	−0.18	1.99
002718.SZ	友邦吊顶	1.13	−0.03	2.36	0.23	1.99
600600.SH	青岛啤酒	23.08	8.45	89.66	10.66	1.98
600859.SH	王府井	8.28	3.33	26.97	3.36	1.98
601633.SH	长城汽车	67.66	−8.33	124.86	10.82	1.97
600741.SH	华域汽车	50.79	59.92	32.59	15.24	1.97
300470.SZ	日机密封	0.85	0.32	1.27	0.19	1.96
300295.SZ	三六五网	1.53	1.17	2.53	0.49	1.95
300446.SZ	乐凯新材	0.91	0.64	1.32	0.26	1.94
300443.SZ	金雷风电	1.05	0.33	0.69	0.13	1.94
002588.SZ	史丹利	5.35	2.02	13.46	1.75	1.92
002750.SZ	龙津药业	0.85	0.56	2.47	0.36	1.91
002668.SZ	奥马电器	3.31	2.12	4.19	0.84	1.91
002739.SZ	万达院线	9.51	6.05	16.71	2.88	1.91
601808.SH	中海油服	93.89	−29.07	249.20	19.11	1.90
600062.SH	华润双鹤	10.07	3.84	30.36	3.80	1.90
600801.SH	华新水泥	31.49	13.50	36.26	6.33	1.90
300396.SZ	迪瑞医疗	1.13	0.78	2.16	0.37	1.89
000869.SZ	张裕A	11.25	−1.24	49.48	4.70	1.87
300467.SZ	迅游科技	0.60	0.53	0.30	0.14	1.86
002153.SZ	石基信息	4.38	7.38	11.91	2.67	1.86
600729.SH	重庆百货	6.26	−2.55	31.54	2.64	1.85
300473.SZ	德尔股份	1.57	1.10	0.63	0.28	1.84
000538.SZ	云南白药	19.35	−6.34	55.60	4.29	1.83

（续表）

股票代码	股票名称	总赚钱（亿元）	净赚钱（亿元）	年初未分配总赚钱（亿元）	赚钱综合值（亿元）	每股赚钱综合值（元）
002635.SZ	安洁科技	3.64	2.32	2.74	0.74	1.82
000792.SZ	盐湖股份	29.25	−67.14	81.90	−5.24	1.80
601233.SH	桐昆股份	17.57	13.39	23.51	5.03	1.80
601877.SH	正泰电器	20.32	18.31	2.96	3.96	1.80
600682.SH	南京新百	4.15	12.89	8.08	3.39	1.76
000915.SZ	山大华特	3.34	1.83	4.03	0.77	1.72
300382.SZ	斯莱克	0.99	−1.16	2.22	−0.01	1.72
300488.SZ	恒锋工具	0.83	0.40	1.97	0.28	1.72
002146.SZ	荣盛发展	35.64	−29.83	76.27	1.66	1.71
000858.SZ	五粮液	48.57	3.38	297.79	30.45	1.70
000520.SZ	长航凤凰	34.70	−3.22	−71.05	−7.75	1.70
300321.SZ	同大股份	0.74	0.41	1.52	0.23	1.70
600064.SH	南京高科	6.29	13.16	17.08	4.34	1.69
000422.SZ	湖北宜化	16.06	−1.75	38.19	3.47	1.68
000568.SZ	泸州老窖	19.83	12.55	71.06	9.62	1.68
603338.SH	浙江鼎力	0.88	0.26	1.42	0.19	1.66
000600.SZ	建投能源	33.31	25.04	13.06	6.31	1.65
600835.SH	上海机电	14.73	22.52	20.84	6.59	1.65
600449.SH	宁夏建材	8.90	2.19	12.13	1.65	1.65
600201.SH	生物股份	4.53	3.95	7.45	1.54	1.65
603188.SH	亚邦股份	6.20	−3.43	3.92	−0.29	1.64
603026.SH	石大胜华	2.31	1.83	4.96	0.86	1.63
600547.SH	山东黄金	20.41	4.68	77.56	8.69	1.61
000539.SZ	粤电力A	82.76	5.20	114.45	12.48	1.61
600004.SH	白云机场	15.85	17.84	37.42	7.31	1.60
002508.SZ	老板电器	5.11	4.95	5.48	1.54	1.60
000501.SZ	鄂武商A	8.69	−12.82	19.95	−0.57	1.59

数据来源：东方财富 Choice 数据，更多数据请查阅 Choice 金融终端。

附录二

2014年上市银行赚钱诊断指标

股票代码	股票名称	总赚钱（亿元）	净赚钱（亿元）	年初未分配总赚钱（亿元）	赚钱综合值（亿元）	每股赚钱综合值（元）
601166.SH	兴业银行	1 160.06	2 280.70	1 131.60	569.30	7.25
600000.SH	浦发银行	1 129.20	683.38	1 189.43	255.62	5.61
600015.SH	华夏银行	484.62	383.93	412.04	117.99	5.13
002142.SZ	宁波银行	179.34	111.91	133.84	35.77	4.96
600036.SH	招商银行	1 308.96	759.35	1 655.29	317.40	4.89
000001.SZ	平安银行	506.85	132.72	405.21	67.06	3.69
601169.SH	北京银行	307.14	380.73	397.93	115.94	3.13
601009.SH	南京银行	67.12	159.61	114.05	43.33	3.04
600016.SH	民生银行	818.13	648.76	1 121.32	241.88	2.39
601328.SH	交通银行	1 399.31	592.36	2 162.36	334.71	1.77
601939.SH	建设银行	2 996.25	3 724.27	6 363.48	1 381.20	1.39
601998.SH	中信银行	578.71	431.56	1 219.31	208.24	1.31
601288.SH	农业银行	3 495.84	4 942.13	3 863.55	1 374.78	1.18
601398.SH	工商银行	3 711.93	3 495.27	8 530.70	1 552.12	1.17
601818.SH	光大银行	404.14	961.29	672.99	259.56	1.16
601988.SH	中国银行	2 868.56	2 704.34	4 986.47	1 039.52	1.06

数据来源：东方财富 Choice 数据。

附录三

2014 年非金融类上市公司造血量指标 TOP100 单位：亿元

股票代码	股票名称	造血量	输血量	现金及现金等价物净增加额
000002.SZ	万科 A	272.69	−86.20	186.49
600900.SH	长江电力	123.78	−115.28	8.50
000651.SZ	格力电器	114.36	28.12	142.47
600585.SH	海螺水泥	95.45	−35.52	59.93
600050.SH	中国联通	91.05	−52.96	38.09
000625.SZ	长安汽车	83.38	−29.18	54.20
000338.SZ	潍柴动力	73.78	−34.80	38.98
601006.SH	大秦铁路	60.87	−52.33	8.53
600019.SH	宝钢股份	58.68	−61.76	−3.08
600029.SH	南方航空	53.55	3.43	56.98
601333.SH	广深铁路	47.53	−35.00	12.52
600307.SH	酒钢宏兴	44.45	−33.65	10.80
600018.SH	上港集团	37.55	0.41	37.96
000932.SZ	华菱钢铁	35.00	−4.85	30.15
600583.SH	海油工程	31.45	−16.43	15.02
601111.SH	中国国航	30.46	−81.48	−51.02
600741.SH	华域汽车	29.94	−7.75	22.19
600519.SH	贵州茅台	29.25	0.80	30.05
600569.SH	安阳钢铁	28.70	−29.26	−0.56
600808.SH	马钢股份	28.39	−19.44	8.95
601258.SH	庞大集团	28.26	13.77	42.02
000878.SZ	云南铜业	26.36	−34.71	−8.35
000550.SZ	江铃汽车	24.86	−0.02	24.83

(续表)

股票代码	股票名称	造血量	输血量	现金及现金等价物净增加额
601618.SH	中国中冶	24.30	−51.02	−26.71
600005.SH	武钢股份	23.39	−28.26	−4.87
600690.SH	青岛海尔	22.90	58.28	81.18
300059.SZ	东方财富	22.88	0.00	22.88
600009.SH	上海机场	22.84	0.00	22.84
601003.SH	柳钢股份	22.35	−1.72	20.63
600688.SH	上海石化	22.05	−20.59	1.46
600875.SH	东方电气	20.98	35.96	56.94
601600.SH	中国铝业	20.88	27.99	48.87
600871.SH	石化油服	20.47	−25.40	−4.92
600282.SH	南钢股份	20.34	−14.21	6.13
601919.SH	中国远洋	20.01	−105.02	−85.01
000709.SZ	河钢股份	19.87	−17.23	2.65
000600.SZ	建投能源	19.78	−7.91	11.87
600782.SH	新钢股份	19.41	−2.07	17.34
000761.SZ	本钢板材	17.95	30.79	48.75
600578.SH	京能电力	16.96	−5.41	11.55
600612.SH	老凤祥	16.90	1.55	18.45
002415.SZ	海康威视	16.17	9.10	25.27
601766.SH	中国中车	15.99	−4.03	11.96
600398.SH	海澜之家	15.84	0.00	15.84
600236.SH	桂冠电力	15.55	−8.83	6.71
600895.SH	张江高科	15.18	−11.71	3.47
600773.SH	西藏城投	14.94	5.40	20.34
600177.SH	雅戈尔	14.58	−14.94	−0.36
600598.SH	北大荒	14.57	−16.00	−1.43

（续表）

股票代码	股票名称	造血量	输血量	现金及现金等价物净增加额
002203.SZ	海亮股份	14.28	3.41	17.69
600548.SH	深高速	13.97	−12.31	1.66
000543.SZ	皖能电力	13.43	−18.39	−4.96
600004.SH	白云机场	13.23	0.29	13.52
000966.SZ	长源电力	13.10	−13.31	−0.22
000050.SZ	深天马A	12.64	−16.83	−4.19
600252.SH	中恒集团	12.52	8.88	21.40
600787.SH	中储股份	12.37	−3.22	9.15
600098.SH	广州发展	12.29	−17.45	−5.15
600642.SH	申能股份	12.29	−12.40	−0.12
601098.SH	中南传媒	12.26	2.89	15.15
601233.SH	桐昆股份	12.04	−14.65	−2.61
600012.SH	皖通高速	11.66	−12.49	−0.83
600276.SH	恒瑞医药	11.54	1.26	12.80
600064.SH	南京高科	11.47	−11.81	−0.34
600963.SH	岳阳林纸	11.39	−12.69	−1.29
600406.SH	国电南瑞	11.17	−1.36	9.81
002075.SZ	沙钢股份	11.12	−12.44	−1.32
600801.SH	华新水泥	11.03	−6.68	4.35
002110.SZ	三钢闽光	10.86	−5.84	5.02
600332.SH	白云山	10.54	0.57	11.10
600641.SH	万业企业	10.17	−12.88	−2.71
600865.SH	百大集团	10.00	−10.31	−0.32
000066.SZ	长城电脑	9.89	−5.09	4.80
002237.SZ	恒邦股份	9.52	−7.86	1.67
600418.SH	江淮汽车	9.51	−1.80	7.72

(续表)

股票代码	股票名称	造血量	输血量	现金及现金等价物净增加额
002697.SZ	红旗连锁	9.32	0.01	9.33
000822.SZ	山东海化	9.32	−9.80	−0.49
000536.SZ	华映科技	9.27	0.81	10.09
600315.SH	上海家化	9.08	−0.08	9.01
600126.SH	杭钢股份	8.76	−8.43	0.33
600810.SH	神马股份	8.71	−9.59	−0.89
600231.SH	凌钢股份	8.54	−5.88	2.66
600835.SH	上海机电	8.51	0.82	9.33
000897.SZ	津滨发展	8.36	−8.89	−0.53
002152.SZ	广电运通	8.19	0.27	8.47
600516.SH	方大炭素	7.99	−8.85	−0.86
002068.SZ	黑猫股份	7.46	−5.93	1.53
000559.SZ	万向钱潮	7.44	11.76	19.20
600033.SH	福建高速	7.31	−6.55	0.76
600550.SH	保变电气	7.16	−10.66	−3.50
600500.SH	中化国际	7.13	2.30	9.43
000151.SZ	中成股份	6.76	0.00	6.76
002252.SZ	上海莱士	6.75	4.46	11.21
600056.SH	中国医药	6.45	−2.29	4.17
600970.SH	中材国际	6.40	9.48	15.87
600227.SH	赤天化	6.25	−7.08	−0.83
600744.SH	华银电力	6.21	−6.27	−0.06
600483.SH	福能股份	6.12	−2.97	3.15
600469.SH	风神股份	6.10	−2.86	3.24
002153.SZ	石基信息	6.09	−3.17	2.92

数据来源：东方财富 Choice 数据，更多数据请查阅 Choice 金融终端。

附录四

2014年上市银行造血量指标

单位：亿元

股票代码	股票名称	造血量	输血量	现金及现金等价物净增加额
601166.SH	兴业银行	1 025.38	1 274.69	2 300.07
600036.SH	招商银行	839.87	375.35	1 215.22
601169.SH	北京银行	682.04	148.23	830.27
601328.SH	交通银行	24.74	677.58	702.32
600015.SH	华夏银行	−115.58	154.39	38.81
601009.SH	南京银行	−153.87	233.63	79.76
601998.SH	中信银行	−275.18	562.50	287.32
601398.SH	工商银行	−287.62	656.24	368.62
000001.SZ	平安银行	−303.60	327.12	23.52
002142.SZ	宁波银行	−418.49	353.07	−65.41
600016.SH	民生银行	−619.00	370.31	−248.69
601818.SH	光大银行	−656.30	468.10	−188.20
601939.SH	建设银行	−992.30	121.75	−870.55
601988.SH	中国银行	−1 528.55	1 504.40	−24.15
601288.SH	农业银行	−1 638.69	883.11	−755.58
600000.SH	浦发银行	−1 668.86	895.54	−773.32

数据来源：东方财富Choice数据。